法学与法治建设研究文丛
孟庆瑜 主编
RESEARCH ON JURISPRUDENCE AND RULE OF LAW
18

河北大学一流大学建设项目经费资助

河北省高等学校人文社会科学重点研究基地
——河北大学国家治理法治化研究中心资助

河北省社会科学基金项目"新型城镇化进程中宅基地使用权法律制度创新"（项目编号：HB15FX049）之最终研究成果

国家留学基金资助

宅基地使用权制度研究

——以新型城镇化为视角

Research on the System of Rights to Use House Sites

—From the Perspective of New-type Urbanization

张永辉 著

法律出版社 LAW PRESS·CHINA
北京

图书在版编目(CIP)数据

宅基地使用权制度研究 : 以新型城镇化为视角 / 张永辉著. -- 北京 : 法律出版社, 2021
(法学与法治建设研究文丛)
ISBN 978 - 7 - 5197 - 5649 - 9

Ⅰ. ①宅… Ⅱ. ①张… Ⅲ. ①农村－住宅建设－土地使用权－土地制度－研究－中国 Ⅳ. ①F321.1

中国版本图书馆 CIP 数据核字(2021)第 095122 号

宅基地使用权制度研究
——以新型城镇化为视角
ZHAIJIDI SHIYONGQUAN ZHIDU YANJIU
—YI XINXING CHENGZHENHUA WEI SHIJIAO

张永辉 著

策划编辑 陈 妮
责任编辑 陈 妮 王 鸿
装帧设计 马 帅 臧晓飞

出版发行 法律出版社
编辑统筹 法治与经济出版分社
责任校对 杨锦华
责任印制 吕亚莉
经　　销 新华书店

开本 710 毫米×1000 毫米 1/16
印张 14.25　　字数 235 千
版本 2021 年 5 月第 1 版
印次 2021 年 5 月第 1 次印刷
印刷 固安华明印业有限公司

地址:北京市丰台区莲花池西里 7 号(100073)
网址:www.lawpress.com.cn
投稿邮箱:info@lawpress.com.cn
举报盗版邮箱:jbwq@lawpress.com.cn
销售电话:010 - 83938349
客服电话:010 - 83938350
咨询电话:010 - 63939796

书号:ISBN 978 - 7 - 5197 - 5649 - 9
定价:83.00 元

凡购买本社图书,如有印装错误,我社负责退换。电话:010 - 83938349

总　序

“完善和发展中国特色社会主义制度，推进国家治理体系和治理能力现代化”，是党的十八届三中全会确立的全面深化改革的总目标。在实现这一总目标的过程中，法治发挥着至关重要的作用。《中共中央关于全面推进依法治国若干重大问题的决定》进一步深刻指出：“依法治国，是坚持和发展中国特色社会主义的本质要求和重要保障，是实现国家治理体系和治理能力现代化的必然要求。”因此，将国家治理的现代化目标与全面推进依法治国的战略布局相结合，实现国家治理的法治化，不仅是党和政府全面推进的重大改革任务，而且是广大社会公众，特别是广大法律、法学工作者必须积极参与的重大系统工程。正是在这样一个特定的时代背景下，河北大学国家治理法治化研究中心适时成立和运行，并成功获批为河北省高等学校人文社会科学重点研究基地。

河北大学国家治理法治化研究中心是依托河北大学人大制度与地方立法研究中心、河北省政府法治研究中心等学术机构，整合法学、政治学、经济学、社会学等多方面的科研力量创建的，与河北省人大常委会法制工作委员会、河北省人民政府法制办公室、河北省人民检察院和河北省高级人民法院等国家机关和法律实务部门之间已建立交流与合作长效机制。中心拥有一支政治素质高、业务能力强、富有团队协作和创新精神的专、兼职相结合的学术队伍，主要围绕人大制度与地方立法、政府法治与政府执行力、社会治理与法治创新、京津冀协同发展与地方法治等方向开展科学研究、人才培养和社会服务等工作。迄今为止,中心在课题研究方面,承担国家社会科学基金项目近10项,其中,中心负责人孟庆瑜教授主持的国家社会科学基金重点项目《京津冀区域生态环境协同治理政策法律问题研究》,实现了河北省在该领域的突破;在决策咨询与服务方面,接受省人大法制工作委员会、省政府法制办公室、省人民检察院等部门委托,承担委托起草、专家论证、立法后评估、检察公信力测评等工作40余项;在学术交流方面,承办或协办第三届海峡两岸能源经济与能源法学术交流会、第六届中国农村法治论坛、第九届中国财税法前沿高端论坛、中国经济法学研究会2015年年会等多次全国性学术会议。

《法学与法治建设研究文丛》是河北大学国家治理法治化研究中心创设的,由法律出版社负责出版的研究成果转化平台,着力对法学研究和法治建设方面的原创性或实用性成果予以资助出版,以期能为推进国家治理体系和治理能力现代化这一总目标的实现提供必要的理论支撑和决策参考。

河北大学国家治理法治化研究中心

《法学与法治建设研究文丛》编辑委员会

2015年12月

目录

导　论

一、问题的缘起

根据《中华人民共和国民法典》(以下简称《民法典》)的规定,宅基地使用权是以建造住宅及附属设施为目的,对集体所有的土地进行占有和使用的权利,这一规定沿用了《中华人民共和国物权法》(以下简称《物权法》)(已失效)对宅基地使用权的定义。《物权法》(已失效)在第三编第十三章中用4个条文对宅基地使用权制度进行了规范,以私法的形式明确了宅基地使用权是一种用益物权,但其同时规定这一权利的内容为占有和使用,而权利的取得、行使和转让要适用土地管理法等法律和国家有关规定。《民法典》在宅基地使用权这一部分的规范并未突破《物权法》(已失效)的内容。根据2019年修订的《中华人民共和国土地管理法》(以下简称《土地管理法》)第62条的规定,宅基地使用权的主体为"村民户","村民户"可无偿取得宅基地使用权,宅基地使用权无期限限制,只能随房屋的转让而在集体成员间流转,进城落户的农村村民可以依法自愿有偿退出宅基地。

现行的宅基地使用权制度是基于原有的城乡二元分立的社会结构形成的,具有由农户无偿取得、无期限限制、只能在本集体内部流通等特征,其功能是将宅基地资源的使用权限制在村集体内部,以保障本集体成员的居住需求。宅基地使用权的制度设置使宅基地使用权与其他土地用益物权的价值取向、功能和本质存在很大差别;宅基地使用权的独特权利构造也使其与婚姻家庭、继承等相关法律制度衔接不畅,导致司法实践中的困境频现。

宅基地使用权制度在很长一段时间内并未引起理论界的关注。随着城市化进程的推进,特别是以人为本、城乡一体、区域协调发展的新型城镇化目标的提出,要求土地等资源能够随着人口的流动而重新配置,宅基地使用权开始成为理论的焦点。[1] 城镇化是伴随工业化发展,非农产业在城镇集聚、农村人口向城镇集中的自然历史过程,是人类社会发展的客观趋势。我国旧有的、城乡分立的二元城镇化模式是一种政府主导的土地城镇化模式,[2]"土地城镇化"快于人口城镇化,这种主要依靠劳动力廉价供给、土地等资源粗放消耗、非均等化基本公共服务压低成本来推动的城镇化快速发展模式具有不可持续性,导致城乡收入差距加大、土地资源浪费等社会风险。新型城镇化是市场主导的城乡一体、区域协调发展的城镇化,以人的城镇化为核心,要求土地等资源能够随着人口的流动而重新配置,促进要素在城乡和区域间平等交换,促进人的全面发展和社会公平正义,使全体居民共享现代化建设成果,节约、集约高效利用土地,促进生态文明和文化建设。在新型城镇化目标指引下,各地开展了形式多样的宅基地使用权制度创新实践,但实践模式的评价和制度化构建仍然需要理论的支撑。

新型城镇化发展目标要求我们在宅基地使用权制度的改革过程中,要兼顾个人、家庭、集体、社会和生态利益,不仅要满足城市发展对宅基地使用权的要求,也要关注不同农村的经济和文化,为其设定适当的目标和功能,以此指引制度的解释和完善。秉承制度解构与建构的思路,以宅基地使用权的制度功能为切入点,分析现有制度在新型城镇化发展背景下的功能缺失,参考国家政策导向、地方创新实践和域外的发展趋势,为宅基地使用权制度在民法典中的体系化解释和完善提供指引,为宅基地使用权纠纷的妥善解决提供参考,为宅基地使用权创新实践提供理论支撑,是本书研究的主旨所在。

二、研究方法和内容

本书的研究方法,主要包括价值分析方法、实证考察方法、比较研究方法

---

[1] 以"宅基地使用权"为检索词,按"篇名"在中国知网进行精确检索,结果显示:1987 年到 2000 年的 13 年间,只有 16 篇相关资料;2001 年到 2005 年为 47 篇;2006 年到 2010 年为 454 篇。

[2] "2010—2012 年,全国建设用地年均增加 953 万亩,其中城镇建设用地年均增加 515 万亩;2000—2011 年,城镇建成区面积增长 76.4%,远高于城镇人口 50.5% 的增长速度;农村人口减少 1.33 亿人,但农村居民点用地却增加了 3045 万亩。"中共中央国务院:《国家新型城镇化规划(2014~2020 年)》,载国务院公报 2014 年 3 月 16 日,http://www.gov.cn/gongbao/content/2014/content_2644805.htm。

和系统论研究方法。其中特别重视系统论研究方法,因为法律体系是一种系统性的存在,由各种具体制度按一定的结构组成,制度要素、结构不同,系统的功能也不同。将宅基地使用权制度本身作为一种系统性存在(内在系统),同时将其置于整个物权和民法制度系统(外在系统)中进行考察,通过定位其在系统中的目标和功能,来协调其与相关制度的关系、确定其本身的制度规范。

第一章梳理了现行宅基地使用权制度的规则体系和其特征,在此基础上分析了宅基地使用权制度的适用困境和在新型城镇化视角下的功能缺失。现行宅基地使用权规则体系包括民法、行政法和社会保障法。从规范体系来看,作为一项物权,对其进行规范的规则大多为行政法规则,具有强烈的公法色彩。从规则内容来看,与城市的建设用地使用权相比,其特点在于:权利基础是集体所有权,权利主体限定为"农户",客体限定为符合法定面积的"一宅",权利取得和使用具有无偿性,权利无明确期限限制,权利只能在本集体成员间流转等。宅基地使用权的民法规则简约、行政法规则内容模糊,导致在实践中存在以下问题:宅基地使用权主体——"农户"的认定标准模糊;宅基地使用权主体为"农户",与以个人为视角的婚姻家庭、继承、物权规则衔接不畅;宅基地使用权的身份限制使抵押案件中宅基地上房屋的价值难以实现;宅基地使用权与所有权的关系不清晰致使宅基地使用权在征收补偿中的地位不清。新型城镇化提出要促进人的全面发展,促进公平共享发展成果,统筹城乡、集约高效利用土地,维护生态文明和文化传承。在这一以市场为导向的过程中,宅基地使用权被期望具有财产权的功能。但从现有规则来看,宅基地使用权的财产功能难以实现:宅基地所有权主体异位,宅基地使用权权能残缺,难以抵挡公权力的侵害;宅基地使用权财产功能不全,难以提高宅基地的利用效率、不能为人格发展提供平等的机会;宅基地使用权主体资格限定,难以为农户提供公平的发展机会,容易引发农民非法牟利的道德风险。

第二章分析了宅基地使用权制度价值目标的转变,梳理了价值目标指引下宅基地使用权制度改革的模式和宅基地使用权制度改革的理论分歧。新型城镇化发展要求宅基地使用权制度能够对人的自由发展有所助益,要求宅基地使用权与建设用地使用权在财产权层面平等,要求宅基地使用权制度能够为城乡居民公平分享土地增值收益做出贡献,要求提高宅基地利用效率以满足居住、文化、生态等多种需求。新型城镇化模式强调市场的主导力量,以优化资源配置,合理分配收益。为化解宅基地使用权制度在新型城镇化发展过程中的困境,各地开展了形式多样的改革实践,形式包括宅基地使用权的有偿取得、有偿持有,宅基地资格权剥离,宅基地使用权出租、抵押、有偿退出和征收补偿,宅基地使用权复垦形成的建设用地指标有偿流转等。我国的物权制度是遵循大陆法系传统,以个人所有权为原型进行设置的,这是一种以主体为视角的归属所有权模式。用这一理论来审视我国的宅基地使用权制度及其改革,仍会产生诸多理论上的困惑,例如,宅基地使用权与所有权、担保权的体系冲突,宅基地使用权与房屋所有权的关系争议,宅基地使用权的本质争议,宅基地使用权的功能困境,宅基地使用权制度价值目标的冲突,宅基地复垦指标本质的争议,宅基地使用权人征收补偿地位的争论等。

第三章研究了域外国家和地区的住宅及用地制度,在此基础上分析了其对宅基地使用权制度研究的理论启示。在城市化发展过程中,对于如何在保证人人享有适当住房权利的同时确保人类居住区的可持续发展,各国立法均有所回应。良好的财产法规范是解决稀缺资源利用的重要因素:在物上设定其他权利,使不同人对该物享有不同权限,形成权利的层叠,分别获取收益,是更理性和有效率的方式。在域外,近代土地私人所有权的观念形成于资本主义社会,在缺乏土地所有权观念和土地私人所有权之间,存在土地所有权的中间形态,即土地的共同体所有权。土地私权制度曾经倾向于个人自由或社会的平等正义,但在当代社会,这一制度也开始关注多元价值的动态平衡,土地的私人权利受到来自公法和私法的多重限制。为提高土地的利用效率,交易在所难免,在以交易为背景的财产关系中,英美法系以客体为视角的财产权理论优于大陆法系以主体为中心的权利理论。为了满足非土地所有人的居住需求,土地与其上房屋权利的分离已经成为常态;为了满足无力或不必进行建筑情形时的居住需求,可行的模式是对他人房屋的用益。

第四章论证了宅基地使用权制度在新型城镇化视角下的价值目标、功能和本质。新型城镇化视角下宅基地使用权制度的目标应该是功利、效率和公平正义,居住安全不应该再成为宅基地使用权制度的目标。要实现这些目标就要重建宅基地使用权的价值和价值分配机制,以激励权利人为目标的实现而采取行动。“地票”“集地券”等交易是一种土地价值增值的市场分配机制,其所表彰的是宅基地的开发权价值。剥离了宅基地资格权的宅基地使用权的功能应该设定为排他性支配、区分和建构功能。宅基地的集体所有权和宅基地使用权权益切分更明确——宅基地所有权的功能在于确保集体对宅基地设定使用权之后的剩余价值的支配,协调宅基地使用权的配置,对宅基地使用权人的行为进行监督。宅基地使用权并不能很好地实现其被赋予的居住保障功能,就居住保障而言,对房屋的权利是更好的选择。“房地一体”处置原则与我国宪法和相关民事法律对土地与房屋等建筑物权利分别对等的规定不同,宅基地与其上房屋事实上的不可分离,并不妨碍我们在法律上将宅基地使用权和房屋所有权视为两个不同的客体,分别处置。剥离了宅基地资格权的宅基地使用权其本质是一种独立的用益物权,是一种脱离了身份限制的财产权,由于我国宅基地归集体所有,承担对宅基地占有、使用、收益和处分权能的权利是宅基地使用权,在宅基地使用权上面可以设立抵押权、地役权等,使这一权利的权能大于传统大陆法系的用益物权。宅基地使用权作为一种独立的财产权,决定了其可以作为宅基地征收补偿的对象,宅基地使用权人在宅基地征收补偿程序中应该具有独立的地位,宅基地使用权的征收补偿标准应该在考虑宅基地价值增值的社会属性的基础上合理确定,以维护社会公平。

第五章分析了新型城镇化视角下宅基地使用权制度的规则设置。在法律分析中,视角有决定性意义:一个人在世界上的定位及对世界的看法与其对法律的看法相关联。以人为本、城乡一体、区域协调、全面和可持续发展的新型城镇化为宅基地使用权的解释和发展提供了新的视角。新型城镇化为宅基地使用权规则的构建提供了新的制度目标,宅基地使用权的制度功能和权利本质都有所改变,宅基地使用权规则的内容也应该随之予以调整。土地兼具生活、生产和生态功能,在对土地私权进行保护的同时,对土地私权的限制不可或缺。宅基地使用权的公法约束主要包括规划约束、用途管制约束、建筑许可约束、征收征用约束和税法约束。宅基地使用权公法约束的目的是从宅基地的资源属性出发,对宅基地使用权的设立和运行进行约束,以实现土地的公益目标。但在宅基地使用权的公法约束制度设计中,也要考虑宅基地使用权的资产属性,确立宅基地使用权对公权力的制约机制,协调宅基地管理者、宅基地权利人和利害关系人的利益。宅基地使用权的私法规则主要调整私人之间的财产关系。物权规则的任务是将宅基地使用权塑造成为一种适于流通的权利,并为权利的多样化实现提供制度支撑。为了便于宅基地使用权的流通,其权利主体应该设定为个人,但这并不妨碍权利人将其住房及宅基地使用权设定为婚姻或家庭财产,为婚姻双方或家庭成员共同共有,一经登记,此种财产即受到婚姻家庭法的特殊调整。在宅基地使用权的继承过程中,要区分宅基地使用权的类型,适用不同的继承规则:宅基地使用权归个人所有的,适用一般遗产的继承规则;宅基地使用权为两个或两个以上共有人按份共有的,其中一位共有人死亡的,其他共有人可以对其所占份额进行继承;宅基地使用权为婚姻财产,归配偶双方共同共有的,配偶一方死亡,归健在的配偶所有;宅基地使用权为家庭财产的,归家庭成员(父母、配偶、子女)共同共有的,当一共有人死亡时,其他人可以依据“生存者取得权”取得宅基地使用权。

第一章　宅基地使用权制度的适用困境与功能缺失

现行宅基地使用权制度出于保障农户生存权益功能的考虑，将权利主体限定为“农户”，由农户无偿取得并限制流通。宅基地使用权独特的权利构造，使其与其他财产权利存在诸多差异，从而引发了司法的困境。从城乡一体化发展——新型城镇化的目标的角度来看，宅基地使用权缺乏城乡一体发展所要求的流动性，因而被认为存在功能上的缺失。

第一节　宅基地使用权制度规则

宅基地使用权的基础是宅基地集体所有权。1982 年颁布、2004 年修订的《中华人民共和国宪法》（以下简称《宪法》）确立了我国土地的公有制度，其第 10 条第 2 款规定了宅基地属于集体所有。1986 年颁布的《中华人民共和国民法通则》（以下简称《民法通则》）（已失效）第 74 条第 2 款将宅基地集体所有的宪法性规定落实到了民法层面，规定宅基地属于“农民集体”所有。2007 年颁布的《物权法》（已失效）第 59 条规定宅基地属于“本集体成员集体”所有。2020 年颁布的《民法典》在第 260 条重申“法律规定属于集体所有的土地”属于集体所有。

宅基地集体所有权由集体经济组织或其代表行使。2007 年颁布的《物权法》（已失效）第 60 条规定“（一）属于村农民集体所有的，由村集体经济组织或者村民委员会代表集体行使所有权；（二）分别属于村内两个以上农民集体所有的，由村内各该集体经济组织或者村民小组代表集体行使所有权；（三）属于乡镇农民集体所有的，由乡镇集体经济组织代表集体行使所有权”。2017 年颁布的《中华人民共和国民法总则》（以下简称《民法总则》）（已失效）第 99 条规定:“农村集体经济组织依法取得法人资格。法律、行政法规对农村集体经济组织有规定的,依照其规定。”同时,《民法总则》(已失效)在第101条规定“未设立村集体经济组织的,村民委员会可以依法代行村集体经济组织的职能”。《民法典》在第262条重申了2007年颁布的《物权法》(已失效)第60条的规定,在文字表述上强调代表集体经济组织的主体要“依法”代表行使所有权。

在集体土地所有权基础上,为满足农民的居住需求,发展出相应的宅基地土地使用权规则体系(见附录A:宅基地使用权法律法规摘录表)。

一、规则体系

现行宅基地使用权规则主要由民法规则、行政法规则和社会保障法规则三部分组成。

(一)民法规则

《民法典》第362条至第365条将宅基地使用权定位于用益物权,限定了其权利内容。第362条规定,“宅基地使用权人依法对集体所有的土地享有占有和使用的权利,有权依法利用该土地建造住宅及其附属设施”。第363条规定,“宅基地使用权的取得、行使和转让,适用土地管理的法律和国家有关规定”。第364条规定,“宅基地因自然灾害等原因灭失的,宅基地使用权消灭。对失去宅基地的村民,应当依法重新分配宅基地”。第365条规定,“已经登记的宅基地使用权转让或者消灭的,应当及时办理变更登记或者注销登记”。

根据《民法典》第399条的规定,宅基地使用权不得抵押,但是法律另有规定的除外。

《民法典》第243条、第327条规定了宅基地使用权的征收和补偿规则。“为了公共利益的需要,依照法律规定的权限和程序可以征收集体所有的土地和组织、个人的房屋以及其他不动产。征收集体所有的土地,应当依法及时足额支付土地补偿费、安置补助费以及农村村民住宅、其他地上附着物和青苗等的补偿费用,并安排被征地农民的社会保障费用,保障被征地农民的生活,维护被征地农民的合法权益。征收组织、个人的房屋以及其他不动产,应当依法给予征收补偿,维护被征收人的合法权益;征收个人住宅的,还应当保障被征收人的居住条件。任何组织或者个人不得贪污、挪用、私分、截留、拖欠征收补偿费等费用。”“因不动产或者动产被征收、征用致使用益物权消灭或者影响用益物权行使的，用益物权人有权依据本法第二百四十三条、第二百四十五条的规定获得相应补偿。”

《民法典》第 378 条、第 379 条规定了地役权与宅基地使用权的关系。“土地所有权人享有地役权或者负担地役权的，设立土地承包经营权、宅基地使用权等用益物权时，该用益物权人继续享有或者负担已经设立的地役权。”“土地上已经设立土地承包经营权、建设用地使用权、宅基地使用权等用益物权的，未经用益物权人同意，土地所有权人不得设立地役权。”

（二）行政法规则

1.《土地管理法》及其实施条例的规定

1986 年颁布、2019 年修正的《土地管理法》除重申宅基地为农民集体所有以外，第 62 条还规定：“农村村民一户只能拥有一处宅基地，其宅基地的面积不得超过省、自治区、直辖市规定的标准。人均土地少、不能保障一户拥有一处宅基地的地区，县级人民政府在充分尊重农村村民意愿的基础上，可以采取措施，按照省、自治区、直辖市规定的标准保障农村村民实现户有所居。农村村民建住宅，应当符合乡（镇）土地利用总体规划、村庄规划，不得占用永久基本农田，并尽量使用原有的宅基地和村内空闲地。编制乡（镇）土地利用总体规划、村庄规划应当统筹并合理安排宅基地用地，改善农村村民居住环境和条件。农村村民住宅用地，由乡（镇）人民政府审核批准；其中，涉及占用农用地的，依照本法第四十四条的规定办理审批手续。农村村民出卖、出租、赠与住宅后，再申请宅基地的，不予批准。国家允许进城落户的农村村民依法自愿有偿退出宅基地，鼓励农村集体经济组织及其成员盘活利用闲置宅基地和闲置住宅。国务院农业农村主管部门负责全国农村宅基地改革和管理有关工作。”同时，《土地管理法》第 66 条规定：“有下列情形之一的，农村集体经济组织报经原批准用地的人民政府批准，可以收回土地使用权：（一）为乡（镇）村公共设施和公益事业建设，需要使用土地的；（二）不按照批准的用途使用土地的；（三）因撤销、迁移等原因而停止使用土地的。依照前款第（一）项规定收回农民集体所有的土地的,对土地使用权人应当给予适当补偿。”第 78 条规定:“农村村民未经批准或者采取欺骗手段骗取批准,非法占用土地建住宅的,由县级以上人民政府农业农村主管部门责令退还非法占用的土地,限期拆除在非法占用的土地上新建的房屋。超过省、自治区、直辖市规定的标准,多占的土地以非法占用土地论处。”《土地管理法》第 48 条规定:“征收土地应当给予公平、合理的补偿,保障被征地农民原有生活水平不降低、长远生计有保障。征收土地应当依法及时足额支付土地补偿费、安置补助费以及农村村民住宅、其他地上附着物和青苗等的补偿费用,并安排被征地农民的社会保障费用。征收农用地以外的其他土地、地上附着物和青苗等的补偿标准,由省、自治区、直辖市制定。对其中的农村村民住宅,应当按照先补偿后搬迁、居住条件有改善的原则,尊重农村村民意愿,采取重新安排宅基地建房、提供安置房或者货币补偿等方式给予公平、合理的补偿,并对因征收造成的搬迁、临时安置等费用予以补偿,保障农村村民居住的权利和合法的住房财产权益。”

2021 年修订的《中华人民共和国土地管理法实施条例》(以下简称《土地管理法实施条例》)第 32 条第 1 款、第 2 款规定:“省、自治区、直辖市应当制定公布区片综合地价,确定征收农用地的土地补偿费、安置补助费标准,并制定土地补偿费、安置补助费分配办法。地上附着物和青苗等的补偿费用,归其所有权人所有。”

2.《中华人民共和国村民委员会组织法(2018 修正)》(以下简称《村民委员会组织法》)的规定

1998 年颁布、2018 年修正的《村委会组织法》第 24 条规定:“宅基地的使用方案,征地补偿费的使用、分配方案经村民会议讨论决定方可办理。”

3.《中华人民共和国城乡规划法》(以下简称《城乡规划法》)的规定

2007 年颁布、2019 年修正的《城乡规划法》第 41 条第 2 款规定:“在乡、村庄规划区内使用原有宅基地进行农村村民住宅建设的规划管理办法,由省、自治区、直辖市制定。”

(三)社会保障法规则

1992 年颁布、2018 年修正的《中华人民共和国妇女权益保障法》(以下简称《妇女权益保障法》)第32条规定:"妇女在农村土地承包经营、集体经济组织收益分配、土地征收或者征用补偿费使用以及宅基地使用等方面,享有与男子平等的权利。"

二、规则内容

分析现行的宅基地使用权规则,可以发现,这一制度的内容主要包括以下几个方面。

(一)权利的基础

宅基地使用权作为一种用益物权,其权利基础是宅基地集体所有权,宅基地所有权主体是集体经济组织,未设立集体经济组织时,由村民委员会、村民小组代表所有者行使权利。《民法典》第261条将我国集体土地所有权的主体规定为"本集体成员集体",在第262条规定了3类主体来行使所有者权利:一是乡镇集体经济组织,二是村集体经济组织或者村民委员会,三是村民小组。

《民法典》的规定相较之前《民法总则》(已失效)的规则更为明确。《民法总则》(已失效)将集体土地的所有权主体明确为农村集体经济组织,未设立农村集体经济组织时,由村委会代行所有者权利。"代行"一词并非法律术语,从语义上可以理解为代理行使、代表行使或者代位行使。[1] 代理是为被代理人的利益,代表是为大家的利益,代位是为自己的利益,三者的出发点和行为规则都有所不同,《民法典》将其明确为"代表",减少了理论和实践的争议。

(二)权利的主体

宅基地使用权的主体为"农户"。从《土地管理法》的规定可以看出,这一规定包含了两个方面的含义:一是主体以"户"为单位,区别于自然人;二是"户"限于农村村民户。基于这一立法:一方面,此后的立法及司法实践均禁止

---

〔1〕 陈明:《农村宅基地财产实现的法律创新》,载《中州学刊》2018年第5期。

城镇居民在农村购买宅基地或住房,[1]但并未明确禁止本集体经济组织之外的农户取得本集体的宅基地使用权;另一方面,虽然立法强调宅基地使用权是法律赋予农户的用益物权,[2]但对于"户"的含义却无明确界定。

(三)权利的客体

宅基地使用权的客体为符合规定标准面积范围内的宅基地。依据《土地管理法》第62条及第78条的规定,农村村民一户只能拥有一处宅基地,且其宅基地的面积不得超过省、自治区、直辖市规定的标准,超过省、自治区、直辖市规定的标准,多占的土地以非法占用土地论处。虽然这一规定将宅基地使用权的客体限定为"符合法律规定标准的一宅",但是,现实中却存在大量超标占用宅基地的情形。超标占用分为两种情形:一种是非法的超标占用,对于村民未经批准或者采取欺骗手段骗取批准的宅基地,县级以上人民政府土地行政主管部门有权责令退还非法占用的土地,并限期拆除在非法占用的土地上新建的房屋;另一种是合法的超标占用,合法的超标占用的宅基地要么是权利人在《土地管理法》颁布之前取得的,要么是自然人因继承或买卖房屋而取得的,法律对于这两种宅基地使用权如何处理并无明确规定。

(四)权利的内容

宅基地使用权人可以对宅基地进行占有、使用和收益,但收益权能受到限制。依据《民法典》第362条的规定:"宅基地使用权人依法对集体所有的土地

---

〔1〕 2004年《国务院关于深化改革严格土地管理的决定》规定:……(10)加强村镇建设用地的管理。禁止擅自通过"村改居"等方式将农民集体所有土地转为国有土地。改革和完善宅基地审批制度,加强农村宅基地管理,禁止城镇居民在农村购置宅基地。在符合规划的前提下,村庄、集镇、建制镇中的农民集体所有建设用地使用权可以依法流转。2007年《国务院办公厅关于严格执行有关农村集体建设用地法律和政策的通知》规定:"农村住宅用地只能分配给本村村民,城镇居民不得到农村购买宅基地、农民住宅或'小产权房'。单位和个人不得非法租用、占用农民集体所有土地搞房地产开发。"2011年《国务院办公厅关于积极稳妥推进户籍管理制度改革的通知》规定:"(八)禁止借户籍管理制度改革或者擅自通过'村改居'等方式非经法定征收程序将农民集体所有土地转为国有土地,禁止农村集体经济组织非法出让、出租集体土地用于非农业建设,严格执行禁止城镇居民在农村购置宅基地的政策。"2014年《国务院办公厅关于引导农村产权流转交易市场健康发展的意见》规定:"(九)交易主体。除农户宅基地使用权、农民住房财产权、农户持有的集体资产股权之外,流转交易的受让方原则上没有资格限制(外资企业和境外投资者按照有关法律、法规执行)。"

〔2〕 2014年《国务院关于进一步推进户籍制度改革的意见》规定:"四、切实保障农业转移人口及其他常住人口合法权益。……(十二)完善农村产权制度。土地承包经营权和宅基地使用权是法律赋予农户的用益物权,集体收益分配权是农民作为集体经济组织成员应当享有的合法财产权利。"

享有占有和使用的权利，有权依法利用该土地建造住宅及其附属设施。”《土地管理法实施条例》允许农村承包经营户、个体工商户利用其宅基地及房屋从事非农业生产经营活动；[1] 允许其随房屋一起转让或出租以获得收益。[2]《土地管理法》允许进城落户的农村村民依法自愿有偿退出宅基地，鼓励农村集体经济组织及其成员盘活利用闲置宅基地和闲置住宅。

宅基地使用权的处分权能有较多限制：不能抵押，禁止转让给城镇居民，只能随其上房屋一同处分。《民法典》第356条和第357条确立了城市建设用地上房屋与其所占用建设用地使用权的“房地一体”处分原则。如果宅基地使用权的处分也遵循这一原则，那就意味着：宅基地上的房屋因为宅基地使用权禁止抵押而不能抵押；限于宅基地使用权的身份限制，宅基地上房屋转让给城镇居民的合同也会因受让主体不合格而被判决为无效。[3] 法律对于能否将房

---

〔1〕 1991年颁布的《土地管理法实施条例》第29条规定：“农村承包经营户、个体工商户从事非农业生产经营活动，应当利用原有宅基地。”

〔2〕 2004年修订的《土地管理法》第62条第4款规定：“农村村民出卖、出租住房后，再申请宅基地的，不予批准。”

〔3〕 在“宋庄画家村”案件中，大约300多位艺术家在北京通州区宋庄镇买下了农民的房子，但由于房价上涨等原因，出现了部分出卖人反悔而导致的买卖契约纠纷案件。马某诉李某一案即为其中之一：“原告马某原系北京通州宋庄镇辛店村农民，被告李某则为河北省邯郸市城市居民。2002年7月1日，原告与被告签订《买卖房协议书》，将讼争房屋及院落以45000元的价格卖与被告。契约签订后，被告依约支付房款，原告亦依约将房屋及《集体土地建设用地使用证》交付被告。被告入住后对原有房屋进行装修，并于2003年10月经辛店村民委员会批准新建西厢房三间。2006年12月，马某起诉至一审法院称：2002年，马某将北房五间、西厢房三间卖与李某。因李某不属于通州区宋庄镇辛店村农民，无权使用辛店村宅基地，故请求确认双方所签房屋买卖协议无效，责令李某返还房屋，马某按房屋现值退还李某购房价款。李某则主要以双方签订的房屋买卖协议合法有效为由，要求驳回马某的诉讼请求。”一审法院认为，违反法律、行政法规强制性规定的契约无效。李某系城市居民，依法不得买卖农村集体经济组织成员的住房，遂依《合同法》第52条第5项之规定，判决房屋买卖契约无效。被告提起上诉，二审法院除维持一审的无效判决之外，增加裁判理由称：“宅基地使用权是农村集体经济组织成员享有的权利，与享有者特定的身份相联系，非本集体经济组织成员无权取得或变相取得。马某与李某所签之《买卖房协议书》的买卖标的物不仅是房屋，还包含相应的宅基地使用权。李某并非通州区宋庄镇辛店村村民。因此，原审法院根据我国现行土地管理法律、法规、政策之规定，对于契约效力的认定是正确的。”王卫国、朱庆育：《宅基地如何进入市场？——以画家村房屋买卖案为切入点》，载《政法论坛》2014年第3期。在广西防城港市防城区人民法院(2010)防民初字第282号、广西防城港市中级人民法院(2011)防市民一终字第193号判决书中，法院认为：宅基地属于农民集体所有，农民对宅基地只有使用权而无所有权，不能行使处分权，宅基地不能非法买卖及以其他形式非法转让。吴某及杨某原位于防城镇沙埠村吴屋一组的房子及附属设施被征用拆除后，所享受安置分配的112.5m^2土地，其性质为农村宅基地，属于沙埠村集体经济组织所有，吴某及杨某仅可用于自建房屋。谢某等人属城镇人口，并非沙埠村村民，依法不具备农村宅基地的受让资格。因此，吴某、杨某与谢某及吴某签订的《断卖宅基地契约》已违反宪法、法律的规定，按照《中华人民共和国合同法》第52条关于“违反法律、行政法规强制性规定的合同无效”的规定，该《断卖宅基地契约》应归于无效，依法不受法律保护。

屋转让给非本集体经济组织农民无明确规定，对于“同一集体经济组织”的范围也没有明确界定。

（五）权利的取得

宅基地使用权的取得方式主要有设立取得和让与取得两种，能否基于继承取得存在争议。

首先，宅基地使用权设立取得的条件无明确规定，程序并未体现所有权人的权利。从宅基地使用权的设立条件来看：宅基地使用权的申请主体为农户，但对于农户需要满足的条件并无统一规定；宅基地使用权的设立取得无须支付价款，为无偿取得。从程序上来看：宅基地使用权的设立权经由村民会议讨论，并经乡镇人民政府审核，县级人民政府批准。依据《土地管理法》规定，宅基地属于农民集体所有，但农民集体对其所有的土地没有设立宅基地用益物权的权利，农村村民取得住宅用地，除依据《村委会组织法》要经村民会议讨论决定外，还必须“经乡（镇）人民政府审核，由县级人民政府批准，涉及占用农用地的，要依法办理审批手续”。

其次，宅基地使用权可以基于使用权人的让与而取得：让与方转让宅基地使用权后不能再申请宅基地；受让方除了不能为城镇居民外，无其他条件限制；让与取得为有偿取得，转让收益如何分配无规定。

最后，宅基地使用权能否基于继承取得，存在争议。从《民法典》规定的宅基地使用权的权利构造来看，宅基地使用权的主体是“户”，户内某个家庭成员死亡，并不必然导致“户”的消灭，宅基地使用权仍然是“户”的财产而非被继承人的个人财产，不属于个人遗产范围，不能继承；从宅基地使用权的身份限制来看，当继承人不具备或丧失农村集体经济组织成员身份时，也不能取得宅基地使用权；但从《民法典》中继承规则来看，宅基地上房屋属于个人财产，能够基于继承取得所有权，再根据“房地一体”处置原则，其所占用的宅基地使用权自然也应该由继承人取得。

（六）权利的消灭

宅基地使用权为无期限物权，不会因为期满而消灭；宅基地使用权会因宅基地灭失、权利人放弃而消灭；宅基地被征收，宅基地使用权消灭，但宅基地使用权人在征收过程中的权益不明确。虽然《民法典》规定宅基地使用权人因征收有权获得相应的补偿，但根据《土地管理法实施条例》规定土地补偿费的标准和分配方法由省级政府确定，宅基地补偿款的使用、分配方案根据《村委会组织法》由村民会议讨论决定，宅基地使用权人在宅基地征收过程中的实体和程序权利缺乏规范。

宅基地使用权还会因为被收回而消灭，但法律对收回行为的主体、性质、条件、程序和后果的规定并不完善。《土地管理法》第 66 条规定宅基地使用权收回要由农村集体经济组织报经原批准用地的人民政府批准，鉴于各地农村集体经济组织的缺位，导致地方性法规中收回主体的不同设定：有的地方性法规将宅基地使用权的收回主体设定为土地所有者，有的设定为村委会，有的设定为村民小组和村委会。[1] 法律规定宅基地使用权收回的条件包括：乡（镇）村公共设施和公益事业建设需要、不按照批准的用途使用土地的、因撤销和迁移等原因而停止使用土地、非法占用土地。其中撤销和迁移的含义并不明确，学界对“超标多占以非法占用论”也有质疑。法律对于集体经济组织决定收回宅基地使用权的程序、法律后果等内容无明确界定。

（七）权利的登记

宅基地使用权应当登记，但对于登记的效力无明确规定。2015 年颁布的《不动产登记暂行条例》确立了宅基地使用权需要登记的原则。《民法典》第 365 条规定，已经登记的宅基地使用权转让或消灭的，应当及时办理变更或注销登记。《民法典》对于一户多宅、超标占用宅基地等情况在登记中如何处理没有规定，也未提及宅基地使用权登记的效力是生效要件还是对抗要件。

三、规则特征

（一）规则体系特征

从宅基地使用权规则体系来看，宅基地使用权是一种用益物权，但作为一项民事权利，对其进行规范的规则却大多为行政法规则。权利的取得、行使和

---

[1] 耿卓：《宅基地使用权收回的流程规范》，载《交大法学》2018 年第 4 期。

转让等规则适用《土地管理法》,充斥着公权介入的色彩:宅基地使用权的设立,除了要经村民会议讨论决定外,还必须经乡(镇)人民政府审核,由县级人民政府批准;宅基地使用权以户为单位申请,无疑是私法契合公法管制的需要,其目的是以家庭为单位,维系家庭最低限度的家庭居住需求;[1]宅基地使用权的身份限制——贯穿权利的申请、转让和消灭全过程——体现了以集体为单位保障生存的行政意愿。在具有强烈公法色彩的制度体系中,宅基地使用权人的意愿受到宅基地所有权人、地方政府和国家的多方制约,使其用益物权属性难以凸显。

(二)规则内容特征

从规则内容来看,同样是用益物权,乡村的宅基地使用权与城市建设用地使用权相比,具有独特性。其特征在于:一是权利的基础是集体所有权,不同于建设用地使用权的基础是国家所有权;二是身份限定性,禁止城镇居民在农村购买宅基地或住房,早期法律规定丧失农户资格则宅基地使用权无偿收回,[2]2019 年修订的《土地管理法》修改为国家允许进城落户的农村村民依法自愿有偿退出宅基地,而建设用地使用权的主体无此限制;三是以"户"为单位,建设用地使用权是以个人为基点设置;四是权利客体的限定性,限定为符合法定面积的"一宅",住宅建设用地使用权无此限制(在部分实行商品房限购政策的城市,会限定每户购买商品房的套数,对面积无限制);五是权利取得和使用的无偿性,建设用地使用权都是有偿取得,续期是否付费暂无规定;六是权利无明确期限限制,城市住宅建设用地使用权的期限为 70 年,期满可以续期;七是权利主体的身份限制,鉴于宅基地使用权的主体限制,宅基地上房屋的流转也因而受到限制,城市住宅建设用地使用权可随房屋一同流转,并无身

---

〔1〕 高圣平、刘守英:《宅基地使用权初始取得制度研究》,载《中国土地科学》2007 年第 2 期。

〔2〕 虽然《土地管理法》并未明确规定进城落户农民要交回宅基地使用权,但各地出台的有关宅基地管理的文件大多有此规定:北京市政府规定的条件是"村民全家迁出本村或由农业户口转为非农业户口后另有住房的,其原有的宅基地由集体经济组织收回。宅基地上的房屋和其附着物应由原房屋所有人自行拆除,也可经乡政府批准,按照规定的价格出售给符合申请建房用地条件的村民"。湖北十堰市《市政府办公室关于加强农村宅基地管理工作的通知》(十政办发〔2005〕62 号)、《宁波市农村宅基地管理办法》(2001 年宁波市人民政府令第 93 号)也都有类似规定。任中秀:《农村宅基地使用权制度研究》,山东大学出版社 2012 年版,第 139 页。

份限制；八是宅基地使用权登记的效力不明确，建设用地使用权登记是生效要件；九是宅基地使用权人在征收补偿中的地位和权益不明确，建设用地使用权人在征收中具有独立的主体地位。

第二节　宅基地使用权规则适用困境

《民法典》物权编宅基地使用权规则内容简约，其将宅基地使用权的设立、行使和转让等交由《土地管理法》等法律来规范，而《土地管理法》等规则本身内容模糊，使宅基地使用权相关法律规则的适用存在诸多疑问，与其他制度的衔接也不够顺畅。

一、宅基地使用权申请主体“农户”的认定困境

要申请宅基地使用权，主体只能是“农户”，而“农户”是一个在土地制度上使用较多却没有确切内涵和外延的模糊概念。

在立法中，“农户”的内涵和外延并无明确界定。《民法通则》（已失效）、《中华人民共和国农村土地承包法》、《物权法》（已失效）、《民法总则》（已失效）和《民法典》都承认了“农村承包经营户”的民事主体资格，但《土地管理法》并未用这一概念，而是采用“农村村民一户”的说法。立法上对于“户”的界定仅见于《户口登记条例》第5条，依据此条规定：“户口登记以户为单位。同主管人共同居住一处的立为一户，以主管人为户主。单身居住的自立一户，以本人为户主。居住在机关、团体、学校、企业、事业等单位内部和公共宿舍的户口共立一户或者分别立户。”这一规定中的“户”包含了3种类型：家庭户、独居户和共同事业户。[1] 宅基地使用权的主体之所以以“户”为单位，无非是为了满足共同生活，因此，此处的“户”在外延上应该“不包括共同事业户”。[2]

---

〔1〕 周洪亮：《户的视角下的农村宅基地使用权的取得研究》，载《中国农业大学学报》2007年第1期。

〔2〕 这一解释也符合实践中的倾向——《舟山市定海区农村宅基地管理规定（征求意见稿）》第9条规定：“符合建房条件的农村村民申请宅基地时必须以自然家庭户为单位。自然家庭户以配偶双方及其直系亲属以及直系亲属的配偶为基本构成。如其成员同时也符合列入其他自然家庭户成员条件，则只能归属在一个自然家庭户中。”载舟山市自然资源和规划局定海分局网2011年7月18日，http://www.dhblr.gov.cn/art/2011/7/18/art_13260_362968.html。

大多数学者会将“户”理解为家庭而非个人，共同生活在一起的家庭成员可以作为一户成为宅基地的申请权利人，自无争议，但是对于家庭成员个体在什么情况下可以自立一户、满足什么条件可以成为宅基地申请主体，法律并无统一规定。在河北省，分户的主要理由为子女结婚(年龄未满18周岁的不允许分户)；分户以后，原有宅基地面积没有达到规定标准，不能够满足分户需求的，可以申请一处规定面积的宅基地。[1] 在浙江省，户内常住人口中已经领取结婚证书，确需分户建房的可以分户，申请取得一处规定面积的宅基地，但以所有家庭人员作为一户申请并被批准后申请分户的，不予批准。[2] 在河南省，农户中除身边留一子女外，其他成年子女确需另立门户而已有的宅基地低于分户标准的，可以申请一处规定面积的宅基地；一户一子(女)有一处宅基地的，或年龄未满18周岁的，不予批准。[3] 在广东东莞市农村，当地人称儿子为

---

〔1〕《河北省农村宅基地管理办法》第7条规定：“农村村民符合下列条件之一的，可以申请宅基地：(一)因子女结婚等原因确需分户，缺少宅基地的；(二)外来人口落户，成为本集体经济组织成员，没有宅基地的；(三)因发生或者防御自然灾害、实施村庄和集镇规划以及进行乡(镇)村公共设施和公益事业建设，需要搬迁的。”第9条规定：“农村村民有下列情形之一的，不予批准使用宅基地：(一)年龄未满十八周岁的；(二)原有宅基地的面积已经达到规定标准或者能够解决分户需要的；(三)出卖或者出租村内住房的。”第13条规定：“本省依法实行农村村民一户一处宅基地制度。农村宅基地的面积按照下列标准执行：(一)人均耕地不足一千平方米的平原或者山区县(市)，每处宅基地不得超过二百平方米；(二)人均耕地一千平方米以上的平原或者山区县(市)，每处宅基地不得超过二百三十三平方米；(三)坝上地区，每处宅基地不得超过四百六十七平方米。县(市)人民政府可以根据当地实际情况，在前款规定的限额内规定农村宅基地的具体标准。”

〔2〕《浙江省农村宅基地管理办法(2005)》规定：“农村村民一户只能拥有一处宅基地，宅基地面积标准(包括附属用房、庭院用地)，使用耕地最高不得超过125平方米；使用其他土地最高不得超过140平方米；山区有条件利用荒地、荒坡的，最高不得超过160平方米。符合下列情形之一的，农村村民可以申请宅基地：1.因国家建设、垦区移民、灾毁等需要搬迁的；2.实施村镇规划或旧村镇改造，必须调整搬迁的；3.常住人口中已领取结婚证书，确需分户建房的；4.法律法规规定的其他情形。农村村民有下列情形之一的，不得再申请宅基地：1.已拥有一处宅基地的；2.出卖、出租、赠与他人或者以其它形式转让宅基地上建筑物的；3.以所有家庭人员作为一户申请并被批准后，不具备分户条件而以分户为由的；4.其他不符合申请建房条件的。各地可根据上述规定，结合本地实际，制定相应的农村宅基地面积标准和宅基地申请条件。”

〔3〕《河南省农村宅基地用地管理办法(2011年修正)》第8条规定：“具备下列条件之一的，可以申请宅基用地：(一)农村居民户无宅基地的；(二)农村居民户除身边留一子女外，其他成年子女确需另立门户而已有的宅基地低于分户标准的；(三)集体经济组织招聘的技术人员要求在当地落户的；(四)回乡落户的离休、退休、退职的干部、职工、复退军人和回乡定居的华侨、侨眷、港澳台同胞，需要建房而又无宅基地的；(五)原宅基地影响规划，需要收回而又无宅基地的。”第9条规定：“有下列情况之一的，不得安排宅基地用地：(一)出卖、出租或以其它形式非法转让房屋的；(二)违反计划生育规定超生的；(三)一户一子(女)有一处宅基地的；(四)户口已迁出不在当地居住的；(五)年龄未满十八周岁的；(六)其它按规定不应安排宅基地用地的。”

“男丁”，只要出生就有申请宅基地资格。在山东省东营市农村，两个儿子分家后能申请两处宅基地，老人作为一户拥有老宅基地。在安徽省宿州市，两个儿子只能申请一处宅基地，其中一个儿子使用父母的宅基地。[1]

二、宅基地使用权具体权利人——“户内成员”的认定困境

相关法律对于“户内成员”的认定无统一规范，致使在离婚诉讼、征收补偿等需要确定具体权利人的案件中，存在多种认定标准。

对“户内成员”的认定，第一种方法是以“实际剩余的户内成员”为准。上海市高级人民法院民一庭《关于审理宅基地房屋纠纷若干问题的意见》[沪高法民一(2007)24号]认为：“鉴于农村宅基地使用权具有很强的身份属性，系农村集体经济组织无偿提供给本集体成员享有的，并且按户计算。当一户出现人口减少，宅基地仍是由一户中剩余的成员共同使用，宅基地使用权的补偿款则由该户剩余的成员共同所有。”

对“户内成员”的认定，第二种方法是以“宅基地使用权证的登记”为准。在上海市奉贤区人民法院(2009)奉民一(民)初字第1668号判决中，[2]法院认为：“由于宅基地使用权具有很强的身份属性，系农村集体经济组织无偿提供给本集体成员享有的，并且按户计算，当一户出现人口减少，宅基地仍是由一户中剩余的成员共同使用，宅基地使用权的补偿款则由该户剩余的成员共同所有。在本案中，宅基地审核表中登记的权利人为宅基地使用权人，系争房屋的宅基地权利人在1991年审核登记时为金某1、陈某1及金某2，陈某2与金某2结婚后，该户人口出现增加，但陈某2并未登记为权利人，因此陈某2不是该宅基地使用权人。因宅基地使用权人金某1与金某2已死亡，系争房屋的宅

[1] 刘锐：《土地、财产与治理：农村宅基地制度变迁研究》，华中科技大学出版社2017年版，第127页。

[2] 原告陈某、金某系母女关系，被告与原告陈某系婆媳关系。坐落于奉贤区四团镇沈家村×××号的房屋在1991年办理了宅基地使用证，该证登记户主为被告的丈夫金某，宅基地使用权审核表中还载有被告陈某及其与金某1之子金某2的名字。2005年，金某2死亡。2008年，上述房屋因a2公路南侧高压走廊征用而动迁。2008年11月26日，被告与上海市奉贤区四团镇规划和环境服务中心签订了动迁补偿安置协议，动迁补偿款共计410,913元。两原告与被告就上述动迁补偿款的分割无法达成协议，故起诉法院要求判令分割并继承奉贤区四团镇沈家村×××号房屋的动迁补偿款。

基地使用权当归属被告陈某1。因此,宅基地使用权的补偿款234,129元应由被告陈某1所有。"

基于这一标准,非申请人对于宅基地无使用权,只对其上房屋拥有居住权或占有使用权。在福建省泉州市洛江区人民法院(2012)洛民初字第831号和福建省泉州市中级人民法院(2013)泉民终字第2914号判决中,法院认为:"郭某1是以户的名义取得诉争房屋所在的宅基地使用权,成员包括长子郭某2等家庭人口6人,因此郭某2是建设用地使用权人之一。刘某与郭某2结婚后在诉争房屋一层与郭某1同生活多年。郭某2虽然去世,刘某、郭某2的儿子仍属于郭某1的家庭成员,且刘某作为儿子的监护人有承担监护义务的责任。刘某请求确认其对诉争房屋享有居住权,符合法律规定,应予以支持,但居住范围应限于诉争房屋一层内。"在北京市第三中级人民法院(2017)京03民终18号判决中,法院认为:小产权房的权利人对房屋虽然不享有所有权但有使用权,而占有使用权也是一种权益,在离婚诉讼中,可以对夫妻共有的小产权房的排他占有使用权益进行分割。

对"户内成员"的认定,第三种方法是采用复合标准。该标准综合考虑当事人生产生活状况、户口登记状况以及农村土地对农民的基本生活保障功能等因素认定相关权利主体,认定其权利主体资格的丧失。[1] 当事人的生产生活状况是指当事人是否长期在本集体内部从事生产活动或生活,是否以该劳动收入作为其主要的生活来源。户口登记状况只是参考性因素之一,对于"空挂户"——当事人只是将户口登记在本集体,但其实际并不在户籍地生活,也不依赖集体土地提供生活保障的情形——一般不认定其资格,[2] 而对于超生、升学、服兵役等原因导致未登记户籍或户口迁出的人员,因其依然要以土地为其提供基本生活保障,一般认定其资格。社会保障是指替代性基本生活保

[1] 最高人民法院:《第八次全国法院民事商事审判工作会议(民事部分)纪要》,载《人民法院报》2016年12月1日,第3版。

[2] 北京市房山区人民法院(2010)房民初字第11189号判决认为:宅基地使用权是农村集体经济组织成员享有的权利,与享有者特定身份相联系,非集体经济组织成员无权取得。在本案中,南街村村委会称1982年前户口迁入本村的属于集体经济组织成员,原告及其家人是在2003年7月迁入,不属于村集体经济组织成员,不享有村集体经济组织成员待遇。

障——如城镇职工基本社会保险,那些在小城镇取得了部分社会保障,但工资微薄,依然需要依靠土地进行保障的人,应该认定其“户内成员”资格。

三、宅基地使用权离婚分割困境

在现有规则框架内处理离婚案件中宅基地使用权的分割会面临诸多困难。与继承类似,婚姻家庭关于财产的规范也是以个人为视角,并无身份限制。根据《民法典》婚姻家庭部分规则的规定,在离婚或符合婚内共同财产分割条件时,夫妻共同财产的分割由双方协议处理,协议不成,由人民法院根据财产的具体情况,依据照顾子女和女方权益的原则判决。离婚案件财产分割的对象是夫妻共同财产,而宅基地使用权在什么情况下可以认定为夫妻共同财产是存在争议的。

在宅基地使用权由一方(在农村,通常是男方)婚前申请取得的情况下,婚后另一方是否成为宅基地使用权的共有人有不同意见。从《民法典》婚姻家庭规则的规定来看,如果宅基地使用权为男方婚前申请,则宅基地使用权属于男方婚前财产,即便女方将户口迁入本户,也不能成为共同所有人。但也有观点认为,宅基地使用权的申请以户为原则,一旦双方缔结了婚姻关系,即组成一个家庭,成为一户,另一方也成为宅基地使用权的主体,这是由婚姻关系的特殊性决定的。

婚姻关系存续期间取得的宅基地使用权的归属也不明确。《民法典》第1062条规定了夫妻共同财产的范围,即夫妻在婚姻关系存续期间所得的下列财产,为夫妻的共同财产,归夫妻共同所有:(1)工资、奖金、劳务报酬;(2)生产、经营、投资的收益;(3)知识产权的收益;(4)继承或者受赠的财产,但是本法第1063条第3项规定的除外;(5)其他应当归共同所有的财产。根据《土地管理法》规定,不管是一方婚前申请,还是婚后双方共同申请,只要婚后另一方将户口迁入,则宅基地使用权属于“户”的共同财产(如果户的成员包括未成年子女,应该认定其也是财产所有人),而非夫妻共同财产。只有在极特殊的情况下宅基地使用权可以被认定为夫妻共同财产——宅基地使用权的取得为双方婚后共同申请,且离婚或财产分割时户内成员只有夫妻2人;如果宅基地使用权为双方婚后共同申请，但一方在此后丧失集体成员身份，则同时丧失土地使用权。[1]

四、宅基地使用权继承困境

在继承类案件中，由于农民的房屋可以继承，基于"房地一体"原则和继承的个人主体原则，宅基地使用权以"户"为主体的规定难免被突破。《民法典》第 1122 条规定：遗产是自然人死亡时遗留的个人合法财产。同时，《民法典》在第 266 条明确：私人对其合法的收入、房屋、生活用品、生产工具、原材料等不动产和动产享有所有权。这意味着，只要允许宅基地使用权随其上房屋所有权的继承而转移，就会使宅基地使用权主体突破户的限制，而成为个人财产，因为继承是以个人为主体的。依据《土地管理法》的规定，宅基地使用权的主体是农户。依据这一规定，判决有以下几种情形：有的以宅基地使用权不属于个人财产为由，禁止宅基地使用权继承，例如，在北京市第三中级人民法院 (2017)京 03 民终 10777 号民事判决书中，法院认为，"当一户出现人口减少，宅基地仍由一户中剩余的成员共同使用"；有的认为，如果该户已经无集体组织成员，则宅基地使用权应该由集体收回；[2] 有的认为，宅基地使用权不能单独继承，只能依据"房地一体"处分原则随其地上房屋一起继承，而且其权利只限于宅基地上建筑物存续期间，一旦建筑物灭失，宅基地使用权由集体收回。[3]

《民法典》继承规则对于继承人并无身份的限制，即便继承人已经不是本集体组织成员，也可依法取得房屋的所有权，根据《土地管理法》"房地一体"原则的规定也可以同时取得宅基地使用权或其相应的利益，这突破了《土地管理

---

[1] 陈正霞、牛玉洲：《离婚协议中对农村宅基地上房屋分割的条款应当有效》，载成都法院网 2013 年 1 月 30 日，http://cdfy.chinacourt.org/article/detail/2013/01/id/888917.shtml。在文章所示案件中，刘某与王某在都江堰市民政局办理了离婚登记手续，双方就财产处理等达成离婚协议，协议书第 2 条载明：位于都江堰市青城山镇青城村 × 组的砖混结构小青瓦房 10 间，男、女双方各分 5 间，其中西方 5 间归女方，东方 5 间归男方。后王某在未经刘某许可下，将该 10 间房屋(包括土地使用权)以 590，008 元的价格转让与第三人。法院认为：该宅基地的使用权系王某基于青城山镇青城村 × 组村民的身份取得，故法院确认刘某享有房屋及宅基地使用权收益权利的 30%，王某享有房屋及宅基地使用权收益权利的 70%。

[2] 王海燕：《农村宅基地上建设的房屋能否继承》，载《人民法院报》2015 年 3 月 26 日，第 7 版。

[3] 广东省高级人民法院(2014)肇中法审监民再字第 2 号，载《人民法院案例选》编辑委员会编：《人民法院案例选》2016 年第 2 辑(总第 96 辑)，人民法院出版社 2016 年版。

法》关于城镇居民不得取得宅基地使用权的规定。在山西省忻州市中级人民法院(2012)忻中行终字第31号判决中,法院认为:薛某1作为薛某2、于某2人的儿子,对涉及薛某2、于某2人合法财产具有继承权,虽然薛某1是城镇户籍人口,但不能据此丧失对集体土地性质的宅基地使用权的继承权。为了维护继承人所继承房屋的占有、使用、收益和处分的权利,其实际也取得了宅基地的使用权。在河南省淅川县人民法院(2014)淅行初字第80号[1]判决中,法院认为:"宅基地上已建成房屋情形下,无论继承人户口是否迁出、是否仍为农村居民、是否已经拥有宅基地,当房屋作为遗产被继承时,其项下的宅基地使用权也应当被一体继承。如果因为继承人是城镇居民或者户口已经迁出或者已经拥有宅基地,法院否定宅基地使用权随房屋继承,那么,继承人继受的将是没有土地使用权的小产权房,将面临房屋不能翻建、房屋一旦灭失后土地被收回、限期拆除房屋或限期转让等不利后果,实际上造成对公民私有财产权的限制。只有允许宅基地使用权随房屋不受限制地继承,才能保障继承人对房屋行使完整的占有、使用、受益、处分的所有权权能,确保农民的合法权益。"

宅基地使用权规则也会对继承人或受遗赠人的权利形成限制。首先,为避免因继承而出现"一户多宅"现象,已经分户且已经取得宅基地的子女的房屋继承权会受到限制。北京市高级人民法院审判委员会在《北京市高级人民法院关于审理继承纠纷案件若干疑难问题的解答》中规定:"农户家庭中部分子女与父母分家另过,部分子女与父母共为一户且未新分宅基地的,父母死亡时,已分家另过的子女主张对相应宅基地上房屋进行继承的,人民法院不予支持;但上述分家另过子女仍为农村集体经济组织成员身份且未取得宅基地的,主张相应宅基地上房屋权利的,应予支持。人民法院应释明当事人可对相应宅基地上房屋折算价值主张继承。"其次,在遗赠类案件中,受遗赠人如不是本集体经济组织成员,不能取得宅基地使用权及其上房屋。北京市高级人民法院审判委员会在《北京市高级人民法院关于审理继承纠纷案件若干疑难问题的解答》中指出:"在遗赠类案件中,遗赠人将宅基地上房屋遗赠给本集体经济

---

〔1〕《杨丰春等诉淅川县荆紫关镇人民政府土地行政登记行政纠纷案——农村房屋及其宅基地使用权应一体继承》,载《人民司法·案例》2016年第32期。

组织以外的人,受遗赠人在遗赠人死后主张因遗赠取得宅基地上房屋所有权的,人民法院不予支持。”

五、宅基地上房屋共建人权利认定困境

从理论上讲,房屋共建人因为共同建筑而对房屋拥有共同所有权,但由于宅基地使用权主体身份、宅基地面积和“房地一体”处分原则的限制,共建人的权利经常受到争议。

禁止城镇居民取得宅基地使用权的政策和“房地一体”的立法原则,使得当宅基地使用权人与非本集体经济组织成员在宅基地上共建住宅时,共建人中只有本集体经济组织成员一方能取得宅基地使用权证和房屋产权证,另一方对房屋的权利处于不确定状态。现实生活中,农民在宅基地上建造住宅时,因资金、能力有限而与他人共同建造的现象比较普遍。共建人中非本集体经济组织成员一方往往是亲戚、朋友,可能是农民,也可能是城镇居民,但都对该块宅基地无使用权。当共建双方对建成的房屋因分配发生纠纷或已分配后一方反悔发生纠纷诉至法院时,法院如何适用法律便常常成为实务中的疑难问题。有的法院认为,非本集体经济组织成员一方只能取得房屋的占有、使用权。在江苏省海安县人民法院(2008)安民一初字第0624号和江苏省南通市中级人民法院(2009)通中民一终字第0087号判决中,法院认为:“原、被告双方基于亲戚关系共同建房,建成后双方已实际分别居住10多年,双方共同建房的行为并不为法律所禁止,由于房屋产权的特有属性以及我国土地政策的规定,不能认定被告为讼争房屋的共同所有权人,但其因参与共同建房而居住讼争房屋的西侧单元,系合法占有、使用。”有的法院认为,非本集体经济组织成员能够取得共建房屋的份额所有权,因为法律并未禁止非本集体经济组织成员取得宅基地上房屋,共建合同约定有效。[1]

同村村民之间共建协议的效力也会因为“一户只能拥有一处宅基地”、宅基地使用权的取得要“经县级人民政府批准”的规定而受到质疑。对于同村村

---

〔1〕 周舜隆:《陈忠进与杨立志农村宅基地房屋产权归属纠纷上诉案——农村宅基地上共建房屋的产权归属》,载《人民司法·案例》2010年第22期。

民在宅基地上共建房屋的协议的效力，存在有效、无效与效力待定三种看法。第一种意见认为，共建人一方在已经分配了宅基地的情况下，与他人共建房屋，突破了“一户一宅”原则，无效；第二种意见认为，二者同为一村村民，双方均具有宅基地使用权获取资格，合同有效；第三种意见认为，共建房屋合同的效力待定，已经取得宅基地的一方能否取得共建房屋所有权及所占用的宅基地使用权取决于相关部门是否批准。[1]

六、宅基地上房屋买卖合同效力和责任认定困境

在实践中，将宅基地上房屋转让给城镇居民的合同因禁止性政策的规定，一般会被认定为无效，但无效的法律后果有所不同。将宅基地上房屋转让给非本集体经济组织农民的合同的效力存在有效和无效两种判决，不同判决对“同一集体”的范围有不同理解。

将宅基地上房屋转让给城镇居民的合同往往因为禁止城镇居民到农村购房的政策性规定而被认定为无效，但对于合同无效的法律后果有不同认识。首先，大部分判决在认定合同无效的同时，会确定双方互负返还义务，但也有判决会基于出卖人不再是本集体经济组织成员、出卖人不再以涉案房屋作为居住保障、维护长期的稳定的居住关系等原因而判定双方不负返还义务。其次，对于合同无效导致的损失范围有不同认识：有的判决只认定购房款利息为损失；有的判决认为购房款利息与房屋使用费相抵，不认定为损失；有的判决认为只有房屋价值差为损失，宅基地使用权因为具有身份性，其价值变化不属于损失范围；有的判决认为房屋与宅基地使用权增值均为损失范围。最后，对于双方导致合同无效的过错比例有不同认定：大多数判决认为出卖人要负主要责任，责任比例从60%到80%不等；个别判决认为双方负同等责任。[2]

对于将宅基地上房屋转让给非本集体经济组织农民合同的效力，在实践中有无效和有效两种认识。认定为无效的理由是：虽然相关法律和政策并未

[1] 王长平、姜祖伟：《同村农户间签订的房屋共建合同有效吗?》，载江西法院网2017年3月7日，http://jxfy.chinacourt.org/article/detail/2017/03/id/2572971.shtml。

[2] 高海：《农村宅基地上房屋买卖司法实证研究》，载《法律科学》2017年第4期。

禁止将房屋转让给非本集体经济组织农民，但这一转让行为同样会使转让人丧失居住保障，从维持宅基地使用权保障本集体经济组织农户居住权益的目的出发，应该认定为无效。认定为有效的理由是：法律和政策并未禁止将房屋转让给非本集体经济组织农民，合同并不违反禁止性规定，应为有效。[1]

基于对“本集体”范围的不同认识，对于同村不同组的村民之间房屋买卖合同的效力也有不同判决。在一起同村不同组的村民间转让房屋的合同纠纷中，一审法院认为：“农村宅基地具有福利性质，只供该村民小组等集体经济组织成员享有，原告系五星村6组村民，被告系五星村5组村民。原告将其建在农村集体所有土地上的房屋转让给不属于本集体经济组织成员的被告，房屋买卖协议违反了法律的强制性规定，合同无效。”二审法院认为：“农村集体土地的发包情况表明，五星村存在以村为单位的村农民集体经济组织，原告与被告虽不是同一村民小组的村民，但都是五星村的村民，属同一村集体经济组织成员，双方签订的《购房协议》并不违反法律、行政法规的强制性规定，具有法律效力。”[2]

七、抵押案件中宅基地上房屋价值实现困境

由于法律明确规定宅基地使用权不得抵押，导致其上房屋抵押价值难以实现。

有的判决基于宅基地使用权不得抵押，直接否认了宅基地上房屋抵押合同的效力。包头市东河区人民法院(2016)内0202民初2844号判决认为：“农村宅基地是法律规定的禁止抵押物，农村住房是宅基地上的定着物，无法与宅基地相分割而独立存在，也不得抵押。故双方签订的抵押协议违反了法律的强制性规定，应为无效。”宁夏回族自治区固原市原州区(2015)原民初字第4392号判决认为：“被告以其无产权证的农村房屋抵押，将房屋所有权与土地使用权相剥离，且宅基地使用权是不能抵押的财产，故抵押无效。”有的判决认

---

〔1〕 高海：《农村宅基地上房屋买卖司法实证研究》，载《法律科学》2017年第4期。

〔2〕 向亮、丘天：《同村不同组村民是否属同一农村集体经济组织的认定》，载《人民法院报》2012年1月5日，第6版。

为，法律对农村房屋抵押无明确规定，因此自抵押协议有效成立之日起，抵押关系即成立。有的判决认为，协议后未办理农村房屋及宅基地使用权抵押登记的，抵押权不成立。[1]

在认可宅基地上房屋抵押的案件中，抵押权的实现也会受到限制。因为宅基地使用权的身份限制，在涉及农户房产的执行案件中，只能采取变通方式。在江苏省扬州市邗江区（县）人民法院的（2011）扬执字第0433号、（2011）扬执字第0535号、（2011）扬执字第1008号判决中，被执行财产只有农村房产一套，而三位申请执行人中，有一人符合宅基地使用权取得资格，经协商，三位申请人同意其受让被执行房产，其余两位申请人按比例参与分配所得价款。

八、宅基地使用权征收补偿困境

就宅基地征收而言，补偿有两大项目：一是宅基地上房屋的补偿，这一部分归房屋所有权人；二是宅基地权利补偿，这一部分究竟是对所有权的补偿还是对使用权的补偿，或是二者兼而有之，不甚明确。

虽然法院倾向于认为土地补偿款应该归农村集体经济组织而不是宅基地使用权人，[2]但《土地管理法实施条例》第32条规定土地补偿费的标准和分配方法由省级政府确定，在实践中，有些地方认为宅基地使用权在土地征收补偿中有独立的地位。例如，《北京市集体土地房屋拆迁管理办法》第14条规定：

---

〔1〕达拉特旗人民法院（2017）内0621民初2342号民事判决书。湖南省长沙县人民法院（2018）湘0121民初7543号。四川省冕宁县人民法院（2016）川3433民初616号。

〔2〕姚某于2008年携妻儿到百色城务工，随后向街道办某村民小组申请建房定居。经村民小组同意，姚某在该村民小组的荒地上建造一栋占地面积为52平方米的两层楼房，并向村民小组缴纳占地费4680元。2013年11月，因城市建设需要，市政府征收姚某的楼房作为建设用地，双方签订了房屋拆迁补偿协议，并认定姚某不符合安置条件，不予安排回建宅基地。随后，征地部门向姚某支付房屋拆迁补偿及补助费共计133,843元，并向村民小组支付姚某宅基地补偿费共计14,035.59元。姚某认为宅基地征地补偿费是房屋拆迁补偿安置费用的组成部分，并于2014年9月向右江区人民法院提起诉讼，请求判令村民小组返还房屋拆迁补偿款14,035.59元。村民小组则辩称姚某应得的房屋拆迁补偿费征地部门已如数拨付到其账户，其宅基地征地补偿费系政府支付给小组的征地补偿费，不应归姚某所有。法院审理后认为："征地部门已将姚某应得的房屋拆迁补偿及补助费共计133,843元全额支付给姚某。根据《百色市征收集体土地房屋拆迁补偿安置办法（试行）》的规定，宅基地的征地补偿费支付给被拆迁人所在农村经济组织。因此姚某宅基地的征地补偿费应归村民小组所有。"法院遂于2014年11月判决驳回姚某的诉讼请求。《农村宅基地征地补偿费是支付给个人还是集体》，载土流网2015年10月17日，http://www.tuliu.com/read-16959.html。

"拆迁宅基地上房屋实行货币补偿的,拆迁人应当向被拆迁人支付补偿款。补偿款按照被拆除房屋的重置成新价和宅基地的区位补偿价确定。"《昆明市集体土地上房屋拆迁补偿安置指导意见》第5条第2款规定:"对宅基地上的房屋进行拆迁补偿,按房地合一的补偿原则,即对每一宗宅基地上的被拆迁房屋及房屋所占土地以房地合一的价值进行补偿安置。房地合一是指房屋和房屋底层占地面积的土地。"

在宅基地使用权补偿款归宅基地使用权人时,具体权利人的认定也有不同认识。上海市高级人民法院民一庭《关于审理宅基地房屋纠纷若干问题的意见》[沪高法民一(2007)24号]认为:"若该户已无农村集体经济组织成员,或虽为农村集体经济组织成员,但在他处已取得宅基地使用权的,该宅基地使用权的补偿款一般由该户房屋原权利人的继承人取得,但集体经济组织明确表示反对的除外。"但也有法官认为要对拆迁利益的分割区别对待:如果当事人因继承、婚姻关系等原因在多处享有宅基地房屋,且多处宅基地房屋同时遭遇拆迁,原则上,宅基地使用权所产生的拆迁利益,当事人不应重复享有;作为原宅基地使用权申请人之一的婚姻关系的一方、出嫁女,若因结婚、离婚等原因,在新集体经济组织中又重新取得宅基地使用权,则不应享有原宅基地使用权及相关补偿利益,若在其他集体经济组织中未取得宅基地使用权,则享有原宅基地使用权补偿安置利益的相应份额;因继承而取得的宅基地房屋遭遇拆迁的,其户口系城镇户口的继承人原则上只能继承房屋补偿利益。[1]

对于超标占用的宅基地是否给予补偿、补偿标准如何确定,实践中有不同认识。依据《北京市集体土地房屋拆迁管理办法》的规定,经过合法批准的宅基地超出控制标准的部分,不予补偿;属于1982年以前合法批准的超标部分,可以给予适当补偿。但在实践中对超标宅基地一般进行区位补偿,只是超标宅基地的补偿标准要低于标准范围内的宅基地补偿标准。[2]

---

〔1〕 余冬爱:《涉农村宅基地房屋拆迁利益民事案件的审理原则与方法》,载《人民司法(应用)》2016年第22期。

〔2〕 北京市通州区人民法院(2018)京0112民初1984号。

九、宅基地使用权收回困境

宅基地使用权的收回主体到底是农村集体经济组织还是原批准用地的人民政府，二者的权利界限并不明确，导致法院对这类纠纷的定性也不相同。宅基地使用权收回要由农村集体经济组织申请，在宅基地使用权被注销前发生纠纷，争议的主体一般为农户和村委会，此类诉讼一般被定性为民事案件；[1]但也有法院以宅基地使用权收回纠纷实质是宅基地使用权的分配问题，不是最高人民法院发布的民事诉讼案由为理由，认为此类案件不属于民事诉讼受案范围。[2] 宅基地使用权注销最终要由相关政府部门决定，在此阶段发生争议的主体为农户和行政机关，此类案件一般被认定为行政案件。[3]

第三节　宅基地使用权制度的功能缺失

用城市化的途径发展制造业和服务业、减少农村人口，是一条实现全面现代化的普遍的经济规律。[4] 从城市化的本意来看，这一过程包括两重任务：一是城市化率的提高，吸收农民进城定居，从而提高城市人口在总人口中的比重，这一任务是解决“三农”问题、避免城乡收入差距恶性扩大的关键；二是城市的现代化，指城市基础设施的不断完善、城市居民水平的不断上升和社会文化生活的日益丰富等，这一任务因科技、人文理念的不断演进，将永无止境。在一个迅速现代化的社会中，要让农村人口从农村加速转移出来，主要是转移到制造业和服务业中去，剩下的农民才有致富的希望。

---

〔1〕 在王某诉天津市西营门街赵庄子村民委员会宅基地使用权纠纷案件中，村委会为了集体利益经村民代表大会讨论、经相关行政机关批准决定对本村土地统一规划改造而决定收回王某宅基地使用权，收回的主体为村委会，此类案件为民事诉讼。天津市第一中级人民法院（2014）一中民一终字第125号判决，类似情况参见天津市高级人民法院（2014）津高民申字第1707号、云南省高级人民法院（2013）云高民申字第734号判决。

〔2〕 耿卓：《宅基地使用权收回的流程规范》，载《交大法学》2018年第4期。

〔3〕 在龚某诉河北省沧州市政府注销宅基地使用权登记案件中，市国土局责令东庄村委会依法收回一直闲置的宅基地，后经村委会申请，镇政企、市国土局和市政企批准同意，收回的主体实际为行政机关，这类案件被作为行政诉讼来处理。河北省高级人民法院（2016）冀行终255号判决，类似情况参见广东省高级人民法院（2017）粤行终247号、山东省高级人民法院（2017）鲁行终302号判决。

〔4〕 文贯中：《吾民无地：城市化、土地制度与户籍制度的内在逻辑》，东方出版社2014年版，第23页。

我国旧有的城镇化路径是通过大量聚集土地和资金进行外延性扩张,形成资本和土地密集型的城市自我现代化,这种主要依靠劳动力廉价供给、土地等资源粗放消耗、非均等化基本公共服务成本压低来推动的城镇化快速发展模式具有不可持续性,导致土地资源浪费、城乡收入差距加大等经济、社会风险。改革开放以来,"从1978年到2013年,我国城镇常住人口从1.7亿人增加到7.3亿人,城镇化率从17.9%提升到了53.7%",[1]这一时期的城镇化是一种粗放型的发展模式,是一种"土地城镇化"模式,"土地城镇化"快于"人口城镇化":2000~2011年,我国城镇建成区面积增长了76.4%(其中城市建成区面积增长94.3%),而同期城镇人口只增长了50.5%。中国的城市化率与城市现代化速度严重脱节,说明城市现代化虽然取得极大成就,但这种现代化是建立在对农村人口的排斥之上,已经蜕变为城市的自我现代化,导致城市经济集聚效应的巨大浪费。

中国现行城乡分立的二元化住宅建设用地制度形成于20世纪60年代,这一制度与当时的重工业优先发展战略和计划经济体制相适应。为了保证每户农民都能得到一块栖身之地,国家实行宅基地无偿分配,并且出于保障农民生存权的考虑,禁止农村宅基地使用权流转。[2] 这样的宅基地使用权虽然在《民法典》中被界定为一种用益物权,但由于其特殊构造,不能满足以市场经济为主导的新型城镇化的要求,因而被认为是功能失调的。

一、政治功能缺失

财产权利——作为权利的一种——应该具有的政治功能在于维持权利与权力的平衡,使个人的合法财产免受公权力的不当干涉、征收或征用。我国现行土地制度实际上使地方政府成为土地所有权交易的唯一买家和卖家,政府的这种双重垄断行为难免会侵犯农村集体经济组织和农户的权益,为地方政

[1] 中共中央国务院:《国家新型城镇化规划(2014~2020年)》,载国务院公报网2014年3月16日,http://www.gov.cn/gongbao/content/2014/content_2644805.htm。

[2] 王钰:《农村宅基地使用权多元功能的冲突与协调——以社会保障功能与资产增值功能为视角》,载《社科纵横》2009年第10期。

府或利益集团谋取利益,难以实现公平。[1]

国家对集体土地处分权能的限制已经构成了对集体土地所有权主体地位的威胁,农村集体经济组织和农民个人只能被动参与城镇化过程,不能凭借土地财产权主动参与城镇化建设。物权反映的是基于物而引发的人与人之间的关系,它并不纯粹是私人之间的交易合约,是受国家权力规范和保护的,一旦国家权力介入市场交易,就有可能形成对私人权利的控制和剥夺。[2] 国家在现行农村土地关系中处于十分重要的地位,国家控制着农村土地的用途,掌握着农村土地转让的终极决定权和处分权,国家对农村土地的控制权使农户和集体的使用权和所有权的最终命运由国家掌握。根据公共利益的需要,虽然各国都对农村土地权利进行了一定程度的限制,但这种限制不应成为排斥和剥夺集体土地财产权利的理由。在旧有城镇化进程中,国家对建设用地的审批和征地制度的规定,都切实体现了国家对土地所有权、使用权的干预。宅基地所有权主体为农村集体经济组织,《民法典》将农村经济组织界定为特别法人,虽然有独立的主体资格,可以以自己的财产对外独立承担责任,但是不能处分其主要财产——土地所有权,只能通过被国家征收获得补偿金。

宅基地的所有权归属于农村集体经济组织,但法律对集体经济组织的设立、变更、终止未作规定,组织的权利、义务、责任和议事规则等均不明确。集体经济组织的含义语焉不详使村委会、乡政府实际上控制和支配农村的土地资源。[3]

集体经济组织在事实上缺位、村委会代表土地所有者行使权利,增加了公权力侵害宅基地私权的风险。法律规定在未成立农村集体经济组织时,由村委会代行集体土地所有者权利。村委会除代行集体经济组织职能外,还具有

---

[1] 文贯中:《吾民无地:城市化、土地制度与户籍制度的内在逻辑》,东方出版社 2014 年版,第 28 页。

[2] 崔宝敏:《中国农村土地的制度性质》,经济管理出版社 2016 年版,第 38 页。

[3] 有的村干部在农村宅基地申请审批工作中,滥用农村集体组织对集体所有的土地依法享有的自治权,利用职务上的便利收受他人财物,为他人谋取利益,构成非国家工作人员受贿罪。在重庆市开州区人民法院(2016)渝 0234 刑初字第 84 号案件中,“赵某作为开县川心村村主任,利用职务上的便利,在村民申请宅基地审批过程中多次收受他人财物 19.5 万元,为他人谋取利益,其行为已构成非国家工作人员受贿罪,根据《刑法》第一百六十三条第二款之规定,判处有期徒刑 1 年 4 个月。”

村民自治、协助上级政府进行行政管理等职能,村委会"三位一体"的身份决定了由其执行集体土地所有者权利势必会造成村委会权力的膨胀和其他权利人权利的冲突。在基层政治管理体制中,村委会代表基层政权,是乡村社区的管理者;在宅基地所有权关系中,村委会代表行使集体土地所有权,是宅基地所有权的行使者;在村民自治关系中,村委会是全体村民利益的代表,行使村民自治权。这种多重代理、代表关系决定了村委会天然不可能很好地行使土地所有权。在征地过程中,村委会同时作为国家基层政权的管理者和农村集体经济组织土地所有权的行使者,必然难以平衡双方利益,甚至会选择在两者之间扯皮,用一方来压制另一方,从中谋取物质的或非物质的额外好处。[1]

宅基地征收制度的设置使宅基地农户的权利和利益难以得到保障。在现行制度下,由于过分强调土地所有者的权益,导致国家或集体对土地的过度控制,损害土地使用者的利益的情形非常普遍。[2] 国家通过经营土地,取得出让金;针对行业发展的需要,给予不同行业不同条件和数量的土地;国家和集体以土地为形式向社会成员提供生存保障,以致集体土地的土地承包经营权和宅基地使用权都更多地体现了社会保障功能,[3]在征地补偿中的财产权益难以体现。在农地征收中,国家实际上是对土地所有权及其他权利的征收,但在补偿时却否定了以宅基地使用权和发展权为核心的土地的其他权利的存在,以对所有权的征收来代替对多层次产权的征收,以对土地原有价值的补偿来代替对土地所有权和预期收益的补偿,导致对集体和农户财产利益的剥夺。

宅基地使用权收回制度使农户的权利极易受到侵犯。宅基地使用权的收回条件不明确,政府动辄以乡村整理、房屋改造等理由决定收回宅基地使用权,而在此过程中,宅基地使用权人的实体和程序权利没有明确规定,收回人的权力缺乏约束。

---

〔1〕 陈剑波:《农地制度:所有权问题还是委托代理问题》,载《经济研究》2006 年第 7 期。

〔2〕 刘国臻:《论我国土地发展权的法律性质》,载《法学杂志》2011 年第 3 期。

〔3〕 李凤章:《法律移植,移植什么?——以土地所有权的中国命运为中心》,载《法律科学》2009 年第 6 期。

二、经济功能缺失

财产权利具有资源配置和收入分配功能，财产权利具有的经济功能是可以促进效率与正义的实现。产权的资源配置功能是指产权主体在价格信息的指导下，将其所拥有的资源投入能够带来个人效用最大化的领域，促使资源根据市场需求变化在全社会自由流动，提高资源的配置效率。产权的剩余控制权和剩余索取权影响产权主体讨价还价后既得利益状态，因此，产权具有收入分配功能，分配是否公平取决于产权主体对财产剩余权的索取权和控制权。[1]偏远农村宅基地和房屋大量闲置、城郊及城中村频繁的“小产权”房买卖等现象表明：宅基地使用权作为其生存保障的功能逐渐弱化，宅基地使用权的经济功能得以凸显。

无论是从效率还是社会公平的角度，现代化的道路就是一条冲破对人和其他生产要素的各种制度性约束，让各种要素在一国内、最终在全球范围内自由流动、自由组合的道路。这也是一条主要让市场机制担任配置资源、组织生产角色的道路。为了社会公正和效率，要素总要冲破不合理的歧视和限制，获得自由流动和自由组合的权利，在市场价格机制的调节下，实现自己的最大价值，是一条最主要的经济规律。[2] 财产权的可分割性，使得权利可以重新分解和组合，归于不同的主体，以增加财产的有用性；产权的可交易性有助于资源保护和资源的充分利用。

经济学理论指出，作为市场经济的前提，生产要素的所有权及其派生的各种产权必须明晰界定，要素才能在市场上顺利交换，完成自由流转和最佳组合，实现本身价值和国内生产总值两者的最大化。有效率的产权制度既要保证产权交易和流转的合理运行，同时又要对主体的行为具有长期稳定的持续性的约束作用，避免由制度的不确定性引发的寻租行为。要发挥产权降低交易成本、稳定预期的功能，必须做到以下几个方面：第一，产权运行的排他性或

---

〔1〕 崔宝敏：《中国农村土地的制度性质》，经济管理出版社 2016 年版，第 20 页。

〔2〕 文贯中：《吾民无地：城市化、土地制度与户籍制度的内在逻辑》，东方出版社 2014 年版，第 16 页。

专有性。保证特定主体能够自主运用其特定权利,排斥了任何其他主体对同一资产行使相同的权利,也排除了其他相关利益主体的干扰,以保障决策的独立性,减少摩擦成本。第二,产权主体的实体性。产权主体必须是一群稳定、确定的主体,如果产权主体权利界定不清楚,交易主体也就无法准确确定,市场交易也就很难顺利完成。第三,产权结构与相关主体权力的平衡性。主体权力的平衡保障了产权结构的稳定性,使产权结构不至于因强权而遭到侵害和干扰。第四,产权价值形式的流动性和可转让性。产权各权利项可以在不同的产权主体之间进行整合流动,并在流动过程中重新组合,优化资源配置。第五,产权稳定及可持续性。随意变更利益关系和交易规则的产权不是有效的产权制度。[1]

一旦出现产权主体的权利受到其他行为主体的干预、产权束中的权利项被不同程度地删除和侵害、主体的合理权利得不到实施,就会出现产权残缺、产权虚化等产权制度缺陷。有效率的产权结构配置必须满足两个基本条件:一是产权主体的行为能够得到合理有效的激励和约束;二是产权各权利项可以流动并组合配置到更有效率的生产方式中去。产权残缺是指权利束中某一项或几项权利和相关利益的删除,包括权利强度的部分程度和完全程度的删除。产权弱化和虚化都是指权利强度的削弱,不同之处在于产权经济内容与法律形式脱节的程度不同,产权的法律形式与经济内容的某种程度的脱节就是产权弱化,完全脱节是产权虚化。

产权残缺、产权弱化和虚化、产权缺位虽然在概念上存在很大差异,但它们反映的都是相同的问题,都是对产权制度缺陷的描述和刻画,描述的经济现象也存在某种程度的重叠。不同的是,三者对同一问题的分析角度存在差异。产权残缺是从权利束的范围是否完整的角度分析问题;产权缺位是从产权主体本身是否有效的角度分析问题;而产权弱化和虚化强调的则是产权权能强度的大小。产权残缺和产权缺位是制度设计问题,而产权弱化和虚化是机制设计问题。[2] 导致产权残缺现象的根本因素是国家行为、法律制度等正式制

---

〔1〕 崔宝敏:《中国农村土地的制度性质》,经济管理出版社 2016 年版,第 22 页。

〔2〕 崔宝敏:《中国农村土地的制度性质》,经济管理出版社 2016 年版,第 37 页。

度,正是国家和法律等正式制度的限制和约束才构成对产权所属权利项不同程度的删除。制度可实施性面临的政治环境、习俗文化、道德伦理等约束条件都会给产权主体权能的实施带来成本,从而使法律规定的产权并不总是能得到有效的保护和实施,造成产权的法律形式与经济内容之间的差异。

(一)宅基地使用权制度难以保证资源配置的效率

在现行制度中,宅基地所有权的主体缺位、异位是不争的事实;集体所有权和农户使用权受到国家法律和政策的多重控制,产权弱化严重;集体缺乏对宅基地的处分权能,农户对宅基地使用权无收益权能,产权残缺不可避免。

建设用地指标由政府统一配置,城市建设用地由政府统一征收和出让,使城市土地资源配置的效率不高。城郊的土地要变为城市用地,必须先由地方政府获得中央政府的土地指标,而土地指标的分配很难反映真实的需求,因而土地利用效率低下也在所难免,各地大批人烟稀少的新区、新工业园区和新别墅区,无不表明这一偏差。更由于地方性土地垄断的存在,散布于各地的土地拍卖市场相互之间完全割裂,无法提供全国性的、统一并且真实的土地价格信号,导致土地要素配置的扭曲,并引致其他要素的错误配置。[1]

城市住房土地供应完全由国家垄断,城市房屋市场无法对中低阶层的需求作出反应。农业本身不足以支撑小农生计,无论是增加农产品的产量还是提高其品质,都难以达到缩小城乡和地区差距的效果,农民的增收在农业和农村之外。决定农民能否留在一个城市定居、工作的根本因素是住房的租金或价格,高房价使中低阶层的农民工无力承担,难以在城市定居。这一方面使农民难以分享土地收入,使城市化的成本越来越高;另一方面也使政府提供住房的责任越来越重。

农村宅基地长期处于增量不断增加、存量利用率不断降低的状态。随着城市经济的增长,大量农民外出打工,它带来两大后果:一是宅基地的季节性闲置或空心村出现,二是农民生活水平提高带来更多的宅基地诉求。宅基地使用权以户为单位,由于分户标准不明确、宅基地分配主体不明确、宅基地使

〔1〕 文贯中:《吾民无地:城市化、土地制度与户籍制度的内在逻辑》,东方出版社 2014 年版,第 64~65 页。

用权流转和退出机制欠缺，致使迁入市区的农民不愿意放弃农村宅基地，在农村有居住需求的农民只能通过申请取得；[1]宅基地使用权无偿取得、无偿使用、只能在本集体内部转让，使宅基地超规定占地、一户多宅[2]等情形不断增多。对于数量众多[3]的农民工来讲，远距离打工的农民工长期在外，农村的住宅长期闲置，家里有房不能住，也不能产生收益，同时还要在城市里花钱租房，这无疑是巨大的浪费。

（二）宅基地使用权制度难以促进公平正义

局限于内部流转的宅基地使用权制度，难以实现农村村落之间、村落内部农户之间的平等和公平。由于土地归每个村所有，而各个村的土地禀赋又是如此千差万别，因而，社区土地带来的平等，充其量也就是局限于社区之内的、非常狭隘的公平，却固化了社区之间巨大的不平等，因为社区之间不允许通过买卖土地改变土地和人口的比例。在村落内部，其初始的土地按人头平分所呈现的平等，很快被人口增长和变动所颠覆。为了避免土地因人口的增加日益零碎化，或避免不稳定的土地使用权使农民不敢对土地做长期投资，土地并不能随着人口的变动而随时调整，在这种情况下，人口减少的农户和人口增加的农户在人均土地占有上难免两极分化，违背初始分配时平等的初衷。[4]

城乡二元的住宅用地使用权制度加大了城乡居民财产权的差异。对于农民来讲，其最大的资产就是宅基地及其上的房屋，但由于宅基地使用权不能抵押，无收益权能，集农民毕生积累建造的农房，也无法实现其资产信用功能，不

---

〔1〕 相关数据显示："1996～2005年中国城镇人口年均增长速度实际上还低于4.66%，而城市建成区面积年均增长5.43%，城市建设用地面积年均增长5.06%，均显著超过城镇人口增长速度。此外，1997～2007年，中国农村人口由84，177万人减少到72，750万人，减少1.1427亿人，但农村居民点建设用地面积却增长了128，370公顷。"蔡运龙：《将土地利用方式从外延式扩展转变为内涵式集约》，载住在杭州网，http://zzhz.zjol.com.cn/05zzhz/system/2010/06/23/016705080_06.shtml。

〔2〕 随着大量的农业人口由农村向城市转移，农村居民点出现旧房空置、"空心村"的现象；同时由于收入水平的提高，农民占地另盖新房出现"一户多宅"的现象也越来越多，农村居民点用地的日益增加，一些村庄人均用地达120～150平方米，有些甚至超过150平方米，土地浪费现象十分严重。叶莉莉：《城镇和农村居民点建设用地合理配置探讨》，福建省土地学会学术年会会议论文，2014年9月于福州。

〔3〕 国家统计局《2016年全国农民工监测调查报告》显示：2016年全国农民工人数为27，395万人。

〔4〕 文贯中：《吾民无地：城市化、土地制度与户籍制度的内在逻辑》，东方出版社2014年版，第62页。

能对扩大生产、更新住宅和规避风险提供支持。“房地一体”理念及宅基地使用权主体的农户限制使宅基地上的房屋也难以实现抵押融资的功能，由此导致的资金短缺成为农民资产增值和农村经济发展的制约因素。而在城市，建设用地使用权在未进行建筑之前是一项独立的用益物权，可以单独抵押或转让；在进行建筑之后，建设用地使用权抵押的，其上住房一并抵押。城市住房和建设用地使用权除了能够保证居住需要，还具有保值、增值及融资等功能，这种功能上的差异使城乡居民间的财富差距不断扩大。现行土地制度和税收制度下，农民的土地涨价归公，城里人的房屋涨价归私。城市扩建所需的基础设施和已有建成区设施的保养和改造的成本，必然使新建住房的成本越来越高，这一成本也必将由新的购房者来承担，加剧收入分配的不公平。

政府垄断的住宅用地高地，难以平衡政府、集体、村民和开发商之间的利益。城市化过程中涉及巨额利益分配，政府推动的城市化，很难实现公平分配。在土地拆迁过程中，各种非公共利益的强制拆迁严重损害民众利益。为了使土地财政极大化，他们必然将地价抬高，减少对农民的补偿。各地政府作为土地的唯一卖家，必将追求土地出让金的最大化，而拿到天价土地的开发商，也只能建造更为昂贵的楼盘。在征收土地时，国家是按照所征收土地的用途进行补偿的，农民失掉宅基地所得到的征地补偿和土地进入市场后一路高升的地价相比，常常显得微不足道。[1] 虽然有政策提出，“对村民自愿腾退宅基地或符合宅基地申请条件购买空闲住宅的，当地政府可给予奖励或补助”，[2] 但政策的落实还需要理论和可操作性规则的支撑。

三、道德功能缺失

财产的道德功能在于有助于人格的全面发展：如果说人格意味着道德和政治上的个性，那么财产权利在较弱的形式上，通过保护其他道德和政治权利

〔1〕 刘守英：《中国的二元土地权利制度与土地市场残缺——“民商法前沿”系列讲座现场实录第325期》，载中国民商法律网2008年9月21日，http://old.civillaw.com.cn/wqf/weizhang.asp? id = 40835。

〔2〕 国务院：《国务院关于促进节约集约用地的通知》（国发〔2008〕3号）：(17)鼓励提高农村建设用地的利用效率。

提升了人格;如果把人格理解为自我思想和态度的欲求整合,那么财产权利对人格的发展有助益。[1]

现行城乡二元的住宅用地制度,不能为人格发展提供平等的机会。现行宅基地使用权制度增加了农民进城定居的成本,延缓了城镇化进程,也影响了城乡间居民的自由流动。现有的宅基地使用权带有一定的身份性、限制流转、固守“房地一体”原则,体现了其对农民的生存保障功能,致使宅基地只有使用功能而无增值或收益功能,这一制度,一方面使城乡居民间的财产权存在差距,另一方面也使不同区域的农民之间财富差距加大,限制了人口的流动和自由发展。进城务工的农民由于资金的缺乏难以在城市安家,不得不在城乡间进行“候鸟式迁移”;向往田园生活或者有归根情结的城市人也难有机会退休后回农村生活或是放松心情。城镇化进程中,随着城市人口增加,对城市建设用地的需求增加,在18亿亩耕地保护红线压力下,农村建设用地和宅基地成为城市建设用地的唯一可能来源。[2] 宅基地归集体所有,宅基地使用权的主体限定为农村集体成员,宅基地使用权不能在城市和农村间流转,导致城镇住房用地紧张,房价高涨,使农民工的住房问题成为城镇化进程中备受关注的社会问题:一方面,大部分农民工由于收入较低,无力购买城市高价的商品房;另一方面,由于受到户籍制度的影响,他们也无法享受到城市的住房保障,导致其在城市的居住条件恶劣。城市内部“二元结构”所造成的社会矛盾日益凸显,主要通过新老居民非均等化的公共服务压低成本推动城镇化快速发展的模式必须改变,主要依靠大规模农村剩余劳动力廉价供给推动城镇化快速发展的模式不可能持续。

现行宅基地制度也使农民非法牟利现象激增,极易引发道德风险。一方面,在现有制度体系下,宅基地分配大多坚持“按户分配,按户控制”原则,每户可申请一处规定面积的宅基地,这助长了掌握资源的人为获得宅基地违规分

---

〔1〕［美］斯蒂芬·芒泽:《财产理论》,彭诚信译,北京大学出版社2006年版,第73页。

〔2〕季苏平:《十二五我国城镇化率将超50%小产权房口子不能开》,载中国广播网,http://news.jcrb.com/jxsw/201003/t20100330_337867.html。

户、假离婚分户[1]或限制符合要求的人分户的不合理现象。[2] 另一方面，农民也意识到，与政府征收土地并给予补偿相比，将土地进行出让或者自行进行房地产开发，所获得的利益要更多，所以在巨大的经济利益的驱动下，“小产权房”产生了。[3] 在城市及近郊，与“小产权房”并存的是“城中村”农民“种房”不种地[4]——“城中村”的农民大部分耕地已经在城市化进程中被征收，无地可种的农民在宅基地上“种房子”，农民“种房子”不外乎两种原因：一是可以出租，[5]比种粮种菜的收益多；二是土地被征用时也可得到更多的补偿。还有的城乡接合部地区或位于产业园区规划内的村民，因为拆迁一夜暴富，[6]除一大笔拆迁补偿款外，还有几套回迁房，除自家居住外还有能够出租的房屋，不用工作就有收入，这也让他们与处于广大农村腹地的农民之间的财富差距骤增。

本章小结

1982 年颁布的《宪法》规定宅基地属于农村集体所有，在此基础上发展出来的宅基地使用权规则体系包括民法、行政法和社会保障法。从规范体系来

---

[1] 《只为多占建房地　和谐夫妻闹“离婚”》，载东方新闻网，http://news.eastday.com/epublish/gb/paper10/20001027/class001000013/hwz227928.htm。由于金华市经济技术开发区管委会《关于撤村建居试点工作的意见》规定，2000 年 12 月 31 日前达到分户条件的农户，可按规定予以分户，按小户标准申请建房用地。此消息一出，在一个不足 900 人的小村庄，6～8 月，有 10 对夫妻起诉离婚。其目的大都是假借离婚之名，将一户分两户分别申请建房用地，以达到多占集体土地的目的。

[2] 蒋晓玲、李慧英、张建：《农村土地使用权流转法律问题研究》，法律出版社 2011 年版，第 155 页。

[3] 在 2007 年 4 月，北京市房山区青龙湖镇 80 多栋“小产权”别墅被强行拆除大半年后，在附近 10 多公里的其他乡镇，“小产权”房仍然购销两旺。购房者有的是为了居住的退休人员、下岗工人，有的是作为休闲和工作场所的北京市居民，有的是为在北京长期居住的外省人员。赵树枫：《试论农村宅基地制度改革》，载《农村工作通讯》2006 年第 10 期。

[4] “在广州石牌村，在 0.6 平方公里的土地上，盖了 3656 栋房子，‘贴面楼’‘接吻楼’使得街道‘暗无天日’。该村共有出租面积 70 万平方米，以每平方米 10～15 元计算，每月为村民带来近千万元收入。”汪晖、陶然：《中国土地制度改革：难点、突破与政策组合》，商务印书馆 2013 年版，第 115 页。

[5] 在北京市近郊农村，平均有 1/3 的农户出租房屋，有些村更是家家出租，租户客甚至超过了本村人。刘凯湘：《法定租赁权对农村宅基地制度改革的意义与构想》，载《法学论坛》2010 年第 1 期。

[6] “众所周知，农村地区有相当一部分家庭房屋居住面积较大，再加上家里几辈人都在一个村子居住，一拆迁，一个人口较多的家庭有时拆迁款就会高达数百万元，上千万亦有之。以一户普通的三口之家为例，有三分地的宅基地，如果执行六七年以前的拆迁政策，该户家庭除得到两三套回迁楼房外，大概还会有二三十万元的拆迁补偿。如果执行更新的补偿标准，那么这笔拆迁款的数额将会达到四五十万元。要知道，这户家庭如果仅仅靠务农，年收入也就万八千的。”《巨额拆迁款，农民该怎么花?》，载新华网，http://news.xinhuanet.com/politics/2010-05/18/c_12111716.htm。

看,宅基地使用权作为一项物权,对其进行规范的规则却大多为行政法规则,具有强烈的公法色彩。从规则内容来看,与建设用地使用权相比,其特点在于:权利基础是集体所有权、权利主体限定为“农户”、客体限定为符合法定面积的“一宅”、权利取得和使用的无偿性、权利无明确期限限制、权利只能在本集体成员间流转等。

宅基地使用权的民法规则简约、行政法规则内容模糊,导致在实践中宅基地使用权主体认定标准模糊;宅基地使用权主体为“农户”,与以个人为视角的婚姻家庭、继承、物权规则衔接不畅;宅基地使用权的身份限制使抵押案件中宅基地上房屋的价值难以实现;宅基地使用权与所有权的关系不清晰致使宅基地使用权在征收补偿中的地位不清。

新型城镇化是市场主导的城乡一体化发展的城镇化,以人的城镇化为核心,要求土地等资源能够随着人口的流动而重新配置,促进人的全面发展和社会公平正义,促进城乡要素平等交换,节约、集约高效利用土地,维护生态文明和文化传承。在新型城镇化视角下,宅基地使用权制度的政治、经济和道德功能难以实现。宅基地所有权主体异位,宅基地使用权权能残缺,难以抵挡公权力的侵害;宅基地使用权功能限定,难以提高宅基地的利用效率、不能为人格发展提供平等的机会;宅基地使用权主体资格限定、功能限定等制度难以为农户提供公平的发展机会,容易引发农民非法牟利的道德风险。

第二章　宅基地使用权制度创新及其理论争议

旧有城镇化过程中形成的宅基地使用权制度，通过限制权利的取得和对外流转来满足本集体经济组织成员的居住需求，这一制度阻碍了城乡间人口、土地等资源要素的流动，引发了诸多政治、经济和道德风险。为了化解危机，在新型城镇化目标引领下，国家调整了宅基地相关政策，各地也展开了形式多样的改革实践，由此也引起了宅基地使用权的理论争议。

第一节　宅基地使用权制度的政策变迁

在优先发展工业的旧城镇化时期，宅基地使用权制度的目标是一种静态的、城乡二元分立的社会秩序——通过限制宅基地使用权的取得、行使，来保护稀缺的土地资源，保障农民的基本居住需求，避免失地农民成为“流民”，从而严重影响社会稳定的秩序。[1] 通过这样的制度安排，农村人口被限制在农村的土地上，这使当时的社会状态呈现为一种高度的静态特征。但随着市场经济和城市化进程的发展，必然要求城乡间人口、土地等资源要素的流动性增加，这种维持静态社会秩序的制度必将被修正为一种更加动态的秩序。

2014 年发布的《国家新型城镇化规划(2014～2020 年)》提出了新型城镇化的原则和市场化发展路径，希望以此促使城镇化发展由速度型向质量型转型。这一政策转变为宅基地使用权制度设定了新的目标和实现路径，2018 年国务院颁布的《中共中央国务院关于实施乡村振兴战略的意见》提出要探索宅

〔1〕 曹泮天：《现行宅基地使用权制度的困境与出路》，载《河北法学》2010 年第 3 期。

基地所有权、资格权、使用权“三权分置”,落实宅基地集体所有权,保障宅基地农户资格权和农民房屋财产权,适度放活宅基地和农民房屋使用权。

一、政策目标变迁

(一)从居住安全到发展自由

《国家新型城镇化规划(2014～2020年)》提出新型城镇化发展的目标是以人为本,合理引导人口流动,不断提高人口素质,促进人的全面发展。党的十九大报告也指出:中国特色社会主义新时期,中国社会的主要矛盾已经转化为人民日益增长的美好生活需要和不平衡不充分的发展之间的矛盾。以农业收入为主、以宅基地作为保障的生存条件已经不能满足农村居民的需求,农业外就业、外出就业以谋求更好的发展,已经成为许多偏远农村地区居民的选择,进城务工农民为了更好的医疗、就业及子女入学等需求在城市购房的意愿不断增加。[1]

以市场经济为发展路径的新型城镇化进程呼唤独立自主的个体,不管是作为人力资源还是作为土地上的权利人。个体作为财产权利的主体,市场经济要求其拥有完整的财产权,其对财产权利的处分不受政府的过度干预。个体作为市场经济中的人力资源,还要具有根据自己的自主意志采取行动的力量,个人具有按照自己的意愿生活的能力,可以思考自己的生活选择,有能力按照自己的选择改变生活的方式,因此,政府需要提供促进个人自由发展的条件,如教育、福利或再分配方案等,以保证他们享有同等的个人成长和发展的机会。

现有的宅基地使用权制度以保障农户的生存居住安全为目标,以户为主体,在保障农户居住安全的同时也限制了个人的自由发展。现有的集体土地制度是在乡土关系基础上形成的法律关系,虽然农民是以个体形式出现的,但是在制度框架中,个人的地位并不突出,权利也不明确。[2] 在农村,由于缺乏

[1] 陈小君:《宅基地使用权的制度困局与破解之维》,载《法学研究》2019年第3期。

[2] 孔祥智、刘同山:《论我国农村基本经营制度:历史、挑战与选择》,载《政治经济学评论》2013年第4期。

相应的社会保障,老弱人口依然要由家庭来供养。受现有的人地结构条件制约,家庭承包经营模式及以户为单位的宅基地使用权模式有其存在的合理性。[1] 传统农业属于低利润行业,土地上的产出仅能维持该土地上人口的基本生存,基于这一现实,将农村人口的生产生活关系、生存发展利益打包交给家庭这一自然社会组织来安排,应该是一种较有效的制度模式。但是,宅基地使用权以"户"为单位的主体设计,使"户"内成员个人的自由发展受到限制。宅基地使用权以"户"为单位申请、持有,当户内成员退出后,宅基地使用权归其他成员组成的新的"户",户内成员个人的利益难以体现。

现有的宅基地使用权制度限制流通,不能为个体的城乡间流动提供助力。宅基地使用权只能在本集体内部流通,难以体现宅基地及其上房屋的财产价值,不能为进城的农民提供资金支持。由于宅基地使用权的主体限制和房地一体政策,城市居民不能到农村购买住房,难以实现其返乡需求,也限制了城市资本向农村的回流。以需求供给为目标的发展路径对宅基地使用权制度的设置提出更高的要求,即要求宅基地使用权能够在城乡居民之间自由流转,能够对个体人格的自由发展有所助益。

(二)从城乡差别到城乡平等

《国家新型城镇化规划(2014～2020年)》提出新型城镇化的目标是统筹城乡——促进城乡要素平等交换和公共资源均衡配置。这必然要求宅基地使用权与建设用地使用权在统一的住宅用地使用权的价值、功能层面相协调。

民法建立在民事主体平等的假定之上的,对平等的不同理解表明了立法者对待不同主体的态度。从平等规则的不同内容来看:形式主义的平等强调的是主体平等的法律地位,认为人类个体间的能力大体相等,只要赋予其平等的法律地位和权利,就能够实现其自由意志;实质主义的平等承认个体在体质、智力和其他先天特征上的实质性差异,强调每个人都应该平等地关心自己的幸福,要求采取措施以减少阶级或群体差异。从民事活动的过程来看,在考

---

〔1〕 周其仁:《家庭经营的再发现——论联产承包制引起的农业经营组织形式的变革》,载《中国社会科学》1985年第2期。

虑个体的平等地位或价值时，通常会有三个方面的考虑：一是起点的平等，二是过程（资源、机会、位置等分配）的平等，三是结果平等。考虑到个体能力和起点差异，很少有人强调结果上的平等，主体的平等法律地位和权利作为个体活动的"起点"一直备受关注，但最近备受关注的是要求每个人（大体）能够获得平等的资源和机会。许多人已经认识到，如果不注意处于不同地位的个人在获得资源和机会方面的差异，自由就可能是空洞和毫无意义的。实质平等理论认为，个人应该能够从社会制度中期待更多的东西，而不仅仅是平等的待遇——他们应该能够期望，在某种合理的程度上，当每个人开始决定如何生活时，社会将努力确保所有人实际上都是平等的，就像其合理期望的那样（在获得资源、机会等方面）。

农村居民的宅基地使用权与城市居民的建设用地使用权不管是在价值目标，还是在功能上都存在巨大的差异，这无疑违背了平等原则的要求。立法者要平等对待不同主体，就要考虑如何分配资源和机会，就财产分配制度而言，平等也许并不意味着对所有人同样对待，但是对其违背，必须有充分的理由。在农村，宅基地使用权的功能是保障，其制度目标是居住安全，由农户申请，无偿取得，无偿使用，面积受到限制；在城市，承担居住保障功能的是各种保障性住房和住房补贴，建设用地使用权由个人有偿取得，有偿使用，面积无限制。建设用地使用权可以随房屋所有权一起自由流转，因而具有了资产功能；受制于"房地一体"处置原则和宅基地使用权主体限制政策，宅基地上房屋除具有居住的使用价值外，通过抵押实现其交换价值的功能难以实现，从而使宅基地上房屋的财产价值难以体现。

（三）从城市优先到公平正义

在以往优先发展城市的目标引导下，土地资源要优先满足城镇发展的需要，土地增值的收益往往会优先满足城镇公共服务的提供，使城乡基础设施和城乡公民社会保障之间存在巨大差异。2013 年《国务院批转发展改革委等部门关于深化收入分配制度改革若干意见的通知》（国发〔2013〕6 号）提出："要合理分享土地增值收益。完善农村宅基地制度，保障农户宅基地用益物权。改革征地制度，依法保障农民合法权益，提高农民在土地增值收益中的分配比例。”《国家新型城镇化规划(2014～2020年)》规划提出新型城镇化的目标是公平共享,使全体居民共享现代化建设成果。党的十九大报告提出,在继续推动发展的基础上,要着力解决好发展不平衡的问题,在发展中促进社会公平正义,在劳有所得、住有所居、弱有所扶等方面不断取得新进展,确保人民安居乐业、共享发展成果,公平正义已经成为新时期发展要解决的主要问题。

公平正义要求在经济社会发展过程中要综合考虑长远利益和现实利益,要协调不同区域、不同群体之间的利益,一次分配保证各得其所,二次分配侧重缩小差距。基于这样的理念,土地财政、动辄征收农民集体土地用于城镇建设等行为需要受到控制,在土地征收、土地规划等过程中,要有听取各方意见、平衡各方利益的机制,以保护村集体经济组织和农户的利益;由于社会发展所带来的宅基地增值收益完全归部分农户或村集体经济组织所有的制度,也将带来的集体内部成员之间或地区之间的差别待遇面临争议。通过不动产税收来调节土地的占有和使用,通过财政转移支付来缩小城乡、地区、群体之间的贫富差距,应该在城乡一体化发展过程中发挥更为有效的作用。

(四)从片面效率到共赢效率

《国家新型城镇化规划(2014～2020年)》提出要节约、集约利用土地资源,提高国土空间利用效率,满足居住、生态、文化等多功能需求。党的十九大报告提倡坚持节约资源和保护环境的基本国策,要求像对待生命一样对待生态环境,形成绿色发展方式和生活方式,坚持生产、生活和生态协调发展,明确住宅用地是保障住有所居的,不能用来炒作投机。

土地不仅是人类社会生存和发展的经济资源,更是人类与其他生物的共同家园,还是人类历史文明的载体,除了经济功能之外,土地还具有文化、生态等多种功能。由于土地资源的有限性,在我国以往片面追求土地城镇化效率的语境下,大量土地资源被用于城市或农村建设,导致生态和文化等用地严重不足,引发了人与生态环境之间的矛盾。农村宅基地按户分配、无偿取得,难以限制农户的分户意愿和宅基地申请冲动;宅基地资源的占有无须支付费用,使多占宅基地的现象不断增加;宅基地使用权的退出机制不明确,宅基地随着农村人口的转移不断被闲置。全面提高土地资源的利用效率的目标必然要求这些引发宅基地资源不合理利用制度的变革。

二、权利配置路径变迁

我国以往城乡分立二元城镇化模式是政府主导的土地城镇化,由于土地增值收益分配不均,引发的社会不公已经成为影响社会稳定的重大问题。在政府主导的城乡二元城镇化发展模式下,工业化和城市化所需的土地大部分通过地方政府低价征收农民土地而来,地方政府再高价卖给用地一方,获得的高额差价作为其财政来源,这就是所谓的土地财政。[1] 随着征地规模和被征地农民数量逐年增加,征地引发的社会矛盾逐年增多。这与现行法律法规执行不到位有关,也与征地范围过宽、征地补偿标准偏低、安置方式单一、社会保障不足、缺乏有效的纠纷调处和裁决机制有关。要想缓解征地过程中产生的社会矛盾,须从两个方面入手:一方面,要缩小征地范围,将征地界定在公共利益范围内,逐步减少强制征地数量,从源头上减少征地纠纷的产生;另一方面,要推动建立多主体供应、多渠道保障、租购并举的住房制度,政府不再是居住用地唯一供应者,将促使其有效摆脱对"土地财政"的依赖,缓解土地融资风险,对屡禁不止的暴力征迁"釜底抽薪",这意味着农村集体作为土地的所有权,可以成为城镇建设用地的供给者。

《国家新型城镇化规划(2014～2020年)》提出新型城镇化发展过程中的土地资源配置要由市场主导、政府引导,使市场在资源配置中起决定性作用,政府履行其制定规划政策、提供公共服务和营造制度环境的重要职责。党的十九大报告提出:经济体制改革必须以完善产权制度和要素市场化配置为重点,实现产权有效激励、要素自由流动。要实现宅基地资源的市场化配置,就要求明晰产权,明确宅基地上的权利主体和权利架构,为宅基地上权利的流转奠定基础。宅基地"三权分置"政策的提出,为这一路径的落实提供了思路。

---

[1] 王俊凤:《政府权力和失地农民权利的博弈现状及其重构》,载《行政论坛》2012年第6期。

首先,落实宅基地集体所有权。宅基地所有权归集体所有,意味着集体对宅基地有完整的占有、使用、收益、处分等权能。当宅基地上设置了使用权之后,宅基地所有人对其有间接占有的权利;宅基地所有权人可以作为城市建设用地的提供者参与城市化进程,同时可以作为宅基地使用权流转的出让人参与交易并获得收益;宅基地所有人拥有处分权能,使其可以参与宅基地使用权的分配、流转、收回、退出回购或征收过程,并取得相应的收益。

其次,保障宅基地资格权。在宅基地资源要素可以在城乡间自由流动的城乡一体化发展过程中,2018 年《中共中央国务院关于实施乡村振兴战略的意见》提出"保障宅基地农户资格权",基于宅基地资格权,权利人可以向集体申请分配宅基地使用权,要求宅基地使用权费用豁免、宅基地使用权优先受让以及在宅基地使用权流转期限届满后要求回复宅基地使用权等权利。[1] 保障宅基地资格权还意味着,对于主动放弃宅基地申请的具有宅基地分配申请资格的人,可以给予补偿,以促进宅基地资源的节约利用。

最后,适度放活宅基地使用权。适度放活是指适度放开宅基地使用权流转的地域和身份限制,允许宅基地所有权人(同时也是使用权人)或使用权人向集体成员外的主体转让宅基地使用权,让宅基地使用权在市场流通中实现其价值。宅基地使用权是一种用益物权,既可以基于符合条件的农户申请无偿取得,也可以基于权利主体通过向宅基地所有权人申请或通过原宅基地使用权人让与等形式取得。

三、政策内容转变

(一)宅基地使用权主体限制有所放松

在新型城镇化发展过程中,为了满足经济社会发展过程中人口与土地的重新结合,宅基地使用权主体的限制正在放松——除了农村集体成员外,还包含"本农民集体原成员住宅的合法继承人"和进城落户的"非本农民集体

---

〔1〕 陈小君:《宅基地使用权的制度困局与破解之维》,载《法学研究》2019 年第 3 期。

成员”。[1]

不仅从经济效率角度,而且从农民安居和国家发展的角度来看,宅基地使用权主体限制的放松具有高效率。对于脱离土地阶层早已在城市定居生活的人来说,农村宅基地的“乡愁”意义大于居住功能。但受我国宏观经济结构的限制,70%的农民难以在城市完成再生产,他们将依靠农业和农村生活养老,宅基地的生产和保障作用不可低估。[2] 如果农民城市化进程是反复的、不确定的,则农村宅基地的居住功能就不会减弱。同时,手工业等作为小农家计重要补充的长期性,决定了宅基地的生产功能不会很快消失。最后,宅基地的农业等产出功能也不会退化,因为大部分纯农地区的闲置宅基地其实具有复耕的潜力,其作为潜在耕地,与耕地的季节性抛荒很相似,是积蓄地力的一种方式。

(二)试行宅基地使用权抵押

在新型城镇化发展过程中,为增加农民收入,引导其产权流通,宅基地使用权抵押已经在宅基地制度改革试点试行,[3]但对其仍然存在诸多限制。一是宅基地使用权抵押必须连同其上的住房一并抵押,不允许宅基地使用权单

---

〔1〕 2011年《国务院办公厅关于积极稳妥推进户籍管理制度改革的通知》(国办发〔2011〕9号)提出:“农民的宅基地使用权和土地承包经营权受法律保护,现阶段,农民工落户城镇,是否放弃宅基地和承包的耕地、林地、草地,必须完全尊重农民本人的意愿,不得强制或变相强制收回。”2011年国土资源部(现为自然资源部)、中央农村工作领导小组办公室、财政部、农业部(现为农业农村部)等发布的《关于农村集体土地确权登记发证的若干意见》(国土资发〔2011〕178号)规定:“已拥有一处宅基地的本农民集体成员、非本农民集体成员的农村或城镇居民,因继承房屋占用农村宅基地的,可按规定登记发证,在《集体土地使用证》记事栏应注记该权利人为本农民集体原成员住宅的合法继承人。非农业户口居民(含华侨)原在农村合法取得的宅基地及房屋,房屋产权没有变化的,经该农民集体出具证明并公告无异议的,可依法办理土地登记,在《集体土地使用证》记事栏应注记该权利人为非本农民集体成员。”2014年《国务院关于进一步推进户籍制度改革的意见》(国发〔2014〕25号)提出:“要切实保障农业转移人口及其他常住人口合法权益——完善农村产权制度,认为土地承包经营权和宅基地使用权是法律赋予农户的用益物权,集体收益分配权是农民作为集体经济组织成员应当享有的合法财产权利。进城落户农民是否有偿退出‘三权’,应根据党的十八届三中全会精神,在尊重农民意愿前提下开展试点。现阶段,不得以退出土地承包经营权、宅基地使用权、集体收益分配权作为农民进城落户的条件。”

〔2〕 刘锐:《土地、财产与治理:农村宅基地制度变迁研究》,华中科技大学出版社2017年版,第97页。

〔3〕 2014年《国务院办公厅关于引导农村产权流转交易市场健康发展的意见》(国办发〔2014〕71号)提出:“除农户宅基地使用权、农民住房财产权、农户持有的集体资产股权之外,流转交易的受让方原则上没有资格限制(外资企业和境外投资者按照有关法律、法规执行)。2015年《全国人民代表大会常务委员会关于授权国务院在北京市大兴区等232个试点县(市、区)、天津市蓟县等59个试点县(市、区)行政区域分别暂时调整实施有关法律规定的决定》提出:为了落实农村土地的用益物权,赋予农民更多财产权利,允许在天津市蓟县等59个试点县(市、区)行政区域暂时开展集体所有的宅基地使用权抵押的实验。”

独抵押。[1] 二是要求“抵押人除用于抵押的住房外,还有其他长期稳定居住场所”。三是抵押需要经过所在的集体经济组织书面同意。[2] 四是规定抵押物的受让人依然有限制——改革试点已经探索将突破村集体经济组织成员的限制,将其扩大到区镇农村人口范围内。[3]

(三)确定宅基地使用权人为征收补偿对象

新型城镇化发展要求深化收入分配制度改革以实现社会公平,要求依法保障农民合法权益,提高农民在土地增值收益中的分配比例。这包含两方面的含义。一是在征地过程中,落实宅基地使用权人的参与权。在土地征收过程中,土地使用权人不是接受补偿的直接主体,不能参与到土地征收程序中,在征收过程中没有知情权、协商权和申诉权,极易导致集体土地所有权人及其代表滥用权力、侵害使用权人利益。这就要求我们规范征地程序,通过改革完善征地审批、实施、补偿、安置、争议调处裁决等程序,保障被征地农民的知情权、参与权、收益权、申诉权、监督权,进一步规范和约束政府的征地行为,防止地方政府滥用征地权。二是提高农民在土地增值收益中的分配比例。在城镇化发展过程中,土地增值收益大部分是社会发展所带来的,理应在全社会进行分配,如何平衡国家、地方政府、集体组织和集体土地使用权人间的利益,实现社会公平,是今后制度设计所不能忽视的。

宅基地使用权人在征收补偿中的主体地位逐渐明晰。2004 年《国土资源部关于完善征地补偿安置制度的指导意见》提出了土地补偿费主要用于被征地农户的原则,明确土地补偿费应在农村集体经济组织内部合理分配,具体分配办法由省级人民政府制定。2010 年《国土资源部关于进一步做好征地管理工作的通知》重申了征地补偿主要用于被征地农民的原则,提出征地中拆迁农民住房应给予合理补偿,拆迁补偿既要考虑被拆迁的房屋,又要考虑被征收的宅基地。

---

[1] 2015 年《国务院关于开展农村承包土地的经营权和农民住房财产权抵押贷款试点的指导意见》(国发〔2015〕45 号)规定:农民住房财产权设立抵押的,需将宅基地使用权与住房所有权一并抵押。

[2] 参见《农民住房财产权抵押贷款试点暂行办法》,第 4 条。

[3] 江苏省常州武进区已经建立区、镇两级农村产权交易平台,湖州德清县则已经实施宅基地跨区域置换模式,将流转范围限定在镇一级。

第二节 宅基地使用权制度的实践转向

自从宅基地使用权制度确定以来，为了使宅基地分配更加公平合理，宅基地使用权有偿取得、有偿选位、有偿持有的改革探索早已存在。随着新型城镇化目标的提出及宅基地制度改革试点的确立，制度创新有了新的发展方向。

一、宅基地使用权有偿取得

宅基地使用权有偿取得，指农民向集体申请宅基地要支付一定的对价，并且根据宅基地所处的位置不同，交纳不同的选位费。由村集体统一组织，对符合村庄规划且具有区位优势的宅基地，经平整及有关基础设施配套后向本村有建房资格和条件的农户进行公开招标，有偿收取选位费，选位费的价格充分考虑宅基地区位差异和土地级差资源，这一措施使宅基地分配更加公平、合理。

在我国，宅基地使用权并非一直无偿取得，[1]山东省在2001年出台了政策，以招标的方式来确定宅基地使用权的归属。依据山东省人民政府《关于加强农村宅基地管理的通知》（鲁政发〔2001〕89号文件）的规定，"对于优良地段和空闲地，村集体组织可组织有资格申请宅基地的农户，公开招标，中标人可优先选择宅基地"，宅基地使用权出卖价款由乡镇政府管理，用于村公益事业建设。[2]

这一措施被后来的宅基地改革试点城市——浙江义乌市——采纳并发展。体现宅基地差异的是选位金，宅基地申请人通过投标方式选择宅基地，并

---

〔1〕 1987年之前，村民批耕地做宅基地要负担一笔相当于土地使用权租金的费用（通常表现为一定数量的粮食，大体相当于向国家交纳的粮食任务数）；1987年之后，村民要想获批宅基地，则要向乡土地所和建设所交纳一定的税费——包括征拨用地管理费、土地补偿费、勘测绘图费、建房配套管理费等；1999年以后，有的村开始以公开招标方式，出卖宅基地使用权。朱冬亮：《社会变迁中的村级土地制度——闽西北将乐县安仁乡个案研究》，厦门大学出版社2003年版，第212页。

〔2〕 卢守润等：《创新农村宅基地供地方式 实行定户竞投的调查》，"新技术在土地调查中的应用与土地科学技术发展"中国土地学术年会会议论文，2005年12月于广州。

交纳选位金。选位金由村集体收取,[1]“主要用于村集体经济组织成员的社会保障、村内基础设施、农田水利建设、公益事业、增加积累、集体福利、拍卖成本、回购农户退出的宅基地等方面”,[2]“在满足旧房拆除补偿、村庄基础设施建设等,以及保留一定金额的公益事业建设资金后,其余资金(收益盈余资金)可按宅基地面积与集体经济组织成员之间适当比例分配,具体由村集体经济组织结合实际情况通过民主协商确定”。[3]

二、宅基地使用权有偿持有

早在1988年,山东省德州地区就曾经试行宅基地有偿使用制度。作为试点的临朐县规定:“农民宅基地符合规定标准的,每平方米每年收费0.05元;超出标准和自建住房的,每年每平方米收取0.5元,还要再进行一次性罚款——超出标准30平方米每平方米罚款4元,超出标准30平方米以上的,每平方米罚款8元。宅基地有偿使用费由村民委员会收取,80%～95%归村民集体所有,5%～20%归乡镇集体所有。”[4]宅基地有偿使用激发了宅基地管理的积极性,德州政府建立起乡村两级土地管理委员会,专门负责宅基地的审批管理和村庄规划,在实行宅基地有偿使用后,出现闲散宅基地退出增加的情况。宅基地有偿使用政策的实施,使多占及闲置宅基地情况有所好转,也筹措到了资金,改善了农户的居住环境。[5]

1990年国务院批转的《国家土地管理局关于加强农村宅基地管理工作请求的通知》(国发〔1990〕4号)肯定了山东的试点工作,提出:“确定宅基地有偿

---

〔1〕《义乌市农村更新改造实施细则(试行)》第34条第8款规定:“村级组织在镇街领导下按规划总平面方案进行宅基地有偿选位。”

〔2〕《义乌市农村集体经济组织宅基地收益分配管理指导意见》,第2条第2款。

〔3〕《义乌市农村集体经济组织宅基地收益分配管理指导意见》,第2条第2款。

〔4〕张东伟:《农村宅基地使用权立法缺位及冲突问题》,载找法网2009年4月22日,https://china.findlaw.cn/fangdichan/zhaijidi/zjdgllw/20163_2.html。

〔5〕“到1992年底,德州地区共有213个乡镇、7462个村庄实行了农村宅基地有偿使用,累计收取有偿使用费8000万元,用于村庄改貌建设,4800个村庄拓宽取直街道8630条,打通胡同6000余条,新建桥涵300多座,280个村庄利用宅基地有偿使用费通上了电,近100个村庄安上了自来水,街道两旁植树50余万株,全地区共退出闲散宅基地63,621处,12,083户撤回了建房申请,36,350户利用老宅基地翻建新房,共计节约占地3.538万亩。”《农村宅基地有偿使用》,载找法网2009年12月17日,http://china.findlaw.cn/fangdichan/zhaijidi/zjdycsy/22989.html。

使用收费标准时，对在规定用地标准以内的，既要体现有偿原则，又要照顾群众的经济承受能力，少用少交费，多用多交费；超标准用地的，应规定较高的收费标准；对级差收益较高地段，收费标准要适当提高。”之后两年内，全国有28个省（市、区），1200多个县市，约13万个村实行了宅基地有偿使用。但由于地方政府为谋取私利，私自提高收费金额和增设收费渠道，加重了农户的税费负担，国务院于1993年出台了规定，取消了宅基地有偿使用费、宅基地超占费及相关的规划建设管理费。[1]

本集体经济组织成员标准内的宅基地免收使用费，本集体经济组织成员超标占用宅基地和非本集体经济组织成员占用宅基地有偿使用，符合条件的本集体经济组织成员可以申请使用费用减免，对于未达标准的农户可以给予奖励。浙江义乌市的方案是：对于本集体经济组织内部成员在标准内的宅基地免收使用费；对本村集体经济成员超标占用、非本村集体经济组织成员通过继承房屋或其他合法方式占有和使用的宅基地分区域、分类分档累进计收有偿使用费。[2] 佛山市南海区在处理农村宅基地历史遗留问题时提出的办法是：对于因历史原因超占的宅基地收取超标使用费，而对于因未批先建和批少用多的在征收超标使用费的同时并处违建处罚金。[3] 重庆市大足区的方案与浙江义乌近似：本集体经济组织成员标准内占用宅基地免费；本集体经济组织成员超标占用宅基地，每户超出20平方米（含20平方米）以内的免收农村宅基地有偿使用费，超出20平方米以上的部分分档累计收有偿使用费；非本农村集体经济组织成员占用宅基地且不愿退出的，按宅基地实际占地面积计算有偿使用费；对未达到无偿使用农村宅基地规定标准的农户，经农村集体经济组

[1] 吴远来：《农村宅基地产权制度研究》，湖南人民出版社2010年版，第135页。

[2] 《义乌市农村宅基地超标准占用有偿使用细则（试行）》第5条规定：“有偿使用费参照农村宅基地基准地价，分区域分类分档累进计收。对村集体经济组织成员超标准占用宅基地及非本村集体经济组织成员占用宅基地的计收标准，村级组织可依据本细则规定标准，结合本村实际，在上下10%的范围内调整确定，经村民代表会议同意，报镇人民政府（街道办事处）审核同意后执行。”

[3] 1986年12月31日前已建成房屋，房屋至今无改建、扩建，未办理合法用地手续的宅基地，属于历史原因；1987年1月1日至2018年2月26日：未办理合法用地手续但已建成房屋的属于“未批先建”，只办理部分土地合法用地手续但已建成房屋的属于“批少用多”。《佛山市南海区农村宅基地历史遗留问题分类处置实施细则》，载中国土地法制研究网2018年8月7日，https://illss.gdufs.edu.cn/info/1123/8348.htm。

织决定可以适当给予农村宅基地节约奖。[1]

四川省《泸县农村宅基地使用和管理暂行办法》(泸县府发〔2017〕60号)规定的宅基地有偿使用方案与以上规定略有不同,其原则为"法定无偿、节约有奖、超占有偿、退出补偿、跨区有偿"。这一规定的特点在于只要是符合法律规定的,即使是超标使用也不收取有偿使用费:在1987年1月1日施行《土地管理法》之前修建的住宅,不收取超占有偿使用费;1987年以后,已确权登记的也不收取有偿使用费。

三、宅基地使用权"按人分配、按户控制""分户合并计算"

宅基地使用权"按户分配、一户一宅"的配置原则,容易激发当事人的分户意愿,抢占宅基地,改革的方向是"按人分配、按户控制"。作为宅基地使用权改革的试点,在浙江义乌,采取的是区分不同区域确定人均宅基地面积的办法(为30~33平方米),来控制每户的建筑占地面积(最高不超过140平方米);为满足家庭成员居住需求,"年满20周岁未婚、已婚未育或育有一个子女的农户可增加计算一人分配"。[2] 这一模式最大的特点是让宅基地面积和户内人口数量挂钩,在保障农户宅基地申请资格权的同时缓和了农民的分户冲动。浙江省湖州市《德清县农村宅基地管理办法(试行)》(德政发〔2018〕31号)的方案中,除已领取独生子女父母光荣证且只有一个子女的、已婚尚未有子女的可增加一人计算外,配偶在农村的城镇居民,如果在城镇未享受过房改购房

---

〔1〕《重庆市大足区农村宅基地管理办法(试行)》(大足府发〔2018〕33号),载中国土地法制研究网2018年7月4日,https://mp.weixin.qq.com/s?src=11&timestamp=1593654950&ver=2435&signature=pUDFXARKgBMtJJfb*F2BksR6Hg8ZrfQd0nnfq*JMRBQLzV0EJtNPyDqdrRjLldFIaNCPPG*Gryj4Ab3kiISxtNbb1I3zbT*N3mm6Krrzj0kFsLgz1JQqIg4PqRVxuYa6&new=1。

〔2〕《义乌市农村更新改造实施细则(试行)》第19条规定:宅基地分配坚持"按人分配、按户控制"原则,农村宅基地取得由农户向村级组织提出申请,报所在镇街审批。涉及使用新增建设用地的,须报市人民政府办理农转用审批手续后,再由所在镇街审批。其第20条规定:农村宅基地分配取得对象为村级集体经济组织成员,按规定不能享受的除外。下列农户可增计一人分配:(1)年满20周岁未婚的;(2)已婚未育或育有一个子女的。第21条规定:新增建设用地中耕地面积占60%(含)以上的,人均宅基地分配基数最高不得超过30平方米;新增建设用地中耕地面积占60%以下的,人均分配基数限额可上调5%;新增建设用地中低丘缓坡等非耕地面积占70%(含)以上的,人均分配基数限额可上调10%。第22条规定:农村更新改造每户原则上只能拥有一处宅基地且建筑占地面积最高不超过140平方米,原有的旧房必须自行拆除或者交给村级组织统一处置。

(含集资建房、住房补贴)、经济适用住房(含货币补贴)等住房政策,并且长期与农村配偶一起在农村居住的,经村(居)民委员会确认,可随其配偶计入宅基地建房人口。

在“按人分配、按户计算”的基础上,有些地方对于扩建、分户新建住宅的土地面积连同原有宅基地面积一并计算,并对因分户导致的宅基地增加面积、超占面积征收土地复垦费和有偿使用费。重庆大足区就是采取新、旧宅基地合并计算的方法,来更为严格地控制宅基地面积。而四川省《泸县农村宅基地使用和管理暂行办法》(泸县府发〔2017〕60 号)规定:对于原住房宅基地已经使用的面积与原户籍人口按规定应当使用面积的总和扣减后有节余的,分出户按其节余的面积申请使用;对于因分户导致的新增加的宅基地面积,参照退出节余指标交易价,由村集体经济组织一次性收取占用土地资源建设用地复垦费;原户面积因人口减少而形成的超占面积,征收有偿使用费。

四、宅基地使用权中资格权的剥离

在这一轮宅基地制度发展中,最有突破性的就是宅基地资格权的剥离。浙江省《德清县农村宅基地管理办法(试行)》(德政发〔2018〕31 号)第 16 条将宅基地资格权界定为村股份经济合作社社员依法享有的权利,是按照法律、法规规定依法取得宅基地的权利,同时规定宅基地资格权应当以“户”为单位认定登记、以“户”为单位统一行使;在随后的第 20 ~ 21 条又规定资格权人如果不申请宅基地,可以用资格权换取其他形式的住房保障;第 22 条规定未申请宅基地又不退出宅基地资格权的,可以申请居住补贴。山东省《关于开展农村宅基地“三权分置”试点促进乡村振兴的实施意见》规定,农村集体经济组织成员享有宅基地资格权,以“户”为单位落实,宅基地资格权细化到人;有条件的农户可以自愿有偿退出资格权;可以交回宅基地使用权,采取“留权不留地”、获得地票期权等方式保留资格权;因自然灾害造成宅基地使用权灭失的、进城落户农民自愿将宅基地无偿退给集体的,可以重新获得宅基地资格权。《重庆市大足区农村宅基地管理办法(试行)》明确规定:“在保留农村宅基地农户资格权的前提下,农户可以将合法拥有的农村宅基地使用权通过转让、入股(联建）、租赁、赠与等方式流转给中国境内符合条件的自然人、法人（非营利法人除外）和其他组织”。

五、宅基地使用权出租

虽然法律规定宅基地使用权只有占有和使用功能，但农户出租房屋的情况一直存在，由此导致的宅基地使用权出租也在所难免。首先是城中村和郊区的农户出租，由于城市住房紧张导致城市房价和租金的高涨，使城市低收入人群不得不选择租住“城中村”或郊区农民的农房，“城中村”或郊区村民“种房不种地”的情形在所难免。其次是在纯农地区，各地政府为了增加农民的财产性收入，都会支持农户通过自己利用或出租住房发展农家乐、乡村旅馆、家产品加工等，在这些地区，农房与宅基地使用权的出租也大量存在。最后是公司牵头的各种农村宅基地开发模式，以浙江省的“联众模式”与四川省都江堰市的“味江模式”为代表，其实质也是宅基地使用权的出租。

浙江省湖州市《德清县农村宅基地管理办法（试行）》（德政发〔2018〕31号）规定，宅基地使用权在符合规划和用途管制的前提下，经村股份经济合作社同意并报所在地镇人民政府（街道办事处）批准后，可以抵押、出租、转让。宅基地使用权出租、转让的，在出租、转让期限内，其地上房屋使用权一并出租、转让。非本集体经济组织成员合法继承或超标使用的宅基地，在实行有偿使用后方可流转。资格权人将宅基地使用权出租的期限不得超过20年，宅基地使用权和房屋使用权转让的期限不得少于5年或多于30年，并且交易双方应当和村股份经济合作签订三方合同，明确出租、转让双方权利义务，村股份经济合作社应当督促双方履行合同，指导调解和化解双方纠纷。

“联众”的运行模式是：公司在政府政策支持下帮助农民对宅基地进行整体性、规范性、现代化的开发，宅基地的所有权、使用权仍归属于农民，除农民自住部分外的住房的休闲、度假等经营性运作所得收益是公司的投资回报。浙江联众休闲度假有限公司是受杭州市政府支持的从事乡村资源开发投资管理的有限责任公司，负责“分享度假”项目的运营。“由公司对整个村庄进行统一经营，不需政府、村民投入，不占用土地资源，不破坏生态环境，村民在拥有新房的同时，在联众公司的规范管理下经营农家乐。具体的运行方式为企业与村委会签订整体合作的协议，企业自筹资金对整个村庄进行重新规划建设，包括利用村民的宅基地重建4层小楼，同时完善村庄的配套设施。这些小楼，一层归乡民使用，同时经营农家乐，2—4层则以5万元使用30年(40平方米)的租让形式，租给希望到乡村休闲养老的都市人。”[1]在这种模式下，企业享有的实际上是宅基地使用权的承租权，消费者享有的是房屋的使用权，真正的宅基地使用权仍然归属于农民。

与这种模式相近的是“5·12”汶川地震后味江的灾区重建模式。为鼓励社会资金参与重建，都江堰市引资北京昊海立德公司参与青城山镇味江村12组的灾后房地产恢复重建。在保证现有集体建设用工总量不变的前提下，整体开发宅基地，除为每位村民提供住房和相应的公共服务配套设施，节余出的宅基地用于开发旅游项目。另外，租赁耕地和林地作为项目实施地，按年支付租金给流转农户，该模式以联建为主，被称为都江堰市“味江模式”。[2]

六、宅基地使用权抵押

由于宅基地使用权只能在本村集体组织内部转让，基于“房地一体”的理念，宅基地上房屋的转让也受到了限制，其交换价值难以体现。为了激活农民财产的担保价值，增加其融资能力，各地也开始探索宅基地使用权抵押。在福建省晋江市，当地银行对权属明确、两证齐全、优质区域的农房，按集体土地(含宅基地)、

---

[1] “同时该农民代公司进行公寓的日常管理和接待工作，成为公司的正式员工，每月领取500元左右的工资。联众农业开发的这批农家公寓统称为城仙居，是近几年在杭州市兴起的一种休闲养生新方式，其特点是把乡村旅游和乡村公寓结合起来，实现了城里人回归田园的梦想。城仙居农家公寓由标准间、套房和时下流行的LOFT公寓组成。业主投资农家乐公寓获得的是使用权，即最低花5万元，可以免费居住30年。城仙居还提供交换功能：如果在城仙居自己家里住腻了，可以到城仙居旗下的其他农家乐公寓交换居住。”《大有桂谷农家公寓 5.5万元天目山下安个家》，载杭州网，http://hzdaily.hangzhou.com.cn/hzrb/html/2006-12/08/content_75892.htm。江苏昆山的“富民合作社”模式也与此相似：村民向村里租用宅基地，联合村民投资建厂房出租，这种做法被称为“农村专业股份合作制”。刘守英：《中国的二元土地权利制度与土地市场残缺(一)》，载《经济研究参考》2008年第2期。

[2] 这一模式有如下特征：“(1)流转的前提是农户有居住保障。农户都将原宅基地(指标)进行分割，保留了自己的住房用地。(2)流转目的旨在使宅基地使用权成为农户财产性收入，加快农户房屋的重建。(3)通过流转土地的用途管制，发展农村商业、旅游业、服务业等，引导城镇资金流向农村，发展农村经济。”章合运等：《宅基地使用权流转模式创新研究——以都江堰市“味江模式”为视野》，载《城市发展研究》2010年第1期；王明成：《论成都市宅基地使用权任意第三人受让的普适性与完善》，载《中国土地科学》2010年第2期。

房屋评估价的40%进行抵押融资,2014年1月至10月,共办理802户,帮助抵押融资50,108万元。[1] 在湖北省鄂州市,到2012年9月,有关农地产权抵押的制度设计基本完成。计划开展“五权”——农村土地承包经营权、农村宅基地使用权和房屋所有权、农村建设用地使用权、农村水面滩涂养殖权、农村林地承包经营权(小型水利设施使用权、农村知识产权、集体企业产权等都属此范围)——抵押融资,部分产权融资业务已经展开。[2] 浙江省德清县的改革方案是:宅基地使用权抵押的,其地上房屋一并抵押;资格权人将依法取得的宅基地使用权抵押的,在抵押权实现时,其宅基地使用权和房屋使用权年限按30年设定。

七、宅基地使用权有偿退出

在各种形式的创新中,宅基地使用权有偿退出模式是一种重要的模式。退出补偿既包括实物——如商品房,也包括现金;补偿的对象为退出宅基地使用权的农户,例如,重庆市大足区规定了家庭部分成员转为城镇居民时的补偿方案——保留其在以后整户退出时获得宅基地及建(构)筑物的相应补偿的权利,不再享有取得宅基地的权利。实物补偿就是所谓的“宅基地换房”,即农民以其宅基地,按照规定的置换标准,换取小城镇内的一套住宅,迁入小城镇居住。现金补偿大多是宅基地使用权退出农户的可选择补偿方式之一,对自愿退出宅基地并不要求安置补偿的农户给予一定数额的现金。

(一)宅基地换房

天津市大邱庄示范小城镇的形式是对房屋进行货币补偿、无偿提供还迁住宅、为集体提供经营性用房。首先,对拥有合法产权的现有居民住宅,依据

---

〔1〕 齐培松:《福建晋江农村宅基地“死产”变“活产”》,载《中国自然资源报》2014年12月13日,第4版。

〔2〕 农地产权抵押需要出台总体方案,《抵押融资管理办法》《风险补偿基金管理办法》《司法保障实施意见》等8个文件,涉及8个部门。《鄂州市农村产权抵押融资总体方案》和5个相关权属的抵押融资管理办法已经出台;市人民法院起草的《为加快推进农村产权制度改革提供服务和保障的意见》和市财政局起草的《鄂州市农村产权抵押融资风险基金管理暂行办法》正在征求相关部门意见。林权和水域滩涂养殖权由于条件成熟,已开展抵押融资业务,其中林权抵押贷款规模进一步扩大,2012年以来新增贷款5000万元;水域滩涂养殖权抵押贷款2012年以来已开展2笔贷款业务,贷款金额达到325万元。《政府工作报告——2012年1月5日在鄂州市第七届人民代表大会第一次会议上》,载鄂州市人民政府网,http://www.ezhou.gov.cn/gk/zfgb/2012/2012n2q/bktg_1962/201205/t20120517_195487.html。

房屋确认标准,选择有拆迁评估资质的评估单位,按照重置价格加成新的办法,进行逐户评估,给予货币补偿。村民签订拆迁协议并领取拆迁补偿费用,所有房屋一律由政府统一拆除。其次,将所有示范小城镇的建新区用地均转为国有划拨用地,集中居住的农民都可以领到类似经济适用房的房屋所有权证,根据相关政策,自住满 5 年后只要缴纳一定比例的土地出让金,就可以将现行分配所得的住房在市场上自由出租或出售。最后,农户还可享受政府无偿提供的集体经营性用房——除安置村街行政办公用房外,按人均 2 平方米的标准建设商业用房,无偿划拨给村街,作为集体资产由村集体经济组织出租或经营,其经营收益用于五保户供养、特困家庭救济和其他村级公共事业支出。[1]

在天津市大邱庄项目中,同时进行的是新区建设用地征收为国有,节余宅基地复垦归还镇集体。根据挂钩用地指标和示范小城镇规划,将项目区用地全部征为国有,用于还迁住宅建设和出让开发及资金平衡。土地征收综合补偿标准为 6.5 万元/亩,一次性全部付清。除尧舜、津海、津美、万全 4 个村街以外,按照土地复垦规划,对其他 22 个村的村庄占地和拆旧复垦区,进行统一拆迁复垦,用于归还建设用地指标,实现耕地不减、质量不降、占补平衡。土地统一整理复垦后,归镇集体所有。

重庆市“双交换”模式与天津市的宅基地使用权退出模式类似,对有稳定非农收入来源、自愿退出宅基地使用权的本地农村户籍人口,给予地上房屋、附着物一次性补偿,并可选择定向新建集中居住区、一次性货币补贴、租住廉租房三种方式之一给予住房安置。退出宅基地指标纳入区集体建设用地储备

---

〔1〕 依据《大邱庄示范小城镇还迁安置实施方法》,住宅还迁安置包括:“(一)无偿提供农民还迁住宅。符合安置条件的村民每户只能享受一次性标准还迁安置住宅,按照人均住宅还迁面积 30 平方米的标准,无偿提供给农民。(二)无偿提供农民经营性用房。为增加农民收入,每人安排商业用房 10 平方米或小型住宅 15 平方米,由农民自愿选择其中一种,无偿提供给农民。每人 10 平方米的商业用房,以村街为单元,建设商业卖场、总部经济大楼、星级宾馆酒店等大型商贸副业设施,产权证统一做至村委会名下,由村委会统一组织出租或经营,其经营收益按每人所占比例分配;每人 15 平方米的小户型住宅,产权量化到个人,村民可以用于出租经营,也可以与人均 30 平方米的还迁住宅面积合并,选择大方型住宅。大邱庄中心镇区尧舜、津海、津美、万全、王虎庄五个村街,可以按下列三种标准进行选择:一是人均住宅 45 平方米;二是人均住宅 30 平方米,人均商业用房 10 平方米;三是按面积折算,人均商业用房 30 平方米。符合条件的人员参加还迁安置,安置房屋不以货币形式兑现,五年内不允许交易、转让。”崔丽娟:《天津“宅基地换房”与重庆“双交换”模式比较与借鉴》,载《天津经济》2010 年第 3 期。

库统筹安排，用于定向划地安置住房建设和产业发展。[1]

(二)现金补偿

在浙江省嘉兴市宅基地退出采取的是“两分两换”模式，即宅基地和承包地分开，搬迁与土地流转分开，以宅基地置换城镇房产，以土地承包经营权置换社会保障。宅基地使用权除了可以异地重划——在安置区新建复式、多层公寓或联排别墅——以外，还可以选择不安排拆迁安置房而申请一次性货币补偿或养老生活补助(村集体经济组织按照农户原有住房及宅基地的面积、家庭人口等状况予以作价)，前提是农户在城镇已经购置商品房，并且面积达到人均30平方米以上，自愿退出耕地并保证以后不再申请新宅基地。农村宅基地被村集体回购后，一部分复耕转换成建设用地指标，另一部分可同保留的房屋一并由村集体经济组织通过拍卖、出租、无偿分配等形式安排给经济困难户居住。陕西省西安市宅基地退出补偿安置标准规定：“举家进城落户农村居民自愿退出宅基地，经当地国土资源部门核准，签订退出合同并办理公证后给予一次性经济补助。每亩补助价格西安为22万～25万元，关中其他地区为14万～16万元，陕南为10万～12万元，陕北为16万～18万元。退出的宅基地原则上转为耕地，经批准也可以调剂给本集体经济组织内符合宅基地申请条件的农村居民。转为耕地后的宅基地建设用地指标可由市、县政府统一使用，也可以在省内进行有偿流转。”[2]江苏省南京市宅基地退出补偿安置标准规定：参照当地同期集体土地房屋拆迁补偿安置标准执行，宅基地产权人不再享有申请取得宅基地的权利。根据2015年南京市征地区片范围及区片价补偿标准的规定：一级片区的征收价为14.84万元/亩，基准人均土地为0.7亩；二级片

[1] 崔丽娟：《天津“宅基地换房”与重庆“双交换”模式比较与借鉴》，载《天津经济》2010年第3期。

[2] 在福建省晋江市，宅基地可换货币、安置房、店面、商场、股权、写字楼等。置换补偿标准：征收经批准的集体宅基地，按该宗地所在区域住宅的土地基准地价进行折算，房屋补偿按照房屋重置价及二次装修结合成新率计算补偿。重庆市垫江县置换补偿标准：以《房地产权证》为依据，实测房屋和院坝占地面积(扣除本人在新村所占建设用地面积)，按12万元/亩补偿。宅基地其他附属用地指未发林权证的农村建设用地范围内的院林地，按12万元/亩，由土地使用权人和集体经济组织按8∶2比例分配。《全国各地宅基地有偿退出政策知多少?》，载广州日报大洋网，http://news.dayoo.com/guangzhou/201501/06/139995_39549517.htm。

区的征收价为11.11万元,基准人均土地为1亩;三级片区的征收价为8.21万元,基准人均土地为1.5亩。

八、宅基地复垦指标——"地票""集地券"等交易

所谓"地票"是指建设用地使用权人按规定将建设用地复垦为合格的耕地等农用地后,确认的建设用地指标在重庆市农村土地交易所交易后形成的权利凭证。通过宅基地复垦,农村建设用地减少,城镇建设用地增加,而城镇和农村的建设用地总量维持不变。[1] 为盘活节余土地资源,重庆市自2008年成立了全国首家农村土地交易所,交易分为两个部分:一是土地实物交易的实盘,二是指标交易的虚盘,即"地票"。农村土地交易所的创新性主要体现在地票交易上。湖北省鄂州市借鉴成渝地区经验,引入"地票"交易模式,成立了鄂州市农村产权交易所,主要业务是进行"五权两指标"交易。"五权"是指农村土地承包经营权、农村宅基地使用权和房屋所有权、农村建设用地使用权、农村水面滩涂养殖权、农村林地承包经营权(小型水利设施使用权、农村知识产权、集体企业产权等都属此范围)。"两指标"是城乡建设用地挂钩指标和耕地占补平衡指标。

在借鉴重庆市"地票"制度及城乡建设用地增减挂钩实践经验的基础上,义乌市结合本地实际,探索实施"集地券"制度激励宅基地退出。其方法是:先拆旧宅基复垦,验收合格后折算为建设用地指标,形成"集地券",同时,将外地调剂的复垦指标、将来有可能实施的"人地挂钩"指标等,一并纳入"集地券",实行集中统一管理。"集地券"可在义乌全市范围内统筹使用,也可通过平台进行交易或向金融机构进行抵押融资。"集地券"类型有3种。第一种是农户主导的宅基地退出。宅基地使用权人自愿退出宅基地并复垦为耕地等农用地折成的建设用地指标,产生的"集地券"归农户所有。首次交易所获得的收益,在扣除土地整治成本和村集体经济组织计提纯收益的10%以外归农户所有。第二种是集体经济组织主导的宅基地退出。村庄实施更新改造后腾退的宅基

[1] 陆铭:《建设用地指标可交易:城乡和区域统筹发展的突破口》,载《国际经济评论》2010年第2期。

地以及农村散乱、闲置和低效利用的其他建设用地以及废弃工矿建设用地等，复垦为耕地等农用地折成的建设用地指标，产生的“集地券”归村集体经济组织所有。第三种是政府主导的宅基地退出。因参加城乡新社区集聚建设整村退出的宅基地归政府所有并按规划使用。规划为农用地的，按规定复垦为耕地等农用地折成建设用地指标，形成“集地券”；规划为建设用地的，按照规划使用。村级集体经济组织和宅基地使用权人持有的“集地券”交易后，镇人民政府(街道办事处)在“集地券”成交价款中扣除土地整治等成本，再按照下列原则支付给权利人：(1)村级集体经济组织持有的“集地券”初次交易所获得的收益，归村级集体经济组织所有；(2)宅基地使用权人持有的“集地券”初次交易获得的收益，在扣除村级集体经济组织计提纯收益的10%之外归宅基地使用权人所有。[1]

在山东省，对于依法自愿有偿转让宅基地使用权及农房等地上附着物的农民，县(市区)政府可参照当地城镇建设用地指标价格给予合理补偿，发放等额“房票”，在辖区内购买新建商品房时充抵购房款。[2]

九、宅基地使用权人征收补偿

在土地补偿费用主要用于农户的政策原则的指导下，宅基地使用权人的征收补偿主体地位逐步确立，在实践中，为了避免将宅基地征收补偿利益全部支付给宅基地使用人的情形也时有发生。[3]

2003年实施的《北京市集体土地房屋拆迁管理办法》直接将被拆迁人——对被拆除房屋拥有所有权的单位或者个人——作为补偿对象；[4]2011年实施的《山东省土地征收管理办法》(山东省人民政府令第226号)第22条第1款、第3款规定，农民集体所有的土地全部被征收或者征收土地后没有条件调整承包

---

〔1〕 义乌市用地指标基准定价为每公顷900万元。顾明哲：《增减挂钩交易指标价格评估方法研究——以义乌市“集地券”为例》，载《农村经济与科技》2016年第21期。

〔2〕 《山东将探索“房票”制助力农业转移人口市民化》，载《乡镇论坛》2017年第10期。

〔3〕 邵忠银：《构建农村宅基地房屋征收补偿利益公平分配机制的法律思考》，载《中州学刊》2011年第5期。

〔4〕 苏州市、张家港市也有类似规定。

土地的,土地征收补偿安置费的80%支付给土地承包户,主要用于被征收土地农民的社会保障、生产生活安置,其余的20%支付给被征收土地的农村集体经济组织,用于兴办公益事业或者进行公共设施、基础设施建设。2011年《株洲市集体土地上房屋拆迁管理办法》(株政发〔2011〕2号)第8条确认的补偿对象包括被征地的农村集体经济组织、村民和其他权利人。

第三节 宅基地使用权制度创新的理论问题

我国的所有权制度是遵循大陆法系传统,以个人所有权为原型来进行设置的。欧洲国家在走向资本主义的历史过程中,建立了土地的个人所有制度,以适应资本主义经济发展的需要。[1] 这种个人所有权模式包含两项基本原则:一是所有权的绝对性与排他性;二是所有权的主体属性,强调主体对客体的支配性权利。[2] 这种权利观念彰显的是一种个体属性,强调主体以个体身份享受利益。[3] 民法传统理论认为,所有权是所有人依法对自己财产享有的占有、使用、收益和处分的权利,[4] 这是一种以主体为视角的归属所有权模式。[5] 用这一理论模式来审视我国的宅基地使用权制度,常常会产生诸多理论上的问题。

一、宅基地使用权与房屋所有权的关系之争

在宅基地使用权受到严格的身份性限制的情况下,宅基地使用权人地上房屋的处分权也受到相应的限制。这使宅基地的利用效率降低,从而损害了各方当事人的利益,也为宅基地出卖人的违约行为提供了借口,引发道

---

〔1〕 马新彦:《罗马法所有权理论的当代发展》,载《法学研究》2006年第1期。

〔2〕 [美]庞德:《普通法的精神》,唐前宏等译,法律出版社2001年版,第14页。

〔3〕 Eremy Waldron, *The Right to Private Property*, Oxford University Press, 1998, p. 90 – 91.

〔4〕 王利明:《物权法研究》(上卷),中国人民大学出版社2007年版,第394页。

〔5〕 以主体为视角指法律所关注的中心是作为主体的人,以人为中心进行思考,进行权利、义务的配置。张淞纶:《论物上负担制度——财产法的对抗力革命》,法律出版社2012年版,第18页。

德危机。[1] 虽然法律和政策都倾向于认为宅基地使用权和农户房屋的所有权都是独立的物权，但囿于“房地一体”理念，其独立的价值难以彰显。在“宋庄画家村”类似的案件中，农村房屋的买卖合同因为涉及受让人不符合宅基地使用权资格限制而被认定为无效；而在合作建房类案件中，法院倾向于，共同投资在宅基地上建设房屋的人因为宅基地使用权在身份方面的特殊限制而无法取得房屋的所有权，但其基于共同建房行为而占有、使用房屋的协议并不违反法律规定；[2] 在离婚案件中，虽然法院认可离婚案件中夫妻双方关于宅基地上房屋分割的协议，但在执行过程中，因一方为城镇居民无权取得宅基地使用权，只有采取变通的做法，分割地上房屋的价款；在宅基地使用权抵押案件中，虽然政策允许宅基地使用权抵押，但由于受让主体的限制，在执行中也不得不采取变通方式来实现。

在允许农民住房抵押贷款的政策环境下，为理顺宅基地所有权人、宅基地上房屋新所有权人和宅基地使用权人之间的关系，理论上有法定地役权、法定地上权、次地上权和法定租赁权等不同主张。当房屋抵押权实现时，宅基地上的房屋所有权或将发生移转归他人所有，但具有身份性的宅基地使用权仍然保留在身为集体成员的农户手中。法定地役权说认为：房屋新所有权人占用宅基地的权利，可以通过法律设定地役权的方式解决，房屋新所有权人对占用

---

〔1〕 类似宋庄画家村案被称为“没有赢家的官司”：“画家的迁入，无论对于宋庄、宋庄村民和画家们，还是对于国家，都是有益的。案件发生后，宋庄镇政府一方面为了保证不会让大家退房而与法院做了很多沟通工作，另一方面，案件尚未审结，宋庄即已未雨绸缪地着手挽留画家，具体措施包括安排废旧厂房出租给画家作为工作室等。而本案当事人李某在退还房屋之后，小堡村委会为其提供了一年的免费工作室，以为安抚，而且一年后又帮助李某迁入艺术园区的新居。无效判决之下，除了谋求不当利益的出卖人之外，无论是买受人、村集体，还是国家，皆为之受损。”王卫国、朱庆育：《宅基地如何进入市场？——以画家村房屋买卖案为切入点》，载《政法论坛》2014 年第 3 期。

〔2〕 在江苏省海安县人民法院(2008)安民一初字第 0624 号、江苏省南通市中级人民法院(2009)通中民一终字第 0087 号判决书所示案件中，“原告陈某与被告杨某为连襟关系，陈某家庭为农业户口，杨某家庭为城镇居民户口，1995 年 7 月，陈某以妻子刘某名义在海安镇海园村六组申请建房，原被告经协商在批准地址共同建房，房屋建成后，陈某家居住东侧单元，杨某家居住西侧单元。2001 年 8 月，陈某领取了所建房屋的土地使用权证，2006 年 8 月领取了海园路 26 号部分房屋的所有权证。2008 年 3 月 10 日，陈某以杨某系借用，现儿子结婚需用房为由，诉请杨某迁出。法院经审理认为：原、被告双方基于亲戚关系共同建房，由于我国土地政策对农村宅基地使用权人有身份方面的特殊要求，致杨某无法取得讼争之房的所有权证，但共同建房行为法律并未禁止，杨某基于共建行为而占有、使用讼争之房的西侧单元亦不违反法律规定。因此，在双方未能协商一致的情况下，陈某要求杨某腾让所居住的房屋，法院不予支持。”

范围内的宅基地有法定地役权。[1] 法定地上权说认为：房屋新所有权人对占用宅基地的权利，可以通过法律认定为法定地上权。[2] 次地上权说认为：房屋新所有权人对占用宅基地的权利可以看作是次地上权，是宅基地使用权人在自己的权利上再设立的地上权。[3] 法定租赁权说认为：房屋新所有权人对占用宅基地的权利可以认定为法定租赁权，法律推定在房屋新所有权人与宅基地使用权人之间存在租赁合同。[4]

二、宅基地使用权的本质之争

宅基地使用权的独特制度规则，使这一权利与传统物权理论中的权利类型存在颇多差异，也导致对其本质的认识大不相同。

（一）地上权说

地上权说认为："宅基地使用权人依法对集体所有的土地享有占有和使用的权利，有权依法利用该土地建造住宅及其附属设施，这实质上就是地上权这样一个他物权的内容，因此应废弃宅基地使用权、土地承包经营权概念，而代之以地上权概念。"[5]

现代意义上的地上权制度是由德国确立的，是为了让无力购买土地的人能够以较低的价格获得土地的使用权，在他人土地上建造自己的房屋。根据德国 1919 年颁布的《地上权条例》，地上权可以长期存在，可以转让和继承、设置抵押和土地债务、设置其他可以转让的物权等，土地上的建筑物从属于地上权而不是土地所有权。[6] 但考察我国现行宅基地使用权制度的规则就会发现，其与传统物权理论中的地上权制度存在以下差异：一是地上权的主体一般

---

〔1〕 王利明：《物权法研究》（下卷），中国人民大学出版社 2007 年版，第 227 页。

〔2〕 魏西云：《"法定地上权"和农村宅基地有偿使用》，载《中国不动产》2015 年第 4 期。

〔3〕 朱晓喆：《房地分离抵押的法律效果》，载《华东政法大学学报》2010 年第 1 期。

〔4〕 彭诚信、陈吉栋：《农村房屋抵押权实现的法律障碍之克服——"房地一致"原则的排除适用》，载《吉林大学社会科学学报》2014 年第 4 期；刘凯湘：《法定租赁权对农村宅基地制度改革的意义与构想》，载《法学论坛》2010 年第 1 期。

〔5〕 杨立新：《论我国土地承包经营权的缺陷极其对策——兼论建立地上权和永佃权的必要性和紧迫性》，载《河北法学》2000 年第 1 期。

〔6〕 尹飞：《物权法 · 用益物权》，中国法制出版社 2005 年版，第 134 页。

无身份限制,但宅基地使用权的主体限于集体经济组织成员;二是地上权权利的客体一般无限制,但宅基地使用权的客体有严格的数量和面积的限制;三是地上权一般基于协议产生,一般为有偿使用,而宅基地使用权的取得并非完全基于所有权人的意志,要经过行政主体的审批才能取得;四是地上权的期限性受住宅所有权性质的影响,〔1〕而宅基地使用权的期限受制于"农户"的存续时间;五是地上权是一项独立的财产权,可以自由流转,而宅基地使用权具有严格的身份性和福利性,因而不能独立流转,并且限制流转对象。

（二）人役权说

人役权说认为:"农村集体经济组织成员对集体土地的使用权应该是一种人役权,是为其生存利益而设定的。"〔2〕

人役权起源于罗马法,是为解决那些家长亡故、缺乏劳动能力又无财产继承权的人的生活需要设立的,这一制度使罗马家庭通过人役权的设立承担了部分社会保障职能。〔3〕《法国民法典》保持了罗马法中人役权和地役权的二元结构,而《德国民法典》中的人役权包括用益权和限制的人役权,限制的人役权主要适用于为特定的人设定居住权。考察我国现行的宅基地使用权制度,其与人役权制度确实有很多相似之处——包括权利主体的特定性、人身性、无偿性等,也包括二者的生存保障功能。但二者的不同之处也很明显:一是二者的主体不同,人役权是以个人为主体的,而宅基地使用权是以"户"为主体;二是权利的设定方式不同,人役权大多通过民事主体的民事行为而设定,而宅基地使用权的设立需要经过行政许可;三是权利客体不同,宅基地使用权客体以集体所有的土地为限,而人役权的客体无限制;四是权利的存续期间不同,人役权以权利人生存期间为限,而宅基地使用权以"户"的存续期间为限。

（三）独特的用益物权说

独特的用益物权说认为:"宅基地使用权的目的是为了对他人所有的土地

---

〔1〕 虽然在负担住宅所有权之后,地上权也就在事实上成为一种永久性的权利,土地所有权对地上权的时间限制难以表现出来,但其仍是一种有期限的物权。孙宪忠:《德国当代物权法》,法律出版社 1997 年版,第 231 页。

〔2〕 关涛:《大陆法系民法中的人役权——兼论文法典中用益物权的体系》,载《法学论坛》2003 年第 6 期。

〔3〕 喻文莉:《转型期宅基地使用权制度研究》,法律出版社 2011 年版,第 24 页。

为使用之利益，具有用益物权的性质。同时，它又有别于传统物权法上的地上权，不能用地上权或基地使用权等概念替代宅基地使用权，应将其规定为一种独特的用益物权。”[1]该学说认为，农村宅基地使用权与集体经济组织成员的资格是联系在一起的，宅基地使用权在一定程度上具有福利和社会保障的功能，这一学说从我国立法现实出发，基本上否定了宅基地使用权的财产功能。

（四）准所有权说

准所有权说认为：我国农村宅基地使用权应当是与传统大陆法系立法上的用益物权存在本质差异的带有“准所有权”性质的用益物权。因为，“在大陆法系国家，立法上所确立的用益物权特指在私人不动产所有权基础上设定的几种用益物权，即不以占有为内容的地役权、为了特定人利益而存在的人役权，还有基于合同而设立的永佃权和地上权。在我国，由于实行土地的公有制，包括国家所有和集体所有，土地所有权只是作为抽象的存在，因而在土地公有制基础上设定的土地使用权，对于广泛意义上的民事主体来讲，就相当于自物权性质”。[2]

（五）居住保障权说

居住保障权说认为：宅基地使用权是集体组织成员享有的福利保障，是农民实现居住需求的保障。基于这一预设，认为宅基地使用权由集体成员无偿取得，无偿使用，目标是确保每个需要建房的成员获得土地，实现居有其地的目标。[3]

（六）成员权说

成员权说认为：“我国现行农村宅基地使用权首先强调的是它的成员权属性，它基于成员身份取得，成员资格丧失，其所有的宅基地使用权也消灭。”[4]

三、宅基地使用权制度的功能困境

在现代社会，特别是在中国，在土地归国家或集体所有的情形下，土地上

---

[1] 王利明：《物权法研究》，中国人民大学出版社2002年版，第472页。

[2] 王崇敏：《宅基地使用权制度现代化构造》，武汉大学2013年博士学位论文。

[3] 高福君：《宅基地使用权法律构造》，载《法学与实践》2010年第2期。

[4] 高福君：《宅基地使用权法律构造》，载《法学与实践》2010年第2期。

的用益物权已经成为一项重要的财产权利，其具有特殊的权利结构，使其具有不同于所有权、担保物权、债权的特殊功能，在社会经济生活中扮演着十分重要的角色，[1]担负着协调所有者和使用者的利益、促进宅基地资源利用效率和促进社会公平的功能，但这些功能的发挥都受到了限制。

（一）集体土地所有者与使用者利益协调困境

宅基地用益物权的首要功能为协调土地所有者与利用者之间的利益。由于土地的稀缺性，并不是每个人都能拥有土地所有权，但人们又不得不在有限的土地上来实现其生存和发展的需要，因此只能求助于其他法律制度——包括租赁、借用等债的方法以及设定用益物权的物权方法等。由于债的方法对利用人保护能力的有限性，人们更倾向于采取设定用益物权的方法来满足非所有权人对他人财产的利用需要，因此，自古代罗马法开始，用益物权就一直是民法中的一项十分重要的权利。特别是在我国公有制条件下，土地均属于国家或集体所有，用益物权就成为解决土地的所有与利用矛盾的有效手段。无论是私有制国家还是公有制国家，用益物权都是非所有权人利用他人土地、房屋的重要制度之一，是协调所有者与利用者之间利益的制度。但在现有规则背景下，这一功能却无从实现。

传统的所有权制度除有归属功能外，还有重要的区分功能和建构价值。[2]首先，所有权概念可以将所有权和他物权进行区分。担保物权以交换价值为目的，用益物权以使用价值为取向，所有权是对超出约定或者规定的剩余价值的支配资格。[3]其次，所有权作为一种完全物权，是限制物权产生的基础，在所有权之上可以设定用益物权和担保物权。我国的《民法典》参照欧洲物权法，设立了所有权、用益物权和担保物权体系。但是，在我国集体土地制度中宅基地所有权的区分和建构功能难以实现：一方面，宅基地使用权的设置不以集体的意志为转移，而是要经乡（镇）人民政府审核，由县级人民政府批准；另一方面，担保物权是建立在集体建设用地使用权或土地承包经营权等用益物

---

〔1〕房绍坤：《试论用益物权的功能》，载《山东公安专科学校学报》2003年第4期。

〔2〕陈小敏：《大陆法系所有权模式的历史变迁》，吉林大学2011年博士学位论文。

〔3〕李凤章、张秀全：《土地所有权立法之反思：透过历史的映照》，载《北方法学》2009年第2期。

权基础上的,担保物权以用益物权为基础,二者并不是源于所有权的两种并列的物权类型,所有权并不能起到对他物权的统摄,造成物权体系的冲突。

宅基地使用权的权利设置不以宅基地所有者的意志为依据,其权利、义务的内容也不以所有者的意志为转移,其权利的行使由国家行政机关负责监督,宅基地使用权无偿取得、使用无须支付费用,即便是土地为国家所征收时,宅基地补偿款在所有者和其他权利人间如何分配,都有不同做法。宅基地所有者与使用者之间的权利、义务关系并不明确。

(二)提高宅基地资源配置效率功能的困境

宅基地用益物权的设置,解决了宅基地资源的所有与利用需求不协调的问题。接下来,立法者要面对的是资源的配置是否有效率,能否使资源的利用获得最大效益的问题。从宅基地所有人与使用人之间的关系来看,所有人在不丧失所有权的情况下,就能够获取相当的收益,非所有人能以较低的代价取得效力强、使用期限长的用益物权。在用益物权人取得用益物权后,不仅第三人,即使是物的所有人,都不得妨碍权利人对物的利用,用益物权制度使物的所有人与非所有人都取得了相当高的收益,可谓实现了资源的价值最大化。

从宅基地使用权人与所有人之外其他宅基地的需求人之间的关系来看,想要最大限度地发挥土地的利用效率,就必须使权利适于流通,以保证土地资源可以通过市场实现配置优化。波斯纳提出判断财产权制度效率的 3 个标准:一是财产权的普遍性,即任何有价值的资源都应是有主的;二是财产权的排他性,即排除他人对资源的利用和对利用资源所产生的收益的享用;三是财产权的可转让性,即财产可以在不同的主体之间进行流转。[1] "物权的排他性、可转让性越强,财产有主亦即成为物权标的物的现象越普遍,物权就越有效率。此外,还有一个经常被学者所提及的标准,那就是财产权人的支配自由,权利人对标的物享有支配自由的程度也直接影响到财产权的效率。"[2] 但现有规则

---

〔1〕 [美]理查德·A.波斯纳:《法律的经济分析》(上册),蒋兆康译,中国大百科全书出版社 1997 年版,第 42 页。

〔2〕 易军:《物权制度设计的正义维度与效率维度——伦理学与经济学的视角》,载《理论参考》2007 年第 6 期。

之下的宅基地使用权的可流转性受到严格的限制：一方面，是主体身份受限制；另一方面，是宅基地使用权转让后，不能再申请宅基地，这使这一权利在提高宅基地利用效率方面的功能有限。

（三）满足居住保障功能的困境

拥有适当的住房在现代社会被认为是一项基本人权。在我国，宅基地使用权被认为是保障农户实现居住愿望的福利，结果却事与愿违，因为：一方面，这一模式与城镇居民的住房保障体系存在差异，难以保证其居住需求；另一方面，新型城镇化的进程也使这一功能更加难以实现。

在城镇，居住需求是通过住房供应体系来实现的，包括政府提供的保障性住房、市场提供的商品住房，采取租赁或是出售，提供住房实物或货币补贴的多种形式来满足多样化的住房需求。但在农村，住房保障的方式只是提供宅基地使用权，无力建设住房的农户的居住需求难以满足，而低成本的建筑也难以保证房屋的安全。

在城镇化进程中，城乡间人口的流动性增强，土地的区位固定性决定了其不能随着人口的迁移而移动，宅基地使用权本身又由于制度的制约不能够流转或变现，这使宅基地使用权既不能为进城人口的居住需求提供帮助，也导致农村新增人口住房需求压力增大。

四、宅基地使用权制度价值目标不一致

在新型城镇化视角下，宅基地使用权制度的功能目标应该包括平等、公平、安全、效率、正义等价值，但这些价值之间却会存在不一致。若过分强调居住安全，则会限制宅基地使用权在城乡居民间的流转，将农民限制在农地之上的同时也切断了城市居民回乡的路径，从而牺牲效率、平等和自由等价值；由于土地区位的固定性导致的土地及其地上房屋价值的差异，使一味强调基本居住需要层面上的平等也未必意味着正义的实现；政府推动的宅基地整理项目、农民自发的宅基地上“种房子”行为、开发商参与者的“小产权房”项目以及为禁止土地投机而禁止城镇居民购买宅基地使用权政策都可能提高宅基地的利用效率，但也会引发损害宅基地使用权人利益、宅基地使用权收益分配不合

理等妨碍公平价值实现的情形。在宅基地使用权制度创新过程中,正确界定这些价值的含义、理清之间的关系无疑是合理构建制度的前提。

五、宅基地复垦指标——“地票”“集地券”等的本质争议

在新型城镇化发展过程中,“地票”“集地券”等交易被称为宅基地使用权的虚盘交易,是中国土地改革实践的创举,但这一新生事物如果得不到法律的有效规制,“在实践的运行中亦必然会存在诸多难以确定的风险——地票价格的确定、地票收益的分配、复垦后的耕地质量的保障、农民土地发展权益的保护均缺乏明确法律规制,这难免会影响这一制度的健康发展,为能够推动地票交易在全国范围内的展开,尤其是推动地票交易二级市场的开放”,[1] 在理论上准确地界定“地票”的法律性质,并建立起有效的调整机制,以实现其法制化运行,具有重要意义。

有关宅基地复垦指标本质的界定,主要有4种学说:一是土地发展权说,二是地役权说,三是土地开发权说,四是宅基地复垦权说。土地发展权说认为,重庆“地票”交易的本质是土地的发展权转移,“是通过市场机制将一块土地(发展权转移地区)非农开发建设的权利转移到另一块土地上(发展权接受地区),在地票交易中,农村集体经济组织和农民将闲置的宅基地和集体建设用地复垦为耕地,作为耕地的承包人不能对复垦后土地进行开发建设,成为土地发展权受限地区,受限土地上的发展权转移到发展权接受地区,其发展潜能从农业用地等转移到房地产开发用地上”。[2] 地役权说认为,“从现行法层面出发,宜将地票交易纳入地役权范畴,在地票交易中,涉及两块土地,一块是农村的宅基地和集体建设用地(可称供役地),另一块是在土地利用总体规划、城市规划范围内的农业用地(可称需役地),在地票交易中供役地经过复垦变为了

---

[1] 在地票一级市场的推动下,重庆市政府亦积极开展地票二级市场上的质押融资等业务。孙芬、郑财贵、牛德利等:《关于开放地票交易二级市场的思考》,载《江西农业学报》2013年第3期。

[2] 闫海、孟娜:《我国地票交易法律制度探析》,载《武陵学刊》2012年第4期;张鹏、刘春鑫:《基于土地发展权与制度变迁视角的城乡土地地票交易探索——重庆模式分析》,载《经济体制改革》2010年第5期;崔之元:《重庆实验的三个理论视角:乔治、米德与葛兰西》,载《开放时代》2011年第9期;杨庆媛、鲁春阳:《重庆地票制度的功能及问题探析》,载《中国行政管理》2011年第12期;汪晖、陶然:《论土地发展权转移与交易的浙江模式制度起源、操作模式及其重要含义》,载《管理世界》2009年第8期。

耕地,并且以后只能按照用途管制的要求用作农业用途,需役地转变为城镇建设用地,用作房地产开发等高经济效用的用途",[1]正是由于供役地所提供的"便利"使得需役地的价值、效益得到了极大的提升,则需役地的权利人要对供役地的权利人进行补偿。土地开发权说认为,"从地票的生成来看,地票的取得乃是基于政府对土地复垦和建设用地增减挂钩的许可而授予原建设用地使用权人的一项独立权利,独立于集体土地所有权和土地使用权,其实质为土地开发权——相关单位或者个人可以到土地交易所购买该挂钩指标,以作为新增建设用地指标凭证的来源,地票持有人可以请求地方政府将符合土地利用总体规划、城市规划的农业用地通过启动征收程序转变为城镇建设用地,取得地票即意味着取得了土地开发权"。[2] 该学说认为这一制度是对我国传统建设用地指标管理制度的市场化改革,应该在我国《民法典》中设立独立的土地开发权制度,以明确土地开发权交易的前提条件、土地开发权购买中的国家补偿、土地开发权转移的程序等。宅基地复垦权说认为:"之所以把'地票'中生长出来的权利称为宅基地复垦权,是因为它反映了'地票'利益的生长机理,是政府对农民宅基地复垦行为的补偿,开发商虽然是地票的购买者,但由于支付了地票的价款,可以免交新增建设用地有偿使用费和耕地占补平衡补偿费,所以最终买单的其实是政府,农民用一种具有身份性的宅基地使用权换取了同样具有身份性的城市建设用地指标,地方政府取得新增建设用地指标并支付对价,是合情合理的。"[3]

六、宅基地使用权人征收补偿地位之惑

宅基地被征收,可能会涉及以下几方面主体的利益:一是作为宅基地所有权代表的集体经济组织;二是集体经济组织成员;三是宅基地使用权人、地役权人或租赁权人等。集体经济组织成员作为宅基地的所有权人,从宅基地征

---

[1] 黄忠:《地票交易的地役权属性论》,载《法学》2013 年第 6 期。

[2] 张先贵:《地票交易的法律性质及其规制》,载《南京农业大学学报(社会科学版)》2015 年第 4 期。

[3] 向勇:《中国宅基地权利发展研究》,中国社会科学出版社 2016 年版,第 170 ~ 186 页。

收补偿款项中分得一部分,似乎无可厚非。鉴于宅基地征收的对象是集体土地的所有权,集体经济组织作为宅基地所有权人的代表,参与宅基地征收,取得宅基地征收款项,从逻辑上来讲,这一规定似乎没有问题,但却忽视了宅基地上其他权利人的利益。宅基地使用权人、地役权人或租赁权人如果不能参与征收程序,不能获得单独补偿,只能以集体组织成员的身份来参与补偿款的分配,其特殊利益难以实现。在一些地方立法中,宅基地使用权人可以获得征收补偿,但对其是否具有独立的征收补偿地位、补偿的标准和比例有不同的规定。有的认为,补偿款大部分应该支付给宅基地使用权人,小部分留给集体经济组织;有的认为,宅基地使用权人、集体经济组织和集体经济组织的其他成员都可以对补偿款进行分配;有的甚至抛开了宅基地所有权主体,直接将全部款项支付给宅基地使用权人。

理论上对于宅基地使用权人在征收补偿中有无独立的地位、补偿的标准和比例也有不同的认识。有的学者认为,宅基地使用权应该单独补偿,以土地出让金为基础确定宅基地使用权的补偿标准。[1] 有的学者认为,宅基地使用权作为独立的财产权有独立的补偿地位,同时应该以宅基地的市场价来计算补偿费,以宅基地使用权在宅基地上所存权利中所占的比例予以分割。[2]

本章小结

新型城镇化发展要求宅基地使用权制度能够对人的自由发展有所助益,要求宅基地使用权与建设用地使用权在财产权层面的平等,要求宅基地使用权制度能够为城乡居民公平分享土地增值收益做出贡献,要求提高宅基地利用效率以满足居住、文化、生态等多种需求。新的城镇化模式强调市场的主导力量,以优化资源配置,合理分配收益。为适应新型城镇化的需求,宅基地使用权的政策内容发生了变化,包括宅基地所有权主体的明确、宅基地使用权主体限制的放松、宅基地使用权人征收补偿地位的确定等,宅基地使用权的独立

〔1〕 张昕:《论土地征收中宅基地使用权的补偿》,载《西北农林科技大学学报(社会科学版)》2014年第5期。

〔2〕 田韶华:《论集体土地上他项权利在征收补偿中的地位及其实现》,载《法学》2017年第1期。

性有所体现,但宅基地使用权受让主体依然限于农户。

为化解宅基地使用权制度在新型城镇化发展过程中的功能困境,各地开展了形式多样的改革实践,形式包括宅基地使用权的有偿取得、有偿持有,宅基地资格权剥离,宅基地使用权出租、抵押和有偿退出、宅基地使用权复垦形成的建设用地指标有偿流转等。

我国的物权制度遵循大陆法系传统,是以个人所有权为原型来进行设置的,这是一种以主体为视角的归属所有权模式。用这一理论来审视我国的宅基地使用权制度及其改革,仍会产生诸多理论上的困惑,例如,宅基地使用权与所有权、担保权的体系冲突,宅基地使用权与房屋所有权的关系争议,宅基地使用权的本质争议,宅基地使用权的功能困境,宅基地使用权制度价值目标的冲突,宅基地复垦指标本质的争议,宅基地使用权人征收补偿地位的争论等。

第三章　住宅和土地制度的境外考察

宅基地使用权制度具有浓厚的中国特色，境外鲜有与之相近的制度，但鉴于土地资源的稀缺性，如何在保证人人享有适当住房权利的同时确保日益城市化进程中人类住区的可持续发展，[1]却是各国及地区所面临的共同问题。在我国新型城镇化视角下，宅基地使用权制度的发展依然面临诸多理论问题，如对宅基地使用权的本质、功能、目标缺乏统一的认识等。

第一节　典型大陆法系国家住宅和土地制度考察

一、法国住宅和土地制度

1804年的《法国民法典》确认了所有权是一种自然权利，并且明确地归结为个人所有权，最初《法国民法典》明确地扬弃"国家对个人所有权享有支配权"的思想，但随着社会的发展，从19世纪下半叶开始，出现了各种反向的潮流，认为土地等社会资源对于集体目标的实现有极为重要的意义，对其所有权进行监督或控制是有必要的。在法国，所有权的分解理念认为：所有权的各项权能可以在不同的人之间分配，这些被分解开的要素，仍然具有与所有权本身相同的性质，都是对其标的物的物权，在遵守地产公告的情况下，都享有优先权与追及权；在特定保留条件下，这些权利可以转让，可以用于设置抵押权。在法国，以在他人的土地上进行建筑或居住为目的的用益物权主要包括：用益权、使用权、居住权和地上权。

---

〔1〕 1996年联合国第二次人类居住会议发布了《伊斯坦布尔人居宣言》和《人居议程》，其中《人居议程》确立的两大主题就是"人人享有适当的住房和日益城市化进程中人类居住区的可持续发展"。

（一）土地所有权

依据《法国民法典》第552条规定："土地所有权包括地上所有权和地下所有权。所有人得在地上从事其认为适当的种植或建筑，但役权或地役权章规定的例外，不在此限。所有人得在地下从事其认为适当的建筑或发掘，并收取掘获的产物，但矿山法规及警察法规所定的限制，不在此限。"[1]地上所有权涉及特定面积的土地表面及与地表紧密相连的特定空间。从消极的角度来讲，地上所有权就是反对在上述定义的空间内实行任何侵害的权利；从积极的角度来讲，地上所有权指地产的所有权人推定是该地产上的所有建筑和栽种物的所有权人。

虽然大革命时期的法律认为应当赋予土地所有权与动产所有权同样的"绝对的、个人主义的和永久的性质"，但从立法中可以看出，《法国民法典》的制定者已经开始关注土地独一无二的性质及其在人类定居方面所起的关键作用，认为其不能作为由个人控制并受市场挤压与摆布的普通财产对待，随着时间的推移，这种限制也越来越多。对土地所有权的限制主要来自两个方面：一是意定的限制，是源于所有权人的意思而对土地所有权的各种限制，包括意定的地役权或地上权等。二是法定的限制，出于交通、能源或通信的需要对土地所有权的限制，特别是随着城市的发展，基于城市规划的需要——包括保护风景区、保持卫生、维护安全或保证生活质量的目的——而对打算进行建筑的人施加"必须遵守土地使用系数的义务"。有关城市规划立法的许多规定对私人所有权产生了深刻的影响，虽然《法国民法典》第544条规定，"所有权是对于物有绝对无限制地使用、收益及处分的权利"，但其也同时认为，"法律所禁止的使用不在此限"[2]。随后城市规划法的出现，使私人所有权必须符合城市规划的强制性要求，私人所有权受到极大的限制。

（二）用益权

用益权是指"对他人所有之物，如同本人是所有人，享有使用、收益的权

〔1〕《拿破仑法典》，李浩培、吴传颐、孙鸣岗译，商务印书馆1979年版，第73页。
〔2〕《拿破仑法典》，李浩培、吴传颐、孙鸣岗译，商务印书馆1979年版，第72页。

利,但享益人应负责保存物之本体”。[1] 用益权可以设立于任何一种动产或不动产上,一般以用益权人终身为限,也可以设立有确定期限的用益权,如果用益人是法人,则用益权最长期限为 30 年,此时的所有权成为一种虚所有权。

用益权的设立可以依据法律的规定、当事人的意思(通常是通过赠与或遗嘱来设立)或依时效而取得。依据《法国民法典》的规定,在以下情形中产生法定用益权:一是生存配偶有权选择全部遗产的用益权——如果先逝的配偶留有子女或直系卑血亲,而且所有子女都是夫妻双方所生时,有继承权的配偶有权选择;二是在直系卑血亲死亡且没有后裔,由直系尊血亲继承遗产的情况下,如果死者有健在的配偶并向其进行了赠与,直系尊血亲有权保留财产的用益权;三是父母对其未成年子女的财产享有法定的用益权,直到子女满 16 周岁;四是夫妻离婚后,对一方配偶给予的补偿性给付,如无现金的支付,也无实物的给付,则可以设立用益权的形式来履行。[2]

用益权人可以通过“确认用益权之诉”要求提交设置用益权之物,用益权人在开始享有用益权之前,应制作“不动产状态说明书”,并作出以“善良家父的态度”使用标的物的保证,以确保其履行保存物的本体的义务以及到期履行返还义务。说明和保证的义务也可以由设立用益权的文书予以免除。如果用益权人怠于制作说明书,其不会丧失用益权。作为预防性制裁,所有权人可以拒绝向其提交相应的财产;作为最后的制裁,在没有制作不动产状态说明书的情况下,虚所有权人被推定原来提交的不动产处于维护良好的状态。[3] 如果用益权人最终不能提供保证,则会对设置用益权的不动产采取保全措施——将其出租或交付,租金属于用益权人。

用益权与虚所有权是两项独立的权利。用益权人可以自己享有其权利,也可以租赁给他人,甚至出卖、无偿转让与其权利,或用其设定抵押。用益权人的权利包括:使用物的权利、收取孳息的权利和转让用益权的权利。不动产

---

〔1〕《拿破仑法典》,李浩培、吴传颐、孙鸣岗译,商务印书馆 1979 年版,第 77 页。

〔2〕[法]弗朗索瓦·泰雷、菲利普·森勒尔:《法国财产法》(下),罗结珍译,中国法制出版社 2008 年版,第 929 页。

〔3〕[法]弗朗索瓦·泰雷、菲利普·森勒尔:《法国财产法》(下),罗结珍译,中国法制出版社 2008 年版,第 944 页。

用益权人有权将不动产用于出租，但是，虚所有权人并无义务遵守用益权人订立的超过9年期限的租约，目的在于保护虚所有权人。[1] 用益权人的义务包括：以善良家父的态度使用标的物的义务和承担"用益权性质的负担"的义务。虚所有权人的权利包括：处分其虚所有权的权利、保全作为用益权标的的财产、对不属于用益权人可得的收益享有权利（如在土地中的埋藏物的一半属于虚所有权人，而不是用益权人）和监督的权利。虚所有权人的义务包括：提交用益权标的物、大修义务、禁止损害用益权人权利的义务。

用益权可能因为用益权人死亡、期限届满、用益权人与所有权人身份合一、经过30年期间未行使权利、设立用益权的标的物灭失、用益权人滥用权利等原因而消灭。当用益权消灭时，虚所有权人与用益权人（大多数情况下是用益权人的继承人）进行账目结算，此外，用益权人（或其继承人）应当返还财产（当财产灭失时，如果用益权人能证明自己并无过错，则不再负担返还义务；如财产灭失是由于用益权人的过错造成，应负赔偿责任），用益权人可以撤除其安置于不动产之上的动产，主张用其在不动产上的增益抵销其对不动产的损坏，主张返还其因大型修缮所支出的费用（补偿金额限定在用益权终止时财产所获得的增加值之内）。

用益权可以满足用益人在有生之年的需求，但又不因此完全剥夺继承人的利益，是一种很方便的实现财产无偿处分的工具。但这种制度的弊端在于不利于标的物的合理利用：用益权人有可能倾向于从财产上获得更多收入而滥用其权利，不注意保存财产的本体；虚所有权人在用益权有效期间并无义务修缮作为用益标的的物，可能对财产的维修和保护并不关心；由于用益权以用益权人的生存期间为限，这种不确定的财产也难以在市场上流通，不利于财产的利用效率最大化。[2]

（三）使用权与居住权

使用权与居住权被认为是缩减的用益权。使用权、居住权和用益权的相

---

〔1〕［法］弗朗索瓦·泰雷、菲利普·森勒尔：《法国财产法》（下），罗结珍译，中国法制出版社2008年版，第958页。

〔2〕［法］弗朗索瓦·泰雷、菲利普·森勒尔：《法国财产法》（下），罗结珍译，中国法制出版社2008年版，第924页。

同之处在于:使用权及居住权依用益权同一的方法设定与消灭;除非事先提供担保并作成现状书及目录,不得享受其利益;使用权人及居住权人应当以善良管理人的注意享受其权利;负担耕作的费用、为保存所必要的修缮及支付租税的义务(如使用权人仅收取果实的一部分,或仅占用房屋的一部分,应按收益的比率分担其义务);使用权与居住权也需要进行地产公告,否则不产生对抗第三人的效力。[1] 其区别在于使用权和居住权具有强烈的人身性,即使用权人仅得在自身及其家属(包括使用权设定后所生子女)需要的限度内使用和收益,居住权以权利取得人及其家属(包括权利授予时尚未结婚的)居住所必要为限;使用权人或居住权人不得出租、转让其权利或以其权利设置抵押。

法定使用权与居住权规定在现行《法国民法典》第 764 条第 1 款:“在被继承人死亡时,有继承权的配偶实际上占有原来属于夫妻的或者全部属于遗产的住房作为主要住宅时,对该住房享有居住权,对住房内配置的家具享有使用权,直到本人死亡;被继承人按照第 971 条规定的条件表示了相反意愿时,不在此限。”[2]第 764 条第 4 款规定:“如健在配偶的状况表明,设置居住权与使用权的住房已经不能适应其需要时,其本人或其代理人可以将住房用于出租,商用或农用除外,以便取得其本人的新的居住条件所必要的收入。”[3]第 766 条第 1 款规定:“有继承权的配偶和继承人可以通过协议,将居住权与使用权转换为终生定期金或本金。”[4]

使用权与居住权的优势在于:对于所有权人来讲,此权利具有不可转让性,持有人不能通过出租的方式在不动产内安置其不熟悉的人;对于权利人来讲,这类权利具有属人性质,只要离开相应住所,就丧失其权利。使用权与居住权具有与用益权制度同样的劣势——不利于财产的维护。

---

〔1〕 [法]弗朗索瓦 · 泰雷、菲利普 · 森勒尔:《法国财产法》(下),罗结珍译,中国法制出版社 2008 年版,第 1003 页。

〔2〕 [法]弗朗索瓦 · 泰雷、菲利普 · 森勒尔:《法国财产法》(下),罗结珍译,中国法制出版社 2008 年版,第 998 页。

〔3〕 [法]弗朗索瓦 · 泰雷、菲利普 · 森勒尔:《法国财产法》(下),罗结珍译,中国法制出版社 2008 年版,第 999 页。

〔4〕 [法]弗朗索瓦 · 泰雷、菲利普 · 森勒尔:《法国财产法》(下),罗结珍译,中国法制出版社 2008 年版,第 1000 页。

(四)建筑租约、地上权与基于"廉租房租约"的地上权

"建筑租约是承租人作为主要义务承诺在出租人的土地上进行建筑并且在整个租约期间保持建筑物处于良好维护状态的租约。"[1]建筑租约的期限为18年至99年,设立与变动均应进行地产公告,否则不具有对抗第三人的效力。承租人是其新建的建筑物的所有权人,承租人的建筑租约权和建筑物的所有权均可单独处分,此时受让人承担与转让人相同的义务——包括在土地上进行建筑、交纳"租约价金"、负担与建筑物和土地相关的负担与税款、维护建筑物的良好状态等义务。建筑租约除因为到期而终止外,还可能因为单方或双方解除而终止(如果承租人在合同规定的期限内没有进行建筑、不保持建筑物的良好状态或不按照约定的到期日交纳租金,则出租人可以单方解除租约;如果在租约期间建筑物因偶然事迹或不可抗力被毁,双方均可请求法院解除租约)。双方可以约定租约终止时建筑物的处理方法,如无约定,出租人成为建筑物的所有权人,享有改善利益,且不需要支付任何补偿。建筑租约终止时,因承租人的行为所产生的各种特权负担(为实现租约所规定的建筑所必不可少的役权除外)均消灭。建筑租约是在城市发展过程中形成的,制度的目的是希望激发所有权人将他们的地产交给投资人安排,并分享不动产建筑所产生的利润,为鼓励此种行为,国家给予税收优惠。

地上权是指某一所有权人对地下权属于另一所有权人的土地的表面行使的一种物权,与其所在的土地本身的所有权分离。地上权的范围,既可以是某一地块的表面及地上定着的所有物件,也可以是对于土地表面的物件的权利,还可以是对"从深度或者高度上"脱离地表的某个空间的权利——此时就是"立体空间所有权"。地上权可以依据土地所有权人放弃对土地的添附利益或转让土地上的建筑权或栽种权的方式设立,也可以因为时效取得。根据《法国民法典》第2133条第2款规定:"对于作为地上权人权利标的的财产,地上权人

[1] 《法国建筑与住宅法典》第251-1条。转引自[法]弗朗索瓦·泰雷、菲利普·森勒尔:《法国财产法》(下),罗结珍译,中国法制出版社2008年版,第1083页。

可以行使所有权的全部固有权能。”[1]地上权的法律性质，在法国仍有争论，罗马法传统将其看成是一种用益权或自由权，法国传统习惯、理论界占主导地位的意见或法院判例的观点则将其视为一种真正的不动产所有权。作为所有权，地上权应该具有恒久性，但实际上，大多数地上权是有期限的——由租约产生的地上权与租约同时终止。

在法国，承租人基于“廉租房租约”而享有的权利为地上权。这种租约的最短期限为12年，它是与廉租房机构或混合经济性质的公司订立的租约，建筑供出租用的住宅或恢复现在的建筑物。承租人享有的物权可以设置抵押或受到扣押，合同终止时，承租人进行的增益属于出租人并不给予补偿。出租人如不再同意承租人签订承租合同，接替承租人的人有责任为占用人另找住处。这一制度的目的是满足经济条件最差的人的居住需求。

二、德国住宅和土地制度

在德国，依据《德国民法典》的规定，定着于土地和地面的建筑物，属于土地的重要组成成分，为土地所有权人所有。[2] 为了让无法取得土地所有权的人可以居住在“自己的家”中，法律创设了住宅所有权、地上权、各种形式的居住权、住宅使用租赁权和时间分配式共有等制度。[3]

（一）土地所有权

在德国，“土地所有人的权利，及于地表上的空间及地表下的地壳。但所有人不得禁止在高到、深到所有人对排除干涉无利益的地方进行的干涉。”[4]虽然依据《德国民法典》第903条的规定：“在不与法律或第三人的权利相抵触的限度内，物的所有人可以随意处置该物，并排除他人的一切干涉。”[5]但由于土地对于人类之个体与整体均是生存基础意义上的财产，土地所有权的内容

---

[1] 《法国建筑与住宅法典》第251-1条。转引自［法］弗朗索瓦·泰雷、菲利普·森勒尔：《法国财产法》（下），罗结珍译，中国法制出版社2008年版，第1092~1100页。

[2] 《德国民法典》第94条第1款规定：“定着于土地和地面的特别是建筑物，以及与地面连在一起的土地出产物，属于土地的重要成分。……”

[3] ［德］鲍尔、施蒂尔纳：《德国物权法》（上册），张双根译，法律出版社2004年版，第631页。

[4] 《德国民法典》，陈卫佐译，法律出版社2006年版，第329页。

[5] 《德国民法典》，陈卫佐译，法律出版社2006年版，第329页。

受到更多的限制。一是来自公法上的限制,包括公法建筑法、跨地区规划法与州规划法、自然保护与文物保护法、基于交通利益与农业利益的限制、出于经济宏观调控或征收等对所有权的限制。二是来自私法上的限制,包括自有利益欠缺、存在优势之干涉利益、相邻关系法等的限制。

(二)住宅所有权

在德国,住宅所有权,是对共同的土地的共同所有权(为按份共有,非共同共有),与对住宅之特别所有权的结合。虽然《德国民法典》第 93 条[1]禁止设立楼层所有权,但在第二次世界大战后,为解决城市住宅紧张问题,在 1951 年颁布的《住宅所有权与长期居住权法》中创设了住宅所有权制度。

(三)地上权

依据德国 1919 年颁布的《地上权条例》,"地上权是在土地地表之上或之下拥有建筑物,并可让与及继承之权利。这一权利可以是土地所有人为他人建筑设立的土地用益权,也可以是土地所有人单独转让地上建筑物的结果。"地上权依当事人合意并经登记而设立,有一定的期限限制,期满可以延展。地上权可单独转让或在其权限范围内再设定负担,地上权可因为权利人废止、地上权与所有权混同、建筑物灭失、地上权期限届满等原因而消灭,地上权终止后地上权人无权取回建筑物,但可以请求补偿。[2]

在德国,地上权是城市住宅建筑与城市殖民所运用的一项技术。对于地上权人来讲,不用支付土地的价金而支付较少数额的地上权租金就能获得相应的土地;对于土地所有权人来讲,地上权制度所带来的利益也非常可观——地上权租金最终往往会超出土地的买卖价值,所有权人因不必丧失土地所有权而能享受土地增值收益,地上权消灭时地上建筑物在不必支付实价的情况下转归所有权人。

---

[1] 《德国民法典》第 93 条规定:"凡物的成分,不毁坏或在本质上改变其中任何一个成分就不能互相分离的(重要成分),不得为特别权利的客体。"《德国民法典》,陈卫佐译,法律出版社 2006 年版,第 29 页。

[2] 补偿数额一般由当事人约定,如无约定即补偿实价,当地上权的设定是为了满足贫困阶层的需求时,补偿数额由法律确定。[德]鲍尔、施蒂尔纳:《德国物权法》(上册),张双根译,法律出版社 2004 年版,第 654 页。

(四)居住权

为了让居住在他人房子的人获得一项可靠稳定的权利,德国法律设计了不同形式的居住权制度,主要包括《德国民法典》中的"居住权"和《住宅所有权法》中的"长期居住权"。

1.《德国民法典》中的居住权

依据《德国民法典》第1093条的规定,"居住权是指在排除所有人的情况下,将建筑物或建筑物的一部分作为住宅使用的权利,也可以作为限制的人役权设定","居住权人有权将其家庭以及对于为其提供符合身份的服侍和护理的必要人员接纳入住宅中","居住权被限制于建筑物的一部分的,居住权人可以使用指定供居住者共同使用的工作物和设备"。[1] 房屋之通常维护,由居住权人承担维修费用;住房通常的变更或毁损,居住权人不负赔偿义务;居住权人不承担房屋有关的负担。居住权可以因为权利人废止、约定期限届满、解除条件成就、权利人死亡而消灭,当建筑物毁损时,虽然法院判决曾认为所有权人不负有重建义务,也无于再建房屋上重新赋予居住权的义务,但这一见解因不符合居住权设置的初衷而受到质疑。权利人长期住院就医并不导致居住权必然消灭,相反,此时所有权人负有允许其出租的义务。此种居住权本质为一种限制的人役权,不得继承,不得转让,出租也要得到所有权人的同意。此种居住权用为终老财产上设定的权利,有其合理性。

2.《住宅所有权法》中的长期居住权

由于民法典中居住权的人身限制性,难以满足实践中的需要,德国《住宅所有权法》创设了长期居住权,长期居住权的权利基础,可以是住宅所有权或一项地上权。长期居住权也是以住宅为标的物权性使用权,与德国民法典中的居住权的不同之处在于:这一权利可以让与或继承,权利人有权进行任何合理的用益,尤其是有权使用出租和用益出租。[2] 所有权人保留对让与长期居住权的同意权和当长期居住权人未合理使用住房时的回复让与请求权。与地上权不同,长期居住权不必设定于第一顺位,因此,在强制拍卖情形中,顺位在

---

[1] 《德国民法典》,陈卫佐译,法律出版社2006年版,第375页。

[2] [德]鲍尔、施蒂尔纳:《德国物权法》(上册),张双根译,法律出版社2004年版,第656页。

后的长期居住权,会面临消灭的危险,该危险如果想通过约定予以免除,须经先顺位与同顺位权利人的同意。因长期居住权所给付的报酬,可作为不动产担保物权债权人的担保。长期居住权可因为权利人废止权利、约定期限届满或所有权人行使回复让与请求权而消灭。此种权利作为投入建筑金之对待给付时,比德国《民法典》中的居住权更具合理性。

(五)时间分配共有权

在德国,为解决度假需求,使每个人获得对度假寓所的使用可能,通过众多人的共同投资来降低成本,设立了时间分配式共有方式。使用人通过事先的长期投资获得寓所使用权,但不能自由处分。共有人的法律地位有以下 4 种选择:第一种选择是债权人,即采取长期使用权的模式,将寓所之使用权在时间上进行分割,使用租金预先支付,双方是租赁合同关系,权利为债权请求权;第二种选择是合作社成员资格,即将物权性的居住权或所有权转让给一个社团,各共有人成为其社员,按照社团章程享有权利;第三种选择是信托受益人,即将物权性的寓所所有权、长期居住权等赋予信托公司,再由公司按约定分配寓所使用权;第四种选择是物权性权利,即按份共有人(取得对寓所按时间分配的共有权,时间上的约定登记于土地登记簿中)、长期居住权(将寓所的长期居住权按时间进行分配,分别登记于土地登记簿中)、实物负担(以物权性担保方式设定限于一定时间的住宅实物负担)。[1] 住宅实物负担形式,极为罕见;对于长期居住权来讲,由于不同时间段的价值意义不同,按时间对其进行物权化,极其困难;对于按份共有来讲,其困难在于,如何在住宅所有权人大会中,行使表决权以及如何行使共有关系废止请求权。

三、日本住宅和土地制度

在日本,土地所有权的主体为 3 类:国家、公共团体和私人,其中私人拥有 65% 的国土面积。日本土地所有权的古典内容在法律的限制范围内涉及土地的地表和具有支配可能的地上和地下空间,此范围内的物(水法、矿业法等另

---

〔1〕[德]鲍尔、施蒂尔纳:《德国物权法》(上册),张双根译,法律出版社 2004 年版,第 675 ~ 679 页。

有规定的除外)也从属于土地所有权,此时对土地所有权的限制主要表现为相邻关系的限制。现代土地所有权主要受到城市发展过程中与土地利用有关的公法的影响,对土地利用的限制增加的同时,也发展了土地利用的新形式。

(一)土地所有权

第二次世界大战后,在工业发展、家庭形式变迁等因素影响下,对土地的需求增加,导致土地投机增加,土地价格暴涨,为抑制土地投机、提高土地利用效率,日本在1969年制定了地价公示制度、〔1〕规范土地交易的规范区域许可制度、〔2〕全国范围内的土地交易申报、劝告制和东京都监视区域制度,〔3〕对土地所有权形成了一定的限制。

除了土地的个人所有制度,在日本乡村,还存在村庄共同体对其山林、草原共同所有、共同管理、共同使用的形态,称为总有制度。共同体的各成员共享财产的收益,这种收益权只有在村庄中居住的、被承认为共同体成员才允许享有,脱离此前提的观念性的份额是不存在的,成员如永久性地离开村庄,不可以要求分割总有的土地或处分自己的权益。〔4〕

在落实城市规划、进行市街地再开发〔5〕过程中,城市公共设施所需用地主要通过捐赠、收买和换地处理的方式取得。换地方式包括平面换地和立体换地:平面换地被作为土地区划整理的原则性方式,对于一定的所有者给予面积稍小且价值相近的土地;立体换地是对于一定的所有者给予楼房的建筑面积

---

〔1〕“日本在1969年制定了地价公示法,选定城市规划区内的标准用地,公示其正常价格,希望以此为标准形成合适的地价,同时作为土地征收或收购时的标准价格。”[日]田山辉明:《物权法》,陆庆胜译,齐乃宽、李康民审校,法律出版社1999年版,第164页。

〔2〕把因投机交易导致地价暴涨的地区作为规范区域,对规定区域内的土地进行交易必须经过都道府县知事的批准,如果申请的预定交易价格不符合标准价格就得不到批准。[日]田山辉明:《物权法》,陆庆胜译,齐乃宽、李康民审校,法律出版社1999年版,第164页。

〔3〕进行全国性一定规模以上的土地交易必须事前申报预定价格和使用目的,如果价格明显不合适或使用目的不合适,会受到劝告。从1987年8月起,东京都23个区内300平方米或500平方米以上的土地交易都要进行申报。[日]田山辉明:《物权法》,陆庆胜译,齐乃宽、李康民审校,法律出版社1999年版,第164页。

〔4〕[日]田山辉明:《物权法》,陆庆胜译,齐乃宽、李康民审校,法律出版社1999年版,第186页。

〔5〕进行此种再开发的区域必须满足相关条件:一是在高度利用地区之内;二是建筑面积在三分之二以上是低层和非耐火的建筑物;三是没有足够的公共设施,土地利用状况明显不健全;四是对土地的高度利用对恢复都市机能有明显的贡献。[日]田山辉明:《物权法》,陆庆胜译,齐乃宽、李康民审校,法律出版社1999年版,第169页。

的方式而取得土地所有权。为了吸引民间资本投入到都市再开发事业中，日本采取的是权利变换手续——把老的土地、建筑物的权利变换成与新的建筑物、土地相关的权利。[1]

（二）法定地上权

在日本，地上权是因在他人所有的土地上拥有建筑等工作物（像建筑物那样在土地上建构的设施，和像隧道那样在地下建构的设施）或竹木而使用该土地的权利。地上权是独立的物权，可以继承和转让，并不随着地上建筑物的灭失而失去。地上权可以根据合同、取得时效、法律规定而产生。在日本，原属于同一人的土地和该土地上的建筑物，如对该建筑物设定的抵押权实现，则建筑物的新的所有权人拥有建筑物所在土地的地上权。[2]

（三）区分地上权

在日本，也可以把土地分为上下层并对其中的一层设定地上权，称为区分地上权。区分地上权是对土地的立体化利用方式，横切地中或空中的特定断层空间，在其中建造并拥有建筑物或工作物所有权的权利，即使第三人对土地有使用、收益的权利，在征得其同意后，也可以设定。区分地上权的效力所不及的部分土地的权利，可能因为地上权的设定而受到限制——如在地中设定区分地上权时，约定不得在地表建造超出约定重量的建筑物，这种限制如果进行了登记，也具有对抗第三人的效力。

第二节　典型英美法系国家住宅和土地制度考察

在英美法系历史上，财产法几乎是专门处理土地问题的，财产法的复杂化被认为和其历史传统密切相关——作为土地法的主要规则是在处理土地权利纠纷的过程中发展起来的。依据英美法系中的财产法，土地上的权益可以按

---

〔1〕 从程序上看，首先是对于不希望变换权利或取得租房权的人，自公告之日起 30 天内声明的，可获得补偿费；无声明的，一是以一部分建筑物的所有权来补偿原土地的所有权、租地权、建筑物所有权，二是以房主新建筑物一部分的租房权来补偿原租户，三是与原建筑物相关的地役权消灭，其他权利原则上按权利变换转移为新权利。［日］田山辉明：《物权法》，陆庆胜译，齐乃宽、李康民审校，法律出版社 1999 年版，第 170 页。

〔2〕 ［日］田山辉明：《物权法》，陆庆胜译，齐乃宽、李康民审校，法律出版社 1999 年版，第 201 页。

照时间分割为当前权益和未来权益,也可以对其进行纵向分割,形成多主体的共有权益。财产法通过界定一系列的法律允许的所有权“权利束”类型来完成的,每一财产类型都有其特定的权利和义务。[1]

一、英国住宅和土地制度

在英国,法定权益(Estate)与权利束理念共同构成分析财产法的现实路径:[2]在财产法律体系中,法定权益限定着财产权的类型,避免过于人为的分割带来的不便;而权利束理念则以其极大的灵活性为新种类财产权的设定留下缺口,当有需要的时候,可以通过权利束来解释,并逐渐确定。英美财产法上的财产形态有以下5种:一是土地上的5项基本占有性利益(Estate in land);二是主体共有的同一项权益(concurrent interests);三是土地上的役权等无须占有即可享受利益的权益(nonpossessory interests);四是动产(personal property)上的利益;五是知识产权(intellectual property)。

(一)英国土地权利制度的历史沿革

在日耳曼封建国家建立时期,通行的是大土地所有制度。在日耳曼民族入侵罗马的过程中,取得的土地为国王占有,作为战利品赏赐给贵族、士兵、教会。所有者享有完全的所有权,可自由处分和继承。

在封建国家建立以后,为加强中央集权,实行的是承担一定的条件下的占有土地的制度,称为“采邑制”和“农奴份地制”。无条件的封赏使国王失去控制,所以在8世纪时法兰克王国进行改革,进行有条件的封赏,连同居民一起分封,这种封地叫“采邑”。受封者要承担义务,主要是兵役、税收等。不得世袭,但总能获得同样的分封。农奴对从其领主处得到的小块土地,只有使用权,承担沉重的赋税和劳役,人身被固定在土地上,转让土地时,农奴一同转让。

英国封建土地法的任务是确保封建秩序每一层次都有人承担义务,随着资产阶级力量壮大,他们日益要求按照市民阶级的所有权观念来固定个人和物的关系。英国直到1925年才出台一系列法令,对财产制度进行改革。借鉴

---

[1] Joseph William Singer, *Introduction to Property*, Aspen Publishers, 2001, p. 290.

[2] Hanoch Dagan, *The Craft of Property*, 1517 California Law Review 1518(2003).

大陆法系分类,将财产分为不动产(土地和建筑物)和动产(一般动产和准动产);确立了新的土地保有形式——完全保有地产(保有人对土地拥有完全的所有权能)和租用地产(租期一般很长,租借者除了交纳税金外,不再承担任何封建义务);简化了土地的流转方式,规定土地转让不必取得所有利害关系人的同意,只需事后给予补偿;确立了土地登记制度,将土地的使用和流转纳入政府监管之下。[1]

(二)当前权益

当前权益(present estate)赋予所有人立即占有不动产的法律权益。当前权益又可分为自主持有权益(永久产权、终身产权、限定继承产权和可灭失的权益)和非自主持有权益(定期租赁、周期租赁、不定期租赁和默认租赁)两类7种形式。

1. 自主持有权益

(1)永久产权(fee simple)

永久产权是土地上可以存在的一串最大权利束,是完整的所有权,可永久存续,并不受任何未来权益的限制。这一权利具有永续性(权利所有人可以在其有生之年享用,并对其死后的剩余时间线做安排)、可继承性(所有人可通过遗嘱来确定谁获得权利,无遗嘱时由法定继承人获得)和可让与性(可将其权益全部或部分让与)。永久产权可以通过契约或其他形式在活着的人之间转让,也可以通过遗嘱设置。

(2)限定继承权益(fee tail estate)

限定继承权益是从永久权益中切割出来的时间段,限于受让人及其直系血亲的有生之年,当没有任何继承人时,限定继承权益终止,土地回归到最初让与人或他的子嗣手中。[2] 这一权益有助于将土地保留在家族内部,但实际生活中很少出现,其持有人也可以在有生之年将其转化为永久权益。

---

〔1〕 何勤华主编:《英国法律发达史》,法律出版社1998年版,第255~261页。

〔2〕 咸鸿昌:《英国土地法律史——以保有权为视角的考察》,北京大学出版社2009年版,第160~172页。

(3)终生权益(life estate)

终生权益是“一种不能继承的土地权益,它的存续期间是一个或多个人的有生之年,是一个有终点但又不能确定、不能推算的时间段。通过这一制度让与人能够控制其财产的未来归属,成为处理遗产和财产规划的主要工具”。[1] 终身产权在家族赠与中最常见,英国于 1925 年取消了普通法终身财产权,在美国,当代的终身产权也是衡平法的产权,通常是以信托的形式设立的家庭赠与物。

(4)可灭失的权益(defeasible fee)

可灭失的权益也可以让与或继承,但此种权益会在明确约定的事件发生之时终止,从而转移给他人,最为常见的是可灭失的永久权益。这种可灭失的权益主要包含 3 种形式:一是附停止条件的权益,当特定事件发生时受让人的该项权益自动终止,归还给让与人或他的子嗣或按预定的其他方式处理,未来权益人获得占有,转化为当前权益;二是附后决条件的权益,当特定条件满足时,所有权并不自动回归,而是必须通过享有进入权人的进入权或终止权的行使来完成;三是附执行条件的权益,这一权益的未来权益归属于第三人而不是让与人,第三人的权益是一项新的权益,适用反永久归属原则。[2]

2. 非自主持有权益

非自主持有权益与自主持有权益一样,是直接取得占有的土地权益,但不同于自主占有权益,被认为是占有他人所有的土地。在英美法系,租赁一直被认为是土地占有转让的工具,归财产法调整。

(三)未来权益

未来权益是一种将来可以成为当前权益的非占有性权益,与当前权益一样,是一种当前就存在的财产权益。得到承认的未来权益有 5 种基本类型:复

---

〔1〕[美]约翰·G. 斯普兰克林:《美国财产法精解》,钟书峰译,北京大学出版社 2009 年版,第 110 页。

〔2〕反永久归属原则是指一项权益最晚必须在其创制时活着的有关当事人死后 21 年内成为既得权益,否则它将失效。此规则的目的是限定财产权游离于商业之外的时间,这一原则不适用于让与人,因为其仍享有剩余的时间利益。赵萃萃:《英美财产法之 Estate 研究——以财产和财产权的分割为视角》,法律出版社 2015 年版,第 96 页。

归权、可归权、进入权、剩余权和执行权。为转让人而设的未来权益包括:复归权——当所有人出让的权益小于自己所有的权益时,复归权就产生了,是让与人为自己或自己的后继之人保留的利益;可归权——当所有人出让自己的整个所有权益时,如果附加了可灭失的条件,此时产生的是可归权,由让与人或其继承人保留;进入权——当所有人出让整个权益,但给自己保留了切断或终止的权利时,让与人就享有了一项进入权。为受让人而设的两种未来权益包括:剩余权(既定的或待定的)——这一权益描述的是一种相对的权益,暗示权益的一部分已经被分离,形成在先权益,而剩余权益的占有和享用被推迟到在先权益结束后,但此权益从现在开始即受法律保护;执行权——和剩余权不同,执行权在在先权益自然终止后并不自动实现,而是要通过特定的行为(切断另一个受让人的权益或切断未来让与人的权益)才能取得占有的未来权益。

(四)共有权益

在英美法系中,财产在同一时间点上为多个人共同拥有的情形,形成共有权益。传统普通法存在至少5种类型的共有:普通共有、联合共有、整体共有、共同继承和合伙共有,现今财产法重点规范的是前两种。整体共有仅设立于夫妻之间,因为夫妻在普通法上被视为一个整体,任何一方都不能通过移转其份额给第三方而切断对方的生者取得权,任何一方不得通过提起诉讼以整体共有人的身份获得对财产的救济,当离婚时,如无约定,整体共有转化为普通共有;共同继承是长子继承制度下的特有制度,当立遗嘱人无子嗣,仅有女儿的情况下,女儿们作为共同继承人继承遗产,这一制度随着社会的发展已经消亡;合伙共有已经成为合伙法规范的内容。共有权益的传统形态是从土地上发展来的,可适用于其他财产,而共有权益的现代形态主要是从建筑物发展而来,主要适用于住宅的共同所有,包括建筑物区分所有、规划单元小区和分时度假制度。

1. 普通共有

普通共有中每一个共有人都对财产整体有共有权,是一种不分份额的共有,对财产的行使由共有方共同进行,普通共有中没有生存者取得权。普通共有人享有独立的但不可分的财产权益,每一个单独的权益都可以被继承和转让。

2. 联合共有

“联合共有的财产的所有人被拟制为一个法人实体,所有的共有人被当作一个所有人持有财产权益,每一个共有人拥有的都是不可分割的整个财产,当一个共有人去世时,并无任何权益转移给其他的共有人,这个权益只是继续在活着的共有人之间存在,排除了继承的可能性,由生存者取得。”[1]在当代社会,多数夫妇是以联合共有人的身份持有家庭住宅的,夫妻以联合共有人的身份取得产权,在一方去世时,另一方自动成为唯一的所有人。

3. 建筑物区分所有

建筑物区分所有是不动产上权益的混合形式,赋予所有人对独立单元的排他独占所有权和对共有区域的普通共有权。

4. 规划单元小区

“规划单元小区一般由位于地面的独立单元型家庭住宅、联立住宅或联排住宅以及道路、公园和其他娱乐设施组成。每个所有人有其单元及所占用土地的永久产权;每个人有权使用道路、公园和娱乐设施;共用部分的产权由社区协会拥有。”[2]

5. 分时度假

分时度假适用于符合特定居住需求的建筑物的占有而非对不毛之地的占有和控制,这种制度将时间换算成为可交易的商品。

(五)土地信托的权益切分模式

英国的信托制度融合了财产权益的时间分割和权能分割,将财产上的管理权能与受益权能分离开来,分别由受托人和受益人享有,这一制度可用于各

---

〔1〕 在美国,联合共有的形式还被用于储蓄账户的持有,如无相反的证据证明,在账户持有人在世时,存款金额推定按比例属于对存款作出贡献的每一个当事人,每一个当事人根据其贡献大小享有相应的份额,在账户持有人去世时所剩余的存款金额归在世的当事人。[美]约翰·G.斯普兰克林:《美国财产法精解》,钟书峰译,北京大学出版社2009年版,第127页。

〔2〕 W. T. Murphy and Simon Roberts, *Understanding Property Law*, 3rd ed., Sweet&Maxwel, 1998, p. 576.

种财产。现在大多数的终生权益都是通过信托设立的,[1]信托制度作为管理财产的手段,可以使财产管理、财产收益及未来财产权益相分离,归属于不同的人,从而使财产的利用效率最大化——在最大化收益的同时,确保财产本身的保值和增值。信托受益人的权益也是独立的可处分的财产,可以最大化地满足人们对财产管理、控制、规划的需求。

英美法系的核心理念有两点:一是抽象权益——将土地上的权益与土地本身分离开来,形成一个抽象实体,并依据不同的标准将其分割成多个独立的抽象权益,从而使一切可以进行交易的事物,无论是客观存在的还是法律拟制的,都可以成为财产法的规制对象,成为人们拥有的客体;二是时间分割——将土地上的权益按时间段分给不同的人,每个时间段上的权利人都享有一个完整的权益。抽象实体理念使英美法系中的财产法一开始就避免了大陆法系"一物一权"的桎梏,使土地权益可以根据需要任意裁剪,而时间分割理念,使土地这个可以永久存续的财产被无限地分割下去。[2]

(六)土地发展权制度

土地规划和用途管制在现代社会已经成为各国政府对土地利用进行规范的正常现象,而这些做法无疑会限制或增加某些土地的发展机会,使权利主体取得发展增益的机会不均等,为了贯彻土地利用规划、平衡土地利益结构,英国和美国都发展出土地发展权等制度,对土地发展增益分配进行干预。

秉承土地发展权的观念,英国认为应该对从规划控制中得益的土地所有人收取改善金以补偿因规划而受到损失的土地所有权人。"将此构想付诸实践的是1662年法案,它授权向伦敦街道拓宽后地产得到改善的所有人征收一笔资金,1909年和1932年的规划法允许地方规划当局对因规划方案实施而引起地产的任何增值征收改善金,税率从起初的50%上升到后来的75%,但由于

[1] 赵萃萃:《英美财产法之Estate研究——以财产和财产权的分割为视角》,法律出版社2015年版,第124页。

[2] 赵萃萃:《英美财产法之Estate研究——以财产和财产权的分割为视角》,法律出版社2015年版,第28页。

实践中很难确定规划引发土地增值的比例而难以实施。"[1]1947 年的英国《城乡规划法》将土地的发展权收归国家所有,"私有土地只能在原用途的范围内进行利用。若私人想变更土地用途,必须向规划当局申请许可。如果许可被批准,任何由此引起的土地增值都需要支付开发捐(Development Charge),其具体数额按变更用途后土地自然增长的价值计算,根据预先评估数额支付,这相当于向国家购得土地发展权;如果许可被否决,就不能得到补偿(除了有限范围内的特殊案例以外)"。[2] 这一制度使土地所有人无法参与分享土地发展增益,因而难以为社会所接受。为平衡国家和土地所有人之间的利益,1964 年的《土地委员会法》规定对开发价值增收改善金,以保证"由社会创造的开发价值中的相当部分可以物归原主,改善金的税率最初是 40%,后来涨到 45%,乃至 50%"。[3]

二、美国住宅和土地制度

在美国,在土地越来越被视为商品的当代社会,最基本的产权已经发展为绝对的非限嗣产权,因为附随其他产权的未来权益会限制财产的自由转让,也利于保护在世的财产所有人的善意期待。[4] 当今美国,政府对私人土地利用进行综合管理是正常的现象。有学者认为:城市化、工业化、人口增长和技术进步以及其他经济、社会力量导致了这种革命性的变化,土地利用越来越被视为公共事务而不仅是私人事务,地方政府依据本身所拥有的促进公共健康、安全、福祉和道德水平的权力来管理土地利用行为。[5]

---

〔1〕 1942 年,国会成立的厄思沃特委员会注意到,只有 3 个在《城乡规划法》责令下支付了改善金的案例。[英]巴里·卡林沃思、文森特·纳丁:《英国城乡规划》(第 14 版),陈闽齐等译,东南大学出版社 2011 年版,第 267～268 页。

〔2〕 陈柏峰:《土地发展权的理论基础与制度前景》,载《法学研究》2012 年第 4 期。

〔3〕 [英]巴里·卡林沃思、文森特·纳丁:《英国城乡规划》(第 14 版),陈闽齐等译,东南大学出版社 2011 年版,第 217 页。

〔4〕 [美]约翰·G. 斯普兰克林:《美国财产法精解》,钟书峰译,北京大学出版社 2009 年版,第 96 页。

〔5〕 [美]约翰·G. 斯普兰克林:《美国财产法精解》,钟书峰译,北京大学出版社 2009 年版,第 587 页。

(一)土地利用规划制度

美国政府对土地利用进行管理的形式即为“分区规划”,几乎所有的美国城市都制定了相应的分区规划条例,把社区分为“片”或者“区”,并标示在详细的地图上,规定每个区的用途和容积率。分区规划条例由地方立法机关任命的分区规划委员会、分区规划调整委员会或分区规划申诉委员会执行,委员会负责受理不服分区规划官员作出的决定的申诉、批准不动产所有人提出的分区规划变更申请和特别例外适用申请。[1]

在美国,尤科里德村诉漫步者地产公司案(Village of Euclid *v.* Ambler Realty Co.)[2]确立了“分区规划”的合宪性,但无理的、不合理的以及与公众健康、安全、福祉和道德没有实质联系的分区规划除外。[3] 分区规划只能调整未来的开发行为,因而允许在前的不相符用途继续存在下去,但不能扩大(根据自然或正常发展需要扩大用途除外)或转化为另一种不相符用途,不相符用途可因为抛弃、摧毁或限期取消而消灭。在符合特定条件时,可以申请对分区规划进行修改、变更或特别用途的例外,更加灵活的分区规划方式包括协议分区规划、附条件分区规划、浮动分区规划、组群分区规划、规划单元小区、开发分区批准程序等方式也被用来管理土地的利用,除了将土地利用的不利影响——如烟尘、臭气、噪声等——降至最低外,还承担了保持不动产的价

---

〔1〕 [美]约翰·G. 斯普兰克林:《美国财产法精解》,钟书峰译,北京大学出版社2009年版,第592页。

〔2〕 “原告购买了位于俄亥俄州克利夫兰附近的尤科里德村的68英亩未开发的土地,拟用于零售商店和工业用地的开发。1922年,尤科里德村制定了综合分区规划条例,该条例实质上限制了原告土地上可以进行的用途,从而造成其土地贬值。原告声称,作为工业用地,其土地每亩价值1万美元,但是,作为居住用地每亩仅价值2500美元,认为分区规划条例侵犯了其享有的正当程序和平等保护的权利。联邦地区法院判决该条例不合法,理由是管治权并不允许市级政府根据居民的收入或者生活状况,对人口进行分类并将他们分隔开来。美国最高法院认为,现代环境使得过去认为无理、苛刻而被否定的管理规定变得有正当性,分区规划来源于政府的管制权——保护公众健康、安全、福祉和道德的权力,因而是合宪的。”转引自[美]约翰·G. 斯普兰克林:《美国财产法精解》,钟书峰译,北京大学出版社2009年版,第593页。

〔3〕 在1928年的纳克涛诉剑桥市案(Nectow *v.* City of Cambridge)中:“根据分区规划,原告的部分土地只能用作居住用途,初审专业法官认为——相邻的工业用地和铁路使得该不动产用作居住用途实际上是不能利用的,法院判决该条例适用于原告的不动产不能促进公众的健康、安全或福祉,是不合宪的。”转引自[美]约翰·G. 斯普兰克林:《美国财产法精解》,钟书峰译,北京大学出版社2009年版,第595页。

值、维护社区特色、防止环境恶化、提高不动产计税基数、促进经济发展等功能。[1]

(二)美国土地发展权制度

20 世纪前半叶,随着城市化进程加快,农地流失严重,为保护耕地,美国政府建立了土地用途管制制度。为了补偿农地所有者因农地管制而引发的利益失衡,美国采取多种补偿机制,确保土地所有者能够公平分享城市发展带来的土地增值。纯粹的农地用途管制属于政府行使警察权的范围,是以保护公众健康、安全、伦理和福利等理由,对财产的使用、处置和受益权能加以限制,不需要补偿;如果管制过严,剥夺了土地的大部分价值,超出了私人承受限度,构成控制性征收,政府应该给予公平补偿。补偿方式之一是强制购买,土地所有者的农地或房屋因受管制立法或区域规划过度限制而丧失大部分价值时,可向法院起诉要求政府购买。补偿方式之二是农地发展权征购,政府机构或保育团体基于公共利益、地区性土地使用规划或政策发展需要,以协议方式向农地所有权人购买该土地的特定发展权,以达成限制农地使用的策略。政府在取得农地发展权后,不再对这块土地开发;农地所有者仍然保留农地所有权并继续耕种,不再改变农地用途。补偿方式之三是农地发展权转移。农地发展权转移是由农地使用受限制的农地所有者,将其农地上的农地发展权转让给受让人,农地发展权受让人因此获得农地发展权并支付对价。农地发展权受让人将取得的农地发展权,与自己土地上的土地发展权叠加,可以对自己拥有的土地进行额外的开发。[2]

美国土地发展权制度于 1968 年在《纽约市标志性建筑保护法案》中首次引入,是实施土地分区管制的手段。该制度认为:土地权利是一个权利组合,各具体权利可以单独转让,土地发展权属于土地所有权人,与土地所有权相分离,可以单独转让。"在土地分区管制下,法律赋予所有的土地平等的定额发

---

〔1〕 [美]约翰·G. 斯普兰克林:《美国财产法精解》,钟书峰译,北京大学出版社 2009 年版,第 612~616 页。

〔2〕 文贯中:《吾民无地:城市化、土地制度与户籍制度的内在逻辑》,东方出版社 2014 年版,第 120~122 页。

展权，但开发建设工作只能在建设规划区内进行，建设规划区之外的土地发展权只能通过转让来实现。通过土地发展权转让，可以实现土地发展增益与土地所有权分离，从而将土地开发引向更适合的地区，以达到保护高农业价值的土地、环境敏感区以及战略性的开敞空间等目标。”[1]土地开发权转让后，土地仍归原所有权人所有，但其开发利用受到了限制，一般来讲，能够转让土地发展权的是土地保护区，受让土地发展权的只能是被引导的城市发展区，其土地开发密度和强度因受让土地发展权的而变得更高。美国的土地发展权采取私人与国家购买相结合的制度，国家购买土地发展权的目的一般是为保护农地、保护环境敏感地带及保护历史古迹等。[2]

三、加拿大印第安保留区住宅和土地制度

印第安保留区是根据1985年《印第安人法》（Act Respecting Indians，Indian Act）的规定，由女王陛下将其拥有合法所有权的一块土地划拨给印第安部落，供其使用和收益，同时，根据1867年《宪法法案》的规定，议会对印第安人和印第安人保留的土地拥有管辖权。《印第安人法》进一步规定，保留区是为了特定印第安部落的使用和收益而设置的，其所有权仍归属于女王陛下，总督会议可以决定对保留区土地的使用是否为专属经济区的安全和利益。法律从来没有赋予印第安部落或个人永久产权，虽然规定了个人对保留区土地的权利，但这些权利与在加拿大占主导地位的英国财产概念之间存在差异。既然保留区是为印第安部落的使用和收益而设置的，那么土地上的权利如果要转让给非本部落成员就会被禁止或被限制，这一原则在保留区家庭住宅的分割时也是适用的。

（一）印第安保留区住宅用地权利体系

在加拿大，印第安保留区的许多土地作为集体财产由保留区委员会控制，同时，也有大量的个人财产，这些财产形式主要有习惯法上的权利、《印第安人

---

〔1〕 陈柏峰：《土地发展权的理论基础与制度前景》，载《法学研究》2012年第4期。
〔2〕 侯银萍：《新型城镇化背景下的土地用益物权研究》，法律出版社2015年版，第198页。

法》规定的占有证书、原住民[1]土地管理法规定的土地权利和租约。

1. 习惯法上的权利

习惯法上的土地权利是根据部落传统进行分配的，依靠保留区的口头传统和社区认可来保持权利。根据习惯分配，占有土地的成员可以对土地进行占有、转让、出租或细分，在土地上耕种或者放牧，在土地上盖房或经商，也可以通过遗嘱对土地进行分配。习惯上占有的土地最常见的用途就是建造个人住房。在不列颠哥伦比亚省邓肯附近的哥维根部落（Cowichan Tribes），约有20%的土地被7个村庄依据习惯法进行了划分，分配给各个家庭居住。在部落成员和部落的认识里，以传统方式分配的土地权利几乎和法定永久权利一样。但法院却认为，根据传统或习惯的土地使用不能产生法律利益，因为它与《印第安人法》的规定冲突。[2] 没有部落委员会同意和印第安事务部长的批准，部落成员不能主张个人对保留区土地占有的权利。

2. 印第安人法上的占有证书

占有证书（Certificate of Possession）是经部落委员会批准后，由印第安事务部长颁发的保留区土地合法占有证明。保留区的印第安人可以基于两种情形取得占有证书：一种情况是一个印第安人在这些土地被纳入保留区之前对其进行了永久性的修缮，那么他在这些土地被纳入保留区时应被认为是合法地占有这些土地；另一种情况是本部落的印第安人可以经过加拿大印第安事务部长（以下简称部长）批准、由本部落委员会分配而合法占有保留区的一块土地。

占有证书权利是根据《印第安人法》的规定而形成的一种独特的权利制度。首先，因为占有证书所标明土地的所有权归属于女王陛下，所以保留区土地不得出售，除非将该土地完全移交给女王陛下，保留区可以有条件或无条件地将其土地或土地上的利益移交给女王陛下。其次，权利的转让受到限制：一

---

〔1〕 根据1982年《加拿大宪法》的规定，原住民除了加拿大的印第安人之外，还包括因纽特人和梅蒂斯人。1999年通过的《原住民土地管理法》规定原住民可以制定自己部落的民族立法，一旦通过，可以在本部落优先适用。

〔2〕 Terry Lee Anderson, Bruce L. Benson & Thomas Flanagan, *Self-determination: The Other Path for Native Americans*, Stanford University Press, 2006, p. 143 - 146.

方面,合法占有保留区土地的印第安人可以将该保留区的土地权利转让给部落或者部落的另一名成员,但在部长批准之前,对该保留区土地权利的转让或转让协议均不生效;另一方面,经部长书面许可,可以授权任何人在不超过1年的期间内(或在部落委员会同意后,在更长的时期内)占有或使用储备区土地,除此以外,任何允许部落成员以外的人占有、使用或居住在保留区土地的协议,均为无效。再次,保留土地不受扣押。最后,如果一名印第安人不再有资格居住在某一保留区,可以在6个月或部长指示的期限内,将其合法占有的该保留区内的任何土地的权利转让给本部落或本部落的另一名成员,否则其权利将由部落收回,部落可能依据部长的指示从部落的资金中向权利人支付永久改善补偿金;如果因为公共目的而征用储备区的土地,补偿款应该支付给部落,供本部落使用或者补偿给因征用而丧失权利的人。

3. 原住民土地管理法规定的土地权利

1999年通过的《原住民土地管理法》(First Nations Land Management Act)规定,一旦保留区起草了自己的土地法规并被印第安事务部长接受,保留区就可以管理自己的土地而不再需要部长的批准。部落可以行使与保留区土地相关的权力、权利和特权,处置土地上的权益,颁发许可证,管理土地的自然资源。根据部落习惯分配的产权和根据印第安法形成的占有证书权利也将受到原住民法的调整。

4. 租约

租约可以在部落集体土地或任何个人控制的保留区土地上授予,租约可以转让。《印第安人法》规定了3种类型的租约:短期租约、长期租约和占有证书土地租约。短期租约是指印第安事务部长可以允许任何人在不超过1年的时间内居住、使用或占有保留区土地。长期租约是指印第安人部落可以在经部落成员投票同意后,指定保留区土地给联邦政府,政府可以将土地出租给印第安或非印第安公司,承租人可以对土地进行细分和转租。占有证书持有人可以出租自己合法占有的土地,但是必须通过印第安事务部长批准。

(二)印第安保留区家庭住宅制度

当婚姻结束时,夫妻之间婚姻不动产的划分是一个核心问题。在加拿大,省和地方的立法调整婚姻结束时家庭财产的分配,然而,这些省和地方立法并不适用于印第安人保留区。印第安人保留区的土地和房屋的权益由《印第安人法》调整,但这一立法对婚姻不动产并未提及。曾经被用来保护所有当事方的权利——特别是破裂家庭中最脆弱的妇女、儿童及老年人的权利——的土著习惯法并未被非土著政府正式承认。[1] 2013 年,联邦政府颁布了《保留区家庭住宅和婚姻权益法》(Family Homes on Reserves and Matrimonial Interests or Rights Act)来调整印第安保留区夫妻关系、夫妻关系破裂或配偶死亡时家庭住宅的占有和使用,并就配偶对保留区不动产权益如何进行分配进行了规范。如果印第安保留区没有通过自己的相关立法,而且夫妻双方有一方是或双方都是印第安人,那么位于保留区内的婚姻住房和婚姻权益将适用《保留区家庭住宅和婚姻权益法》。[2]

根据《印第安保留区住宅和婚姻权益法》的规定,家庭住宅是指一个不需要固定、但必须位于保留区土地的、配偶习惯性居住的(或配偶停止共同生活、或配偶一方死亡时他们通常居住的)地方。如果该建筑物通常用于住宅以外的用途,则家庭住宅只包括合理地认为对住宅用途必要的那部分结构。

1. 占用家庭住房

在婚姻关系中,每一方配偶都可以居住在家庭住房中;配偶死亡后,没有家庭住宅权益的幸存者可以自动获得在死亡发生之日起 180 日内占用家庭住宅的权利;超过 180 日,幸存者有权申请独占的婚姻住房,法院将考虑各种因素来确定是否超过准予排他性占领以及这种占领的期限。无论配偶是否为印第安人或印第安部落成员,都有权占用家庭住房,这一规定对于居住在保留区内的非部落成员意义重大,因为保留区内往往住宅短缺,想在保留区找到合适的住宅并不容易。

---

〔1〕 Brian Egan & Jessica Place, *Minding the Gaps*: *Property*, *Geography*, *and Indigenous Peoples in Canada*, 44 Geoforum 129 (2013).

〔2〕 这一立法除了调整夫妻关系也调整普通法上的同居关系,同居关系与婚姻关系的规则不同,本文论述只涉及夫妻关系。截至 2018 年 3 月,已有 13 个原住民部落根据该法制定了自己的法律;另外 37 个部落根据《原住民土地管理法》制定了自己的婚姻房地产规则,作为其部落土地法律的一部分;其他大多数原住民都根据临时联邦规则运作。*Matrimonial Real Property on Reserves*, Government of Canada (February 26, 2015), https://www.sac-isc.gc.ca/eng/1100100032553/1581773144281.

2. 共享家庭财产价值

除非双方签署了一份内容不同的协议，在婚姻关系破裂时，每个配偶有权将家庭住房的价值与任何其他婚姻利益或权利进行均等的划分。由于印第安人法不允许非印第安人拥有或向非印第安人出售保留区的住宅，所以法院不能强制出售，如果夫妻有一方是非本部落成员，则意味着他不能取得住宅权利，另一方需要向他支付财产价值的一半作为补偿。在婚姻关系解除之日起3年内，任何一方可以不知道自己的权利或当时无法行使权利为由向法院申请分配家庭财产。

3. 申请独占家庭住房

在分居后，无论夫妻中的一方是否拥有家庭住宅，法庭都可以签发独自占有令（Exclusive Occupation Order），使其有权独自居住在该家庭住宅中。如果夫妻间有家庭暴力或者夫妻一方对其他家庭成员发生暴力行为，有紧急需要保护家中的成员不受伤害的，法院可以制定紧急保护令，规定其中一名伴侣有权在家中居住90日，而实施暴力的伴侣必须远离，不论住宅登记在谁的名下。

4. 出售家庭住宅的书面同意

在婚姻关系存续期间，持有家庭住宅权益的配偶，在未得到另一方自由作出的知情同意书时，不能处分该权益，无论另一方是不是部落成员或印第安人，也不论住宅登记在谁的名下。如果一个配偶未经另一方同意擅自处分或在他们的家庭住房权益上设置负担，法院可以基于另一方的请求，搁置交易并对处分施加影响，将该权益恢复。如果缔约另一方支付价款并善意取得的，不得取消交易或负担，于此情形，未同意该交易的配偶，可在不损害任何其他权利的情况下，向另一配偶要求损害赔偿。配偶一方对家庭住宅权益进行处置或设置负担，有责任证明另一方配偶同意处置或设置负担。如果法院认为另一方配偶无法找到、不能同意或不合理地拒绝同意，则法院可依居住在家庭住宅内或对家庭住宅有权益的配偶申请，以命令的方式、以法院认为适当的条件授权该人处置或在该权益上设置负担。

（三）印第安保留区住宅用地制度争论

关于印第安保留区土地权益应该如何配置的争论由来已久，2009年尼斯加人部落(Nisga'a)保留区的住宅及土地权益改革再一次引发了这一争议。位于不列颠哥伦比亚省的尼斯加人部落于2009年11月通过了《尼斯加人部落土地权利转换法》(Nisga'a Landholding Transition Act),允许成员在自愿的前提下将自己的住宅转换为永久产权。此次划作住宅用途的土地(因此有资格获得收费简单所有权)占大约100公顷,占尼斯加人部落土地总面积的0.05%。为了确保土地永久产权的收益归于各个尼斯加人部落家庭,而不是土地开发业,法律对产权的授予设定了限制,这一权利只能授予尼斯加人部落公民,并且针对的是规划为住宅用途且面积不超过0.2公顷的土地。[1] 将住宅权益转换为永久产权意味着他们可以将其抵押、遗赠、租赁或出售给包括非尼斯加人在内的任何人。这一转换是自愿的,转换后的住宅权利受尼斯加人部落法律调整,原始的、限制性更强的土地权利类型仍然存在,可供那些更熟悉这类权利形式的尼斯加人房主使用。该社区的领导人说,允许他们的人民在部落土地上拥有永久产权,这是大多数居住在保留地上的原住民所无法做到的,他们将能够使用土地作为抵押来获得贷款。他们相信,这些贷款和机遇将带来新的业务和繁荣的前景。但是许多批评家对原住民土地私有化表示担忧,称这是朝失去土地甚至同化迈出的一步。[2]

争论一:要不要在保留区引入个人永久产权。

权利扩张的倡导者认为,印第安保留区现有的土地制度经济功能失调,需要用个人私有产权制度取代。这一论点认为私有财产对经济发展意义重大,一个能够顺利运作的私有土地市场是印第安社区摆脱贫困的关键。[3]

根据原住民土地管理法,保留区土地法典所产生的任何权利仍不同于永久产权,保留区土地的所有权仍然归属于女王陛下,保留区土地仍然受联邦管辖,保留区土地权利人仍不能把其权利转让给本部落之外的人,尼斯加人部落

---

〔1〕 *Nisga'a Landholding Transition Act*, Newswire (October 30, 2009), https://www.nisgaanation.ca/nisgaa-landholding-transition-act.

〔2〕 *B. C.'s Nisga'a Becomes only First Nation to Privatize Land*, CBC News (November 4, 2013), https://www.cbc.ca/news/canada/british-columbia/b-c-s-nisga-a-becomes-only-first-nation-to-privatize-land-1.2355794.

〔3〕 Tom Flanagan, Christopher Alcantara & André Le Dressay, *Beyond the Indian Act: Restoring Aboriginal Property Rights*, McGill-Queen's University Press, 2010.

属于这一规定的例外,当地政府认为他们已经从中获益。1999 年,尼斯加人部落原住民与加拿大和不列颠哥伦比亚省签署了一项条约——《尼斯加人部落最终协议》(Nisga'a Final Agreement)——以确保其对位于不列颠哥伦比亚省西北部、占地面积近 2000 平方公里祖传土地的权利。《尼斯加人部落最终协议》是不列颠哥伦比亚省的第一份现代条约,于 2000 年 5 月 11 日生效,自生效日起《印第安人法》就不再适用于该部落。该条约赋予了尼斯加人部落对土地的自治权,尼斯加民族拥有协议规定的"A"类土地上或土地之下的所有矿产资源,而不列颠哥伦比亚拥有"B"类土地上或土地之下的所有矿产资源。为了确保土地的保留区土地性质,无论该部落的土地权益如何变更,都不会改变其尼斯加人部落土地的属性,普通法上关于通过占有时效获得土地权利的规则不适用于尼斯加人部落的土地,在任何时候、任何尼斯加人部落土地或土地权利转移到国王手中,国王都应该免费将其转移给尼斯加人部落保留区。尼斯加人部落认为,条约为开发部落自然资源打开了大门,他们已经看到了摆脱《印第安人法》规范控制所带来的好处——其因为能够控制自己的土地和自然资源,在提高人民生活质量方面取得了许多成就。[1]

在其他大部分印第安保留区,土地法典不能为其提供永久产权,而习惯法上的权利、根据占有证书而享有的权利、租约等权利类型被认为经济效率低下。

习惯法上的土地权利在法庭上不具有可强制执行性,完全受部落委员会的支配,使此类权利几乎没有保障。一方面,因为法院不承认习惯法上权利的合法性,当此类权利发生纠纷时,当事人只能向部落委员会寻求帮助,而委员会要么会因为不愿引起本部落选民的反感而推脱,要么在解决争议时会根据裙带关系作出裁判。另一方面,部落还会基于集体利益的考虑,接管个人根据习惯法取得的土地。在阿尔伯塔省的皮卡尼(Piikani)部落,社区想在一块拥有理想地理位置的、由一个部落成员根据习惯法对其拥有权利的土地上修建学校,权利人提出除非获得 20,000 加元,否则不会交出土地,该部落拒绝了权利人的请求。权利人向法院寻求救济被驳回,最终部落收回了土地,并为了安抚

---

〔1〕 *About-Accomplishments and Benefits of Nisga'a Treaty*, Nisga'a Lisims Government (December 11, 2019), https://www.nisgaanation.ca/about-accomplishments-and-benefits-nisgaa-treaty.

权利人给予了一些补偿。[1] 部落成员的习惯法权利缺乏保障，削弱了权利人建造房屋或开办企业的愿望，他们可能会选择把时间和金钱投资到有更大保障的地方。

根据占有证书而享有的权利是印第安人在保留区土地上可以拥有的最高形式的权利，但由于它具有不能对外转让、对内转让要经过印第安事务部长批准、不能抵押等限制，使它不能充分发挥其经济职能。由于最大的印第安保留区也是相对较小的社区，因此，保留区土地上的房产会因为缺乏潜在的买家而受到影响。[2]

租约可以给部落或个人带来收益，但由于要受到部落委员会和印第安事务部长的批准等因素限制而具有不确定性。哥维根部落和本部落的几个占有证书持有者达成协议，将几块土地进行合并，交给政府出租给邓肯商场和沃尔玛超市，原占有证书权利人获得了90%的租赁收入，部落获得了剩余的10%。虽然根据《印第安人法》保留区土地不能抵押，但保留区土地的出租收益可以进行抵押，部落可以利用出租收益抵押来创造收益。一个成功的案例是：印第安部落划拨75年的预留土地来建造1200个住宅单元，政府向部落签发租约，部落创建公司来建造和管理房屋，将其出租给本部落成员、非本部落印第安人和非印第安人。租约除要受到多方制约而具有不确定性外，另一个不足之处就在于——由于保留区土地上的权利不同于非保留区土地上的永久产权，其价值会大大降低，租赁收入往往只有后者的50%。[3]

反对引入个人永久产权的一方认为，个人永久产权既不会给偏远的保留区带来预期的经济效益，也不符合印第安人对土地的理解。

印第安部落可能会欢迎在保留区引入个人永久产权，但土地权利的转换只会给某些靠近城市或拥有自然资源的保留区带来经济效益，对农村和偏远

---

〔1〕 Flanagan, Tom & Christopher Alcantara, *Individual Property Rights on Canadian Indian Reserves*, 29 Queen's Law Journal 489 (2004).

〔2〕 Flanagan, Tom & Christopher Alcantara, *Individual Property Rights on Canadian Indian Reserves*, 29 Queen's Law Journal 489(2004).

〔3〕 Flanagan, Tom & Christopher Alcantara, *Individual Property Rights on Canadian Indian Reserves*, 29 Queen's Law Journal 489(2004).

地区几乎没有影响。在不列颠哥伦比亚省,财富排名前21位的11个原住民社区,每一个都位于市区内或离市区不远。[1] 靠近城市的地理位置为保留区提供了可用于工业、商业、住宅和娱乐的土地需求:排名前21位的保留区几乎都从事商业房地产,包括季节性或长期的住宅开发项目,为小型或大型购物中心租赁土地、提供旅游招待和娱乐活动,这些都是涉及将土地作为经济资源的活动。也有一些印第安保留区会从石油和天然气中收取费用。但并不是所有的保留区都有这样的位置或资源优势,在萨斯喀彻温省、马尼托巴省和安大略省北部地区,一些保留区距离任何城镇都有数百公里,只能通过飞机或冬季公路到达。在这些地区,土地经济价值不高,有大量的土地供居民居住,除了为住房单位提供公用设施之外,没有其他让土地增值的因素,在这种情况下,为保留区建立正式的土地产权制度被认为是不经济的。[2] 在这些地区,虽然习惯法权利因为没有记录、难以执行等会有不足,但它可能会长期存在,因为正式产权制度的建立和维护成本高昂。

在某些情况下,个人财产权利可能允许更大限度的资本调动,但在其他方面,不如习惯或集体土地。对于许多印第安人来说,与土地的持久联系和照顾土地的责任感往往与个人和集体的认同感紧紧联系在一起。以印第安部落集体的形式拥有土地所有权,既是一种有力的政治杠杆,也是一种重要的工具,来对抗领土私有化可能带来的猖獗和有害的生态破坏。这不是要浪漫化土著人民与土地和大自然的联系,而是要承认土地的集体所有制可能提供个人私有财产所不能提供的重要社会和政治利益。[3]

争论二:如何平衡权利人、家庭成员和保留区集体的利益。

一对已婚夫妻的家庭住宅的待遇与所有其他财产不同,在加拿大的定居者地区,规定是类似的,但与印第安保留区的制度稍有不同。根据安大略省法律:如果夫妻分居时家人经常居住的住宅是在婚姻期间购买的,夫妻双方可以

---

〔1〕 Tom Flanagan, *The Wealth of First Nations*, Fraser Institute, http://www.fraserinstitute.org, 2019.

〔2〕 Flanagan, Tom & Christopher Alcantara, *Individual Property Rights on Canadian Indian Reserves*, 29 Queen's Law Journal 489(2004).

〔3〕 Brian Egan & Jessica Place, *Minding the Gaps: Property, Geography, and Indigenous Peoples in Canada*, 44 Geoforum 129 (2013).

平等地分享其在分居当天的价值,不论登记在谁的名下;如果夫妻一方在婚前拥有该房产并将房产带入婚姻,并且在分居之日仍然拥有并经常居住在该房产中,那么他或她在进行净家庭财产价值计算时就不再仅加入房产在婚姻期间的价值变化(分居日的价值减去结婚日的价值),而是要将房产的全部价值计入其中(意味着不再减去结婚日的价值),这对均等化支付[1]的计算有很大的影响;只有当你和你的配偶签署了协议(婚姻契约或分居协议)声明家庭住宅不计入均等化过程时,家庭住宅的价值才不会成为均等化支付的一部分;已婚配偶双方均享有相等的权利,可以在房屋售出、获得法院命令或达成协议之前继续居住在家庭住宅中,无论产权证或租约上写的是谁的名字;双方均不可未经另一方允许擅自换锁、出售、抵押、出租或者转租该住宅;如果配偶中的一方害怕会受到来自另一方的伤害,那么担心害怕的那一方可以向家庭法庭申请家庭住宅独自占有令(Order for Exclusive Possession),独自占有令通常只适用于配偶双方共同拥有的家庭住宅,这一占有令的有效期一般可持续至家庭住宅的所有权和价值分割问题得到解决。根据不列颠哥伦比亚省《家庭法》[2]的规定,如果家庭住宅属于配偶一方的婚前财产,则在无特别约定的情况下,只有该资产在夫妻关系期间的增值是可分割的。

在印第安保留区,联邦立法——《保留区家庭住宅和婚姻权益法》的一个重要内容是通过家庭住宅权益制度来平衡权利人、家庭成员和保留区集体的利益。在没有特别约定的情况下,家庭住宅的价值由配偶双方共享,优先考虑

---

〔1〕 法律将婚姻视为一种经济伙伴关系,并假定每一个已婚配偶在婚姻关系中都做出了同等的贡献,无论是在经济上还是其他方面。当已婚夫妇分开时,一般的规则是,配偶必须平等地分享他们在婚姻期间获得的、在分居时仍然拥有的任何财产的价值。通常情况下,夫妻双方都拥有自己的财产,但他们必须分享在婚姻期间积累起来的财产增值,无论谁支付了这笔钱,或者登记在谁的名下。为了做到这一点,一方通常必须支付另一方金钱,这被称为"均等化支付"。首先,配偶双方必须各自算出自己全部的财产减去负债后的价值,这称为该人的净家庭财产(Net Family Property,NFP)。计算净家庭财产,双方需分别算出自己在结婚当日以及分居当日的合计财产减去负债的价值。然后将计算好的分居当日的价值减去结婚当日的价值,便可以得到净家庭财产。其次,在配偶各自计算完其净家庭财产后,NFP 较高的一方须向另一方支付二者 NFP 差额的一半,这便是均等化支付(equalization payment)。*How Property is Divided in Family Law*, Family Law Education for Women (2019), https://onefamilylaw.ca/family-law-resources/property-divided-family-law/.

〔2〕 *Family Law Act*(2011), Legitlative Assembly of British Columbia(November 23, 2011), https://www.leg.bc.ca/pages/bclass-legacy.aspx#/content/legacy/web/39th4th/3rd_read/gov16-3.htm.

儿童和居住在家庭住宅内的老人的利益,为了保证保留区集体对土地的利益而限制非部落成员取得家庭住宅所有权。但很多人会争议这一立法源于非土著的财产、家庭、家庭成员等概念,其根源于非印第安群体关于土地具有货币价值、"配偶"和"家庭"的狭隘观念,这与印第安人的传统认知存在冲突。

从印第安人的视角来看,他们往往对于家庭和家庭成员有不同的理解,多代共同生活的大型家庭而不是核心家庭更符合他们的认知。米克马克(Mi'kmaq)部落的家庭规模在春季和夏季月份根据狩猎、采集和捕鱼的周期在关系密切的小群体和较大的群体之间交替。在这些家庭中,成员资格是由父系和母系共同决定的,也就是说,一个人既是其父亲、又是其母亲的家庭成员。他们依靠这种灵活性为儿童提供照料和支持——在保留区外从事劳动的成年人可以将其子女留在由祖母或姨妈为首的大家庭中长大。[1] 据加拿大统计局统计数字显示,15 岁以下的原住民儿童比非原住民儿童更有可能与父母都不在身边的祖父母住在一起——在 2006 年,3% 的原住民儿童和祖父母住在一起,而非原住民儿童与祖父母单独居住的为 0.4%。[2] 在特克(Tk'emlúps te Secwépemc)部落的自治立法中,家庭成员包括了本人、配偶或者前配偶、与本人以类似婚姻关系共同生活 1 年以上的人、依靠本人抚养的人或孩子的父亲(母亲)或监护人以及与上述提到的所有人有关系并且共同生活在一起的人。[3]

《保留区家庭住宅和婚姻权益法》规范的家庭住宅权益范围有时被限制在建筑物上,并不包括其所在的土地的价值,而不同的部落对于家庭住宅权益范围也有不同的认识。在托尼诉托尼庄园(Toney *v.* Toney Estate)一案中,一名部落成员的非部落成员遗孀提出的一项申请,要求获得其家庭住宅的全部占用权和一半的遗产价值。法院依据《保留区家庭住宅和婚姻权益法》判定,只

---

〔1〕 *Canada First Nations Families*, https://family.jrank.org/pages/199/Canada-First-Nations-Families.html, December 24, 2019.

〔2〕 *Family Composition*, Statistics Canada (December 24, 2015), https://www150.statcan.gc.ca/n1/pub/89-645-x/2015001/family-famille-eng.html.

〔3〕 *Tk'emlúps te Secwépemc Matrimonial Real Property Law*, https://tkemlups.ca/files/2015/06/Proposed-TteS-Matrimonial-Real-Property-Law-June-1-2015.pdf, June 1, 2015.

有建筑物(而非土地)的价值才能被非成员分割,以该享有该终身地产的人的生命为衡量标准,非成员的占有权不得大于终身地产。立法者在此试图协调非部落成员配偶与部落集体之间的利益,尽管这种协调很重要,但是考虑到非成员分享家庭土地的货币价值这一简单事实不会影响部落集体的权利,再考虑到某些保留区的一些土地可能极有价值,排除土地价值可能会导致一些非成员配偶只能获得婚姻不动产中不成比例的一小部分,而不管他们的婚姻关系有多长或他们对婚姻关系和婚姻财产本身的贡献有多重要,也是不合适的。[1] 在特克部落自治立法中,与家庭住宅相关的权益包括由一方或双方持有的保留区土地及其上家庭住宅的权益、婚姻关系存续期间取得的非属于一方专有的不具有住宅的保留区土地权益。[2]

在确定谁有权占有家庭住宅时,立法如何平衡配偶、未成年子女和部落集体各方的利益,也有不同认识。在已有的保留区土地或婚姻权益立法中,确定婚姻住房的占有时,大多数法律都规定:如果父母双方都是部落成员,要优先考虑行使监护权的一方父母,这是为了尊重孩子继续住在家里的喜好,并确保他们的生活少受干扰,在最小的孩子达到法定年龄(并有机会完成他们的教育)之前,监护父母应该拥有家庭住宅的独占权,只要这符合孩子的最大利益;如果双方共同行使监护权,则法院对此保持中立;如果行使监护权的一方父母不是部落成员,为了儿童的最大利益,法院可以考虑子女的部落成员地位,使非成员一方父母获得占有权。这类条款可以看作是在双方配偶(部落成员与非部落成员之间)、儿童的最大利益和印第安部落集体利益之间取得平衡的规范。但有的立法也会考虑被监护人的非部落成员地位,一些法律明确规定,非部落成员配偶作为监护人,只有在他们的子女是部落成员的情况下,才可以占有家庭住房。也有法律明确规定:非成员配偶和非成员子女无权占有家庭住

---

〔1〕 Catherine Fagan & Kathryn Deo, *Caselaw Review of the Family Homes on Reserve and Matrimonial Rights and Interests Act*, https://www.coemrp.ca/wp-content/uploads/2019/12/2019-11-05-COEMRP-Case-Law-Report.pdf, November 5, 2019.

〔2〕 *Tk'emlúps te Secwépemc Matrimonial Real Property Law*, https://tkemlups.ca/files/2015/06/Proposed-TteS-Matrimonial-Real-Property-Law-June-1-2015.pdf, June 1, 2015.

房,仅有权就住房的任何改进获得补偿。[1]

争论三:对土地功能的不同认识。

在加拿大大部分地区,占主导地位的永久产权概念源于英国,是一种理性主义的、反映个人中心地位和人类根本上与自然相分离的认识的概念,强调的是土地的经济功能。在市场经济主导的社会中,基于一块土地的个人之间的关系通常具有交易性和排他性:买方和卖方,租客和房东,业主和非业主。从这个角度看,土地可以被理解为财产,是一种为人类占领和消费而设计的产品,其中一块土地基本上可以与其他土地在市场上进行交换。在这种情况下,权利主体被看作是以自我为中心的、只关心自己利益的、对财产边界以外的人负有有限义务的人。[2]

在印第安保留区,大多数印第安部落都会强调土地在经济功能之外的文化和环境意义。在有土地自治立法的原住民部落中,大约有1/3自治立法提到了土地对部落的文化意义,以及土地和部落的精神价值之间的联系。许多法律将部落组织作为子孙后代土地的监护人或保护者,规定部落组织寻求的是确保土地被正确使用、确保所有部落成员的利益。有些法律提到,土地是为所有人共有的,保留区的土地利益是集体性的,在保留区土地上没有个人的永久产权。[3] 自治立法都表现出对原住民族的历史文化、传统法律、惯例和习俗的尊重,并且尊重土地本身已被确定为一项指导原则。从印第安部落的角度来看,事物之间不一定是可以互换的,一块土地和另一块土地是不一样的,一棵树与另一棵树也是不一样的。对于许多印第安部落来讲,人类与周围世界从根本上是不可分割的,土地不是没有生命的物,而是充满活力的存在,包括人类在内的万物都植根于土地,土地不是可以被划成块而被换取利润的商品,而

〔1〕 Centre of Excellence for Matrimonial Real Property, *Report on Existing First Nation Matrimonial Real Property Laws*, https://www. coemrp. ca/wp-content/uploads/2015/12/report-on-existing-first-nation-matrimonial-real-property-laws. pdf, February 3,2015.

〔2〕 Brian Egan & Jessica Place, *Minding the Gaps: Property, Geography, and Indigenous Peoples in Canada*,44 Geoforum 129 (2013).

〔3〕 Centre of Excellence for Matrimonial Real Property, *Report on Existing First Nation Matrimonial Real Property Laws*, https://www. coemrp. ca/wp-content/uploads/2015/12/report-on-existing-first-nation-matrimonial-real-property-laws. pdf,February 3,2015.

是个人与邻居、社会上其他人乃至世间万物的关系纽带。[1]

土地的居住保障功能，对加拿大非原住民社区的意义不大，而对某些住房短缺的印第安保留区，土地的居住保障功能有所体现，但土地权益本身并不足以满足居住需求。

在加拿大，提供住房的主要机制为以市场为基础的住房所有权和私人住房租赁制度，主要由个人及其家庭对居住提供保障，剩下的是社会公共住房（政府投资）、非营利性住房（由基于信仰的组织、社区发展公司和零股权合作社赞助的出租）和合作住房。2017 年统计数字显示，大约 68% 的加拿大家庭居住在自有住房内，几乎所有的出租房屋市场都是私人的、以营利为目的的，只有大约 5% 的加拿大家庭居住在社会住房中。[2] 政府提供的社会住房被认为是为一般利益服务的，而各种非营利组织则是针对社区中的特定群体提供支持。

在加拿大，政府保障居住权的方式主要有两种，一种是提供公共住房，另一种是提供住房补贴。从 20 世纪 40 年代起，通过民间社会的参与，加拿大政府开始投资公共住房，以满足退伍军人和低收入家庭的需要；20 世纪 60 年代，公众对公共计划"失败"的担忧加剧，对公共住房的支持率有所下降，通过非营利和零股权合作部门对社会住房的资助有所增加；20 世纪 90 年代，联邦政府完全停止了对所有类型新的经济适用房的融资，将社会住房的责任转移到各省和地区，联邦政府只保留了对印第安人保留区的资金支持。[3] 住房补贴是现金转移，最早于 20 世纪 70 年代末和 20 世纪 80 年代在加拿大各省出现，目的是通过将住房补贴分配到指定的家庭，从而增加占有适当住房单位的能力。公共住房的需求几乎从一开始就超过了供应，政府机构设置了本地的等候名

---

〔1〕 Brian Egan & Jessica Place, *Minding the Gaps: Property, Geography, and Indigenous Peoples in Canada*, 44 Geoforum 129 (2013).

〔2〕 Catherine Leviten-Reid, Rebecca Matthew&Orion Mowbray, *Distinctions Between Non-profit, For-profit, and Public Providers: The Case of Multi-sector Rental Housing*, https://link.springer.com/article/10.1007/s11266-019-00120-9, April 22, 2019.

〔3〕 Maroine Bendaoud, *The Privatization of Housing Assistance: Are Housing Allowances Eroding Government Accountability?* Wiley Online Library (25 May 2019), https://onlinelibrary.wiley.com/doi/abs/10.1111/capa.12318.

单,以便在空置时分配这些单位,但公共住房的供应不足和长时间的等待产生了相似的家庭得不到同等对待的情况。一方面,住房补贴由于它能够提供更快的支撑、具有“可携带性”、受益人能够选择更多形式的住房等优势而被认为优于社会住房模式。另一方面,也有人主张:住房补贴不会创造新住房,无法解决房源稀缺问题;住房补贴不影响住房的“特性”,无法为有特殊需要的人提供特定的便利设施或支持性住房;住房补贴可能会刺激房东提高租金,从而难以达到目的。[1] 在2017年,基于不断增长的无家可归人口的压力,加拿大政府重启了经济适用房计划,承诺提供资金支持经济适用房建设。

从非原住民区的经验看来,对于保障居住有重要意义是土地上的房屋,而不是土地或土地权益本身,但这一点在某些印第安保留区的确有所不同。印第安保留区的土地或土地权益之所以对于居住保障具有重要意义,就在于由于保留区的土地权益不能转让给非成员,某些保留区以此为由规定非成员配偶和非成员子女无权占有家庭住房,在保留区住房本来就很匮乏的情况下,他们的居住问题很难在本地解决。

仅仅是拥有保留区土地权益本身,并不能保证本部落成员获得适当的住房。加拿大统计局2011年的全国住户调查数据显示:居住在保留地的原住民比非原住民更有可能居住在拥挤的住所(每个房间有1个人以上),超过1/4(27%)的第一民族保护区居民生活在拥挤的环境中,是非原住民人口比例的7倍。原住民更有可能住在需要大修的房屋里,超过2/5(43%)的原住民报告显示他们住在他们认为需要大修的房子里,而非原住民的这一比例是7%。[2]

第三节　中国香港特别行政区住宅和土地制度考察

1972年,香港当局应新界原居民的要求推行了“丁屋政策”,以改善新界居民的居住环境。该政策规定:“新界居民男性后代,年满十八周岁后,每一男丁

---

〔1〕 Maroine Bendaoud, *The Privatization of Housing Assistance: Are Housing Allowances Eroding Government Accountability?*, Wiley Online Library (25 May 2019), https://onlinelibrary.wiley.com/doi/abs/10.1111/capa.12318.

〔2〕 *Family Composition*, Statistics Canada, https://www150.statcan.gc.ca/n1/pub/89-645-x/2015001/family-famille-eng.htm, December 24, 2015.

有权向地政处申请一次且仅此一次在原居村落及其邻近范围内分配一块土地,获得批准后,只需付象征性的地租,就可建设房屋。"[1]

一、我国香港特别行政区丁屋用地制度内容

具体来讲,这一制度包括以下内容:

丁屋所在土地的权利归国家(《香港特别行政区基本法》规定香港特别行政区境内的土地归国家所有),由香港特别行政区政府代行所有者权利,全部土地只租不售;丁屋用地的申请人为年满18周岁的新界原居民(原居民指在英国"租借"新界前,即1898年7月1日前,已经在新界地区世代生息的居民及其后代)的男性后代,女性后代没有申请资格;丁屋用地范围为原居村落及其邻近范围之内的预留土地,面积有限制——占地面积以65平方米为限;[2]丁屋用地权利由申请人向地政处申请取得,申请人一生只能申领一次;丁屋用地权利人有权在其上进行建筑,但在进行建筑前要与地政处签订土地契约,申请建筑牌照,屋地上建筑物也有层数、高度、总面积和安全标准的限制,并符合乡郊地区基本设施和环境规划;[3]丁屋政策的目的在于满足新界居民的居住需求,所以禁止丁屋转让;丁屋属于个人财产,可以继承,但只有男性后代才有土地继承权,并且继承不影响其本人申请丁屋用地的权利。[4]

二、我国香港特别行政区丁屋制度特点、发展及评析

我国香港特别行政区丁屋制度与我国的宅基地使用权有相似之处——均是出于保障居住的目的设置的、有身份和面积限制、禁止转让等,但这一制度也有自己的特点:一是其权利的基础为国家所有权;二是权利的主体限定为原

[1] 根据《香港特别行政区基本法》第4条规定,1997年7月1日以后,新界原居民继续享有"合法传统权益","丁屋政策"仍然有效。参见王旭东:《中国农村宅基地制度》,中国建筑工业出版社2011年版,第162页。吴远来:《农村宅基地产权制度研究》,湖南人民出版社2010年版,第172~173页。

[2] 王旭东:《中国农村宅基地制度》,中国建筑工业出版社2011年版,第163页。

[3] 建筑物最高为3层,高度不超过7.62米(25英尺),总面积不超过195平方米(2100平方英尺)。王旭东:《中国农村宅基地制度》,中国建筑工业出版社2011年版,第163页。

[4] 王旭东:《中国农村宅基地制度》,中国建筑工业出版社2011年版,第164页。

住居民的男性后代，屋地所有权人为个人；三是丁屋用地可单独继承，但限于男性后代；四是权利人保有权利要交纳相应的税费——土地业权人、地上房屋所有权人均需要交纳物业税，物业使用人还需要交纳差饷。[1]

20 世纪 70 年代后期，很多新界居民将丁屋售与非新界居民谋利，或干脆将用地申请权转让给开发商。为了引导和限制丁屋转让，政府规定，所有丁屋在发出验收合格之日起 5 年内不得转让，如果转让，必须向政府申请并补交地价后，所有权才能转让他人。

这一制度基本满足了新界原居民及其后代的居住需求，但随着社会的发展，这一制度也受到了质疑：一是非原居民的中国香港居民认为这一制度令原居民享有了特权；二是妇女保护组织认为这一制度是对女性的歧视；三是随着人口的增长，居住用地日益紧张，这种限制建筑、限制流转的用地制度也被认为是无效率的，应该予以改革。

第四节　对域外住宅和土地制度考察的思考

一、土地所有权观念的不同理解

近代土地所有权观念认为：土地所有权是所有人在法令的限制范围内自由地对其所有物进行使用、收益和处分的权利。这一观念是与资本主义社会的经济和文化相联系的，资本主义社会要求商品交换在全社会范围内展开，因而要求摆脱封建束缚的“自由的所有权”，以保障其完全的流转性，这种观念推动了土地的商品化，确立了“自由的土地所有权”制度。[2] 在封建社会，土地所有权是为束缚农民而对土地进行支配的权利，是社会统治的基本手段，以征收高额地租为中心；与之并存的是农民没有处分自由的、受各种身份性约束的、以使用权能为中心的土地利用制度。

但从历史的角度来看，土地权利的形态在不同历史时期，不同国家和地区

〔1〕 差饷按物业在市场上公开出租年租金收入的合理预期的一定比例征收，比例由中国香港特别行政区立法会每年决定。王旭东：《中国农村宅基地制度》，中国建筑工业出版社 2011 年版，第 164 页。

〔2〕 [日]田山辉明：《物权法》，陆庆胜译，齐乃宽、李康民审校，法律出版社 1999 年版，第 153 ~ 155 页。

中有不同的表现形式，在无权利和私人所有权之间，无疑存在中间形态。

（一）土地所有权观念的欠缺

如果说土地私人所有权产生的原因是土地资源的稀缺性和基于农业生产的需要而对土地的劳动投入和资本投入加以保护的话，那么在非农业社会、土地资源不具稀缺性或因为土地的生产率过低无法成为私有权客体的地方，土地私人所有权的观念便不会存在。古代社会，人们倾向于认为宇宙是一个不可分割的有机统一整体，其中每一部分与其他部分相关联，此时，占主导地位的法律观念是自然法，其认为法律是自然教授给所有动物的法律，不是人类专有的，而是所有诞生在天空、陆地或海洋的动物的。[1] 在白色人种移住前的北美洲，未开发的被作为荒地留下来的潜在性农用耕地由于欠缺资源的稀少性，并没有成为私有的对象，在那里有足够的土地，人们想开发多少就开发多少，只要他们想耕种，就可以一直拥有，一旦放弃，谁都可以播种；在人口支持力没有达到顶峰的亚马孙河流域的一些地区，相同的情形也存在。[2] 在不以农业为生活方式的狩猎采集社会和游牧社会，土地所有权的观念也不存在，例如，在爱斯基摩人的社会里，冻结的土地并不是劳动投入的对象，不是财产，不是团体所有、共有的，也不是私有或公有的。[3]

（二）土地所有权的中间形态

土地所有权观念不存在向私人所有权转变的过程中，存在共同体所有权（或者首领所有权）与私人所有权相互交错以及成员的私人所有权受共同体制约的情形，相比于现代社会的私人所有权，它是一种不完全的模糊的所有权。“在大陆法系国家法律体系中，集体所有权指两种情形：一种是真正的集体所有，指某项财产归属于某一共同体或集体；另一种指集体使用，如生活在某一

---

〔1〕 [古罗马]优士丁尼：《法学阶梯》，徐国栋译，中国政法大学出版社 1999 年版，第 13 页。

〔2〕 人口支持力是指在一种自然环境下，一定的土地使用、技术以及劳动形态在不使环境恶化的情形下所能支撑的最大人口数。[日]加藤雅信：《“所有权”的诞生》，郑芙蓉译，法律出版社 2012 年版，第 14～16 页。

〔3〕 在狩猎采集社会和游牧社会里，在非生产资料的土地上，存在像房屋地基权这样的旨在确保私人独占性的土地所有权概念。[日]加藤雅信：《“所有权”的诞生》，郑芙蓉译，法律出版社 2012 年版，第 52、78 页。

片土地上的居民对该土地所享有的放牧、伐木和耕种的役权。”[1]我们考察的是第二种形式的集体所有权。

1. 罗马法上的氏族所有权

罗马法的最初阶段,土地并不归个人所有,在罗马城邦建立之前的很长时间内,土地都属于氏族集体所有,由氏族首领代表氏族进行经营管理,仅对使用权进行临时分割——每个人都得到一块确定的土地,他必须进行耕种,一经收获完毕,土地回复为氏族集体所有。在罗马城邦建立之后,一部分氏族土地成为罗马城邦的公有土地,其余仍然保留在氏族内部,由成员共同享有和利用。[2]

2. 日耳曼法上的马尔克公社所有权

在日耳曼法时期,对土地的权利是依据土地使用人的身份、社会地位来确定的。在马尔克公社时期,通行的是马尔克公社土地所有制,也称自由农民土地占有制,实质上是一种土地的公有制度。这一制度源于日耳曼氏族社会,当日耳曼人组成以地域划分的公社时,公社所在地及周围的土地就成为公社的财产。社员房屋所占土地及与之相连的小块园地属社员家庭私有。对于耕地,公社拥有管理权、处分权,分给社员使用,社员有使用权、收益权,初始,耕地定期分配,后来较为固定,可以继承。初始不允许女性继承,避免土地外流,后来允许。[3]

3. 切罗基印第安人宪法上的总有权

假设村落共同体对一定的土地拥有入会权,这种情形在日本被称为总有。在总有的情形下,村落共同体成员不拥有任何份额,只有该入会地的收益权限,此种收益权不能转让,并随着共同体成员资格的丧失而消灭。在切罗基印第安人宪法中规定,切罗基印第安人的土地是共有财产,对土地改良者拥有改良物,这一权利是独占性的、不可剥夺的,但不能将其转让给切罗基地区以外

---

〔1〕 陈晓敏:《论大陆法上的集体所有权——以欧洲近代私法学说为中心的考察》,载《法商研究》2014 年第 1 期。

〔2〕 陈晓敏:《论大陆法上的集体所有权——以欧洲近代私法学说为中心的考察》,载《法商研究》2014 年第 1 期。

〔3〕 陈华彬:《外国物权法》,法律出版社 2004 年版,第 8 页。

的人，切罗基印第安人一旦迁移出去，则对共有土地不能主张任何权利。[1]

4. 俄罗斯的村落所有权

在俄罗斯村落中，对于集体土地所有权，在理论上是存在分割的，但这种分割往往是暂时的。在一定的时期终了后，个别的所有权即告消灭，村落的土地就会重新集中在一起，在组成村落的家族中按照人数重新分配。

5. 转让受共同体限制的土地私人所有权

在加拿大原住民保留区，土地持有等权利原则上为私有，可以继承，但在转让土地时，为了将所有权限制在保留区内，只能转让给保留区成员。在美拉尼西亚，土地被分配给家庭或个人，但当欠缺正规的继承人时，替代继承人必须是该集体成员，土地转让的范围也限于同一亚氏族之内。在非洲、印度和日本社会中，来自部落、亲属集团或村落的限制，也使这些地方的土地私有权具有不完整性。[2]

（三）土地私人所有权的产生

随着人口的增加，土地资源的稀缺性逐渐显现，加之农业社会的到来，随着肥料在农业生产中的运用，同一块土地有可能由一些人或一个人长期耕种，使用人也在土地上建造房舍，相同的土地保留给相同的人耕种成为可能，为保护个人对土地的劳动投入和资本投入，需要一种比占有效力更强且更为长久的权利制度，从而土地才成为家族或个人所有权的标的。在那些土地生产率较高的地方，土地渐渐成为私人所有权的客体，可以被占有、使用、收益和处分，具有绝对性、排他性和永续性的特征，但也可以由于相邻关系、公共利益、伦理观念或所有人的意志等原因而受到限制。[3]

---

〔1〕［日］加藤雅信：《"所有权"的诞生》，郑芙蓉译，法律出版社2012年版，第108页。

〔2〕［日］加藤雅信：《"所有权"的诞生》，郑芙蓉译，法律出版社2012年版，第110～115页。

〔3〕在罗马法上，土地和房屋均属于不动产，土地的所有权可依市民法规定因要式买卖、拟诉弃权、时效取得（在古代法时期，占有土地满2年，法律就保护其占有；在优帝改革后，土地的占有人经过10年或20年——与原所有人同一省为10年，不同省为20年——取得所有权）、共有物分割、公卖、法律规定（如依据法律规定，耕种他人土地满2年，可取得所有权）而取得所有权，也可依万民法的规定以先占、交付或添附等方式取得所有权。［古罗马］优士丁尼：《法学阶梯》，徐国栋译，中国政法大学出版社1999年版，第111～113页；周枏编著：《罗马法提要》，法律出版社1988年版，第75～84页。

二、土地私权制度的多元目标

基于土地资源的稀缺性及农业生产的需要,对土地的劳动投入和资本投入需要加以保护,土地私有权的观念得以形成。[1] 随着社会的发展,基于不同的社会背景和立场,对土地权利制度的价值取向也存在不同的认识。

(一)自由资本主义时期的价值取向:个人自由

在近代科学革命的影响下,近代社会占主导地位的世界观是原子论——它强调组成部分而非整体,强调个人主义的主导地位。受其影响,近代自由资本主义时期的财产法主张个人财产的绝对性,强调个人利益的支配地位。这一时期具有代表性的财产权理论是洛克的个人主义财产权理论及布莱克斯通的绝对财产权理论。

洛克注重个人的自然属性,认为个人能力和天赋是自然的赐予,源于上帝恩赐的原始共有财产权和源于个人劳动的私有财产权都是人类应有的自然权利。就土地而言,洛克认为,人类自出生即享有生存的权利,每个人生而具有仁爱之心,原始的土地为人类所共有,每个人对自身拥有所有权,通过个人劳动可以将土地划归私人财产,[2]但这一权利要受到自然法的限制(在前货币经济时期,这一限制是"留给他人足够的同样好的东西"和"在腐烂之前消费";在货币经济时代,这一限制是为每个人的基本生存提供保障)。[3]

布莱克斯通在继承洛克观点的基础上,从个体的社会属性出发,发展出个人绝对财产权理论。布莱克斯通认为:"财产权是一个人在排除任何他人权利的情况下,对世间外部事物所主张与行使的独有的和专断的支配权,它包括自由使用、享有以及处分其全部获得物的权利,除了受本国法律的限制外,不受任何限制或减损。"[4]布莱克斯通认为:"财产权利是基于需要(当财产是共有的时候,占有和使用就产生一种对物品的临时的排他权利,为了使个体所付出

---

〔1〕[日]加藤雅信:《"所有权"的诞生》,郑芙蓉译,法律出版社2012年版,第78页。

〔2〕[英]洛克:《政府论》(下篇),叶启芳、瞿菊农译,商务印书馆1982年版,第21~22页。

〔3〕[英]洛克:《政府论》(上篇),叶启芳、瞿菊农译,商务印书馆1982年版,第36页。

〔4〕王铁雄:《财产权利平衡论——美国财产法理念之变迁路径》,中国法制出版社2007年版,第176页。

的劳动比如建造房屋、种植庄稼变得有价值，一项永久的财产权利而非仅仅是临时的用益物权就成为必要）才由人类的占有和劳动行为所产生的，根据所有者的意志来确认的、不受限制的使用是绝对财产权的一个实质属性，而文明社会对个人财产权利应该予以保护，防止其他人侵占该财产（财产的作用是维持人的生命和自由，如果财产所有人不能阻止社会上其他人侵占此财产，则其作用难以实现）。"[1]

基于个人财产理念，土地立法和实践多侧重于保护个人的自由利益，反之，与个人自由相违背的立法也会受到质疑。法国大革命时期的法律认为，应当赋予土地所有权与动产所有权同样的"绝对的、个人主义的和永久的性质"。1804年的《法国民法典》确认了所有权是一种自然权利，并且明确地归结为个人所有权，这是《法国民法典》初次明确地扬弃"国家对个人所有权享有支配权"的思想。在美国，这一时期的司法判决也倾向于认为只要土地所有人自由使用土地的选择权受到损害，就应该给予补偿。在里夫斯诉伍德郡财务主管部门案（Reeves *v.* Treasurer of Wood County）中，一个市民因为市政条例要求在其个人所有的土地上挖下水道而要求给予赔偿。俄亥俄州最高法院认为，虽然事实上渠道和堤岸所占用的土地并不是完全占有，所有人或许仍然可以使用渠道进行灌溉，或许可以在堤岸上种植树木和灌木丛，但是其按自己的意愿对土地进行使用的选择权，实质上受到了限制，应该给予补偿。[2] 也有法官认为，为了区域的公共利益而对街区进行分区规划，原告就其对自己土地造成的损害可要求受益人分担。[3] 基于个人财产理念，对个人自由发展有所限制的土地制度往往遭到质疑，如中国香港特别行政区的丁屋制度、加拿大原住民保

---

〔1〕 布莱克斯通将权利分为绝对权利（每一个人作为一个特定的个体而不是作为社会的一员所享有的与其相关并属于他的权利）和相对权利（当人作为社会的一员，与其他社会成员发生千丝万缕的联系时，这种身份赋予他的权利，相对权利是在国家和社会形成之后才产生的）。他认为，个人财产所有权是一种绝对权利。王铁雄：《财产权利平衡论——美国财产法理念之变迁路径》，中国法制出版社2007年版，第176页。

〔2〕 王铁雄：《财产权利平衡论——美国财产法理念之变迁路径》，中国法制出版社2007年版，第211页。

〔3〕 王铁雄：《财产权利平衡论——美国财产法理念之变迁路径》，中国法制出版社2007年版，第211页。

留区的财产制度。

(二)福利国家时期的价值取向:社会正义、平等

这一时期,主导性的世界观是整体论,它强调自然的整体关联性,认为整体对部分的影响就像部分对整体的影响一样,这一时期的财产法理论也因而开始重视社会整体利益,强调个人财产权的社会责任。自由主义的法律范式以维护权利主体的私人自主为己任,反对国家干预,在促进个人财富积累的同时,导致贫富分化,严重的事实上的不平等成为社会发展的障碍。为平复公民的不满情绪,战后资本主义国家开始调整和支配社会资源来为公民提供更好的福利,人们开始重新认识到国家干预经济生活的重要性。

受整体论世界观影响,以辛格为代表的"财产权社会关系说"认为:财产权不是自然的和绝对的,财产权实质上是主体之间就一定资源或物的一束权利、义务和相互关系,财产权不是界定人对物的绝对支配力,而是界定人与人之间不断变化的关系,受司法保护的关系才是财产权。基于"确保自给派"共和主义的财产信念——广泛的分配土地或家庭自有住房是国家应有的政策,赖希提出了新财产理论,这一理论认为:在一个尤其重视物质福利的社会里,应该将那些为日益扩张的政府所创造的诸如收入和利益、工作、职业执照、特权、合同、补贴、公共资源的利用及服务等福利和其他政府救济作为"新财产"的客体,因为它们正在逐步取代传统形式的财产,控制这些福利的一部分的能力是个人独立的根本。[1] 基于"人民福利派"共和主义的财产权信念,库珀认为:所有法律的目标是公共利益,没有哪项权利可与这一点相矛盾。美国法院通过大量的土地征用案例反映了这一观点,即只要所有者还有对自己土地的合理使用权,各州就可以拥有制定大量土地使用规则的广泛警察权。[2] "人格尊严派"自由主义财产观认为:财产权服务于人的价值,它们因而被承认,并应该被

〔1〕 19世纪,美国联邦土地政策成为平等主义倾向的最好表达。美国1867年的住宅用地法案将联邦的土地以每40.5公顷(100英亩)为单位分给定居的个体,自耕农场豁免法案使家庭占用土地和其他资产豁免于债权人的请求。王铁雄:《财产权利平衡论——美国财产法理念之变迁路径》,中国法制出版社2007年版,第304页。

〔2〕 王铁雄:《财产权利平衡论——美国财产法理念之变迁路径》,中国法制出版社2007年版,第332页。

限制在不威胁人类尊严的范围内。[1] “社会连带派”财产观认为:私人所有权不再是一种主观权利,而是承担了一种社会功能,所有权的行使应该为实现社会安宁而受到限制。[2]

受关系财产理论的影响,这一时期的土地权利理论认为:土地承载了土地所有者个人的利益、其他现有社会主体的利益和子孙后代的利益;社会作为一个整体,对土地所有人如何利用土地具有利害关系——因为个人对土地的某些使用潜在地严重影响了人类和社会,这些使用应该受到更多的控制;国家作为社会利益的代表,应该成为土地所有人如何利用土地的决策参与者。在这些理论影响下,以保护公众健康、安全、伦理和福利等理由,政府对财产的使用、处置和收益权能加以限制的土地规划和土地用途管制已经成为各国规制土地利用的普遍方式。加拿大不列颠哥伦比亚省房屋空置税是促进土地资源节约利用的更直接的方式。日本的地价公示、规范区域许可、土地交易申报等制度也被用来抑制城市发展过程中的土地投机。

(三)福利国家危机后的价值取向:多元价值的动态平衡

福利国家的法律范式是以社会正义为中心的,福利财产权成为新型的财产权,国家已经成为新的财产权利的来源,国家对社会资源进行分配,在促进社会正义、平等的同时却引发了官僚机构膨胀和对国家供应的依赖,从而影响了个人财产权创造的积极性,导致了福利国家的危机。[3] 在福利国家危机后,人们开始认识到,创造社会财富和合理的个体与社会的关系是可期待的社会生活的两个方面,自由、平等和正义都是值得追求的价值目标,多元主义的财产观念得以产生。

---

〔1〕 在美国,基于人格尊严的观点,法院认为“每个人的尊严都要求他得到住房的权利,即便是暂时的恶劣的住房条件也是对人的尊严的侮辱”,并以人格尊严为论据,判决房东要承担默示可居住性担保义务。

〔2〕 欧洲共同体法院在对欧洲共同体委员会关于奶制品的一项条例的适用范围作出裁决时就认定,这一受到争议的条例并不损害所有权,因为,“按照得到确认的法院判例,(所有的)基本权利,特别是所有权,并不表现为绝对的特权(权能),而是应当相对于它们在社会中的功能来加以考虑。由此而来,这些限制实际上与共同体所追求的总体利益目标是相吻合的,从这些限制所追求的目的来看,它们并不构成可能损害到受保证的权利实质本身的不能容忍的过分干预”。[法]弗朗索瓦·泰雷、菲利普·森勒尔:《法国财产法》(上),罗结珍译,中国法制出版社 2008 年版,第 183 页。

〔3〕 陈军:《个体要素和社会要素的再平衡》,法律出版社 2015 年版,第 8 页。

多元主义财产观念认为:要从不同的角度来关注人的需求,功利和效率、正义和平等、劳动和应得都是衡量财产权利制度的目标,只不过要区分不同的财产的类型来确定目标的先后顺序。以芒泽为代表的多元主义财产观从人类作为个人以及特定社会成员的立场出发,认为理解财产的两种不同方式:一种是财产的通俗概念,它把财产看作物,包括有形物和无形物;另一种是财产的复杂概念,把财产理解为关系,是由与物有关的人或其他实体之间所形成的特定关系,通常由法律关系组成,财产是权利束。[1] 这一财产理论关注人的利己本能和合作本能,力争实现个人利益与社会利益的适当平衡,认为社会场景说明了财产和支配、隐私及个性之间的联系,令人满意的财产审视必须把理论问题和具体问题结合在一起,必须有助于解决现实世界的问题,必须能够作为改良财产制度的工具。[2] 就土地制度而言:要提高效率,就要健全土地生产要素市场评价、利益分配机制;要促进社会公平正义,就要健全以税收、社会保障、转移支付等为主要手段的再分配调节机制,同时完善第三次分配机制,发展慈善等社会公益事业,多措并举促进城乡居民增收,缩小收入分配差距。

土地发展权制度、土地开发许可制度可以看作是多元主义财产观在城市化发展过程中平衡各方利益的机制。在城乡发展过程中,土地用途管制不会对土地的总价值造成影响,只是产生价值的转移,即禁止开发的土地价值下降和允许开发的土地价值上升,为避免由此所引发的不公平,土地发展权被用来调节由此产生的利益归属。所谓土地发展权就是土地变更为不同性质使用,或提高土地原有集约度的权利。英国将土地发展权收归国有,使之成为一种与土地所有权相分离的独立财产权,试图实现公平目标;在美国,土地发展权是不同于其他土地财产权利的一束权利,归属于私人土地所有者,为调节土地分区规划所带来的土地利益的增减,采取政府购买土地发展权、土地发展权转移的方式来平衡土地发展利益,并通过土地发展权银行来促进土地发展权的市场化,在保证公平的同时兼顾了效率;在法国,土地发展权作为一种独立的财产权,被按一定的标准进行分割,一定标准范围内的土地发展权归土地所有

[1] [美]斯蒂芬·芒泽:《财产理论》,彭诚信译,北京大学出版社2006年版,第13页。
[2] [美]斯蒂芬·芒泽:《财产理论》,彭诚信译,北京大学出版社2006年版,第252页。

者,超过一定标准的土地发展权归属于国家(地方政府),土地权利人如果超过标准开发土地,就要向国家购买增额土地发展权。[1]

三、土地权利考察的两种视角

土地资源的稀缺性使其上的权利层叠成为解决资源分配的重要手段。在交易过程中,交易的内容是主体对土地的权利而不是土地本身,从客体的视角入手,可以更好地分析与显示某一特定土地上各方的权利状态。大陆法系物权法以所有权为权利体系的逻辑起点,派生出用益物权、担保物权,它们从所有权中分离出来并最终回归于所有权,这一权利体系中的权利存在优劣次序。这种大陆法系立法模式的分析视角集中于法律主体,是一种主体视角——法律关注的中心是人,以人为中心进行观察,进而配置权利、义务及责任。英美法系财产法上的土地权利不强调所有权,而强调土地上不同的权利束,这是一种以客体为视角的财产法,从客体出发,考察涉及某一具体物上的权利义务以及该权利义务所涉及的相关主体,在此基础上建立权利冲突与竞合的一般规则。[2] 在以交易为背景的财产关系中,由于物在交易中的核心地位,需要一种以客体为视角的财产法,由于交易的本质是产权的转移,物权的财产状态成为法律必须调整与明示的内容。[3]

在新型城镇化视角下,宅基地集体所有权的目标和功能均发生了变化,于此情形下,再以主体为视角的归属所有权理论来阐释集体土地所有权,会引发理论上的困扰,为国家权力的扩张提供借口,损害土地利用者的利益,从而降低土地的利用效率。随着对宅基地利用的多层次化,宅基地权益必然会在集体和其他主体之间进行切分,集体保留对特定权益的处分权,使用权和收益权能分属于其他主体,此时的集体所有权不再以宅基地的归属和支配为目标,其本质是一种具有主体间性的相对所有权。

---

〔1〕 姚昭杰、刘国臻:《我国土地权利法律制度发展趋向研究——以土地发展权为例》,中山大学出版社 2016 年版,第 23 ~53 页。

〔2〕 张淞纶:《论物上负担制度——财产法的对抗力革命》,法律出版社 2012 年版,第 15 页。

〔3〕 张淞纶:《论物上负担制度——财产法的对抗力革命》,法律出版社 2012 年版,第 71 页。

（一）主体视角归属所有权定位的危害

以主体为视角的归属所有权理论强调主体对客体的支配，强调所有者的利益，以此来定位集体土地所有权，极易造成土地资源的破坏、国家权力的扩张、个人土地权利的限制。在“主、客二分”“主体视角”的思维范式指导下，人被奉为绝对主体，土地等自然资源被作为客体，从主体视角出发，关注人对自然资源的命令、强制、榨取，使人类背弃自然，导致土地环境污染、生态破坏、土地资源紧缺等现代环境资源生态问题，反过来使人类的生存受到威胁。从人类社会的角度来看，将一切人视为主体，是法律文明发展的成果，但从自然界的角度来看，法律使主体具有特权，在工业社会，人改变、控制、支配自然，人类行为已经使自然界处于劣势和弱者地位。〔1〕

由于集体土地归“本集体成员”集体所有，法律只能将集体土地的使用权（包括土地承包经营权、宅基地使用权和集体建设用地使用权）定位为用益物权。当使用权人无法或不愿继续使用土地时，不能再为他人设立用益物权，因为一方面没有理论的依据，另一方面会受到所有权人的限制。

（二）客体视角相对所有权的本质

与以主体为视角的归属所有权不同，集体土地所有权的本质是一种以客体为视角的相对所有权，其本质是附着于土地上的一种权利负担，可以对抗土地上的其他权利人。

土地的集体所有权与近代大陆法系个人所有权模式不同：个人所有权强调个人对物的完全的、排他的支配权能，是一种以主体为视角的财产权利，而集体所有权强调对保留在集体内部的财产的集体享有和支配，其实质的、特别的功能是通过对物的使用的限制，来保障集体成员的生存。〔2〕 个人所有权是为了保障财产的排他性支配，或通过保护对土地的劳动和资本投入来促进社会整体财富增长，而土地集体所有权是从特定土地的生产率出发，将使用权限定为某个团体的成员，以保障共同体的生存和发展利益；个人所有权服从于主

---

〔1〕 蔡守秋、吴贤静：《从“主、客二分”到“主、客一体”》，载《现代法学》2010 年第 6 期。

〔2〕 陈晓敏：《论大陆法上的集体所有权——以欧洲近代私法学说为中心的考察》，载《法商研究》2014 年第 1 期。

体的主观意志,而集体成员只能以符合集体目标的方式对其进行管理和处分;前者体现为权利人的一种特权,而后者受制于团体形式的生产、生活条件,对于其成员而言更多的意味着义务而非主观权利。[1]

在人与自然的关系中,提倡“主、客一体”“客体视角”的思维范式是为了从自然的视角出发,正视人的客体性,正视二者的共存和互动,以更好地发挥人的主体性,促进人与自然的和谐发展。[2] “主、客二分”“主体视角”的思维范式已经成为一些人掠夺、统治和歧视自然的理论依据,在后工业社会,为应对生态危机,思维的范式已经发生了变化,人类已经认识到,要综合地考察人与自然、主体与客体的问题及它们之间的关系,认识到“主体与客体”“人与自然”是两组不同的概念。宅基地作为一种土地资源,如果无视其资源属性,而一味地对其进行掠夺性开发或任其闲置,势必会造成土地资源的浪费,增加生态灾难的风险。为均衡实现土地的居住、生产、生态及文化功能,各国无不在通过权利层叠来实现宅基地高效利用的同时,对其上的权利进行公私法限制,也由此形成了宅基地上多方当事人权利共存的局面。

(三)客体视角相对所有权定性的意义

客体视角相对所有权的定性有助于对我国现有集体土地制度的理解。首先,集体所有权不仅关注财产的归属,更关注共同体财产的目的以及共同保护。有学者通过对我国农村集体土地的经济制度变迁史的考察指出,农村土地集体所有制绝不是农村社区内农户之间基于私人产权之间的合作关系,即它不是一种“共有的、合作的私有产权”,是由集体承担其控制结果的一种社会经济制度安排。[3] 其次,集体所有权通常不能分割为个人所有权,不具有可转让性,以及不能改变作为其客体的财产的目的,集体土地的所有人的处分权能受到限制。

客体视角相对所有权的定性有助于准确界定集体经济组织的含义和功

---

〔1〕 陈晓敏:《论大陆法上的集体所有权——以欧洲近代私法学说为中心的考察》,载《法商研究》2014 年第 1 期。

〔2〕 蔡守秋、吴贤静:《从“主、客二分”到“主、客一体”》,载《现代法学》2010 年第 6 期。

〔3〕 周其仁:《产权与制度变迁:中国改革的经验研究》,北京大学出版社 2004 年版。

能。在我国现阶段城乡一体发展的新型城镇化进程中,农村集体面临新的人口与土地的关系:进城务工的农民希望能够将暂时不用的土地资源流转出去,使其产生一定的经济效益;留守的农民希望能够得到更多的土地资源以提高收入水平;城市资本和有意回到农村从事农业生产和生活的人希望农村能够提供相应的土地资源。从这一角度看,正如农村土地承包经营法赋予了农村集体为承包经营户提供服务和推动法律的实施的职能一样,以后的农村集体的主要功能除了履行村级行政职能外,应该充分发挥其在农地调整中的服务功能:为土地流转提供服务、进行监督,促进集体土地制度多元目标的实现。新型城镇化过程就是人口与土地资源的重新结合过程,而这一过程的实现如果单靠个体,就会产生巨大的交易成本,不利于新秩序的形成,这一问题的解决有赖于农村集体土地资源协调服务功能的确立和完善。

客体视角相对所有权定性提醒我们要关注集体土地使用权人的利益。在我国,土地集体所有制度建立在对土地的客观需求基础上,是超越个体权利的一种土地制度安排,但这并不表明我们可以忽略土地使用权人的利益。集体土地制度的目标是服务于特定团体的共同利益,这就要求我们在制度的实体内容、运行程序和救济机制设置时,关注土地使用权人利益的实现。对集体土地使用权人权利的漠视最集中表现在集体土地征收过程中:以土地所有权为中心的集体土地征收制度,忽视了土地使用权的价值,忽视了土地使用权人的权益。[1] 土地使用权人不是接受补偿的直接主体,不能参与到土地征收程序中,在征收过程中没有知情权、协商权和申诉权,极易导致集体土地所有权人及其代表滥用权力、侵害使用权人利益。我国以往的集体土地理论研究及立法,大多是以“主体视角”的所有权理论为基础来进行的,在研究中,学者多以个人所有权理论来审视集体所有权制度,分析不足、寻找出路,纠结于所有权本身,为集体土地寻找所有权归属主体,提出了不同的改革模式,

〔1〕 王利明:《〈物权法〉的实施与征收征用制度的完善》,载《法学杂志》2008 年第 4 期。

包括国有化、[1]私有化、[2]农民集体组织法人化[3]等各种解决方案，但这些方案均是以所有权为中心进行权利设置，无法为使用权人权利的扩充提供理论归依。

在对物进行利用的情形中，一个物上总是交织着多个权利主体之间的各种社会关系，应以私的属性和社会属性结合来界定所有权，不能用权能来分解所有权，而应正视所有权的本质，所有权是对物权客体上价值利益的控制和支配，是一束权利。从相对所有权的理论来看，"并不是所有权的权能发生了分离，而是物权客体的不同价值分裂归不同的主体支配，此时所有权人享有的也并非'空虚所有权'，他仍然支配了物权客体的部分价值，这一价值可能是物的交换价值，可能是物的使用价值，甚至是物上可能潜在的、其他权利人放弃权利时的可期待价值"。[4] 这种权利观念虽然没有近代私法上绝对所有权那样富有逻辑美感，但是能够灵活适应物权不断分裂而产生的制度需求。[5] 所有权的发展过程实际上是所有权的"权利束"不断分离、分化、碎裂的过程，此时，归属于不同主体并由其支配的是代表不同价值的权利，而不再是绝对所有权理论中的有体物，在物权客体价值化的趋势下，所有权也不再仅仅表彰人对物的关系，而是对多个权利人之间社会关系的关照。[6]

四、房屋与土地权利的统一与分离

虽然从物理上来讲，房屋无法移动，要依附于其所在的土地，但在立法上，房屋与其所在土地的权利却存在统一与分离两种立法模式。

（一）房屋与土地权利的统一

在罗马法早期，房屋被视为对土地的添附，是土地的从物，归属于土地所有人：如建筑是材料所有人善意所为，并占有建筑物，可请求返还材料的价金

---

[1] 刘俊：《中国土地法理论研究》，法律出版社 2006 年版，第 147 页。

[2] 陈躬林、林章兵：《重建农地自耕农所有制》，载《求是学刊》2003 年第 1 期。

[3] 在法人制度中又有社团法人、自治法人和农业合作社法人等形式。高飞：《集体土地所有权主体制度研究》，法律出版社 2012 年版，第 37 ~ 38 页。

[4] 李国强：《相对所有权的私法逻辑》，社会科学文献出版社 2013 年版，第 116 页。

[5] 李国强：《相对所有权的私法逻辑》，社会科学文献出版社 2013 年版，第 15 页。

[6] 李国强：《相对所有权的私法逻辑》，社会科学文献出版社 2013 年版，第 111 ~ 113 页。

和建筑费用或土地因此所增加的价值;如建筑是材料所有人恶意为之,或善意但不占有建筑物,则只能在建筑物毁坏后取回原材料;如建筑是土地所有人善意所为,根据《十二铜表法》的规定,材料所有人可请求返还材料原价的2倍;如建筑是土地所有人恶意所为,材料所有人除可以请求返还原材料价的2倍之外,在建筑物毁坏后,还可将原材料取回。[1]

美国法的家宅制度中房屋和土地须同属于设立人。在美国,为了保护家庭免于贫困和无家可归,很多州设立了家宅制度。[2] 家宅是为家庭日常生活而存在的土地及其建筑物、附属设施和园地等。申请作为家宅的土地和建筑物必须同属于设立人所有(不能在别人的土地上设立家宅),且不超过一定的数额。家宅作为维持所有人生存所必要的财产,对权利人人格的养成具有特别重要的意义,受到住宅用地豁免法的保护,享有免于被强制执行的特权。如果以家主为核心的一家人确实定居于此,则可以经过法定的登记和公示程序,确立为家宅。在家主有生之年,可以对抗债权人,在有未成年子女且缺乏必要的生存保障的情况下,不允许放弃家宅。在家主逝世后,配偶和未成年子女可以继续居住于家宅,并对抗债权人和法定继承人。[3]

法国于1909年仿照美国家宅制度颁布了《家产法》,[4]1907年的《瑞士民法典》、《加拿大魁北克省民法典》中均规定了家宅制度,[5]至今仍有效力。德国也曾于1920年公布《家宅法》以迎合“小民之居住需求与经济需求”,允许将“带有园地的单户住宅”或“经济型住宅”(小型农地和园地)合并为一体,作为家园,但可能由于土地资源的稀少,并未广泛推行,已于1993年

[1] 世界著名法典汉译丛书编委会编译:《十二铜表法》,法律出版社2000年版,第25~26页。周枏编著:《罗马法提要》,法律出版社1988年版,第85页。

[2] Alison D. Morantz, *There no Place Like Home: Homestead Exemption and Judicial Constructions of Family in Nineteenth-Century America*, Cambridge University Press (August 18, 2010), https://www.cambridge.org/core/journals/law-and-history-review/article/div-classtitlethereandaposs-no-place-like-home-homestead-exemption-and-judicial-constructions-of-family-in-nineteenth-century-americadiv/AF3C4A1065B623FA16AEF279F695ADCD.

[3] 张群:《家宅法的起源与发展——兼论宅基地制度的出路》,载《北方法学》2008年第1期。

[4] 孟普庆:《中国土地法论》,南京市救济院1933年版,第215页。

[5] 《瑞士民法典》,殷生根、王燕译,中国政法大学出版社1999年版,第97页。

废除。[1]

(二)房屋与土地权利的分离

地上权制度的设立,突破了罗马法早期添附制度的规定,使房屋与土地权利有了分离的可能。在罗马法后期,为了满足非土地所有人的建筑要求,设立了地上权制度。地上权是支付租金以在他人土地上进行建筑从而建筑物拥有的独立的物权权利。此权利突破了添附制度的原则,使建筑物的所有权归地上权人,而不再归属于土地所有权人。地上权可依据契约、遗嘱、判决或时效取得;地上权可转让、抵押、继承和设定役权,地上权转让时土地所有权人无优先权、无手续费收取权;地上权除可因为权利人人格大变更、标的物灭失或成为不可有物、混同、期限届满或终止条件成就、当事人协议、地上权人死亡时无遗嘱又无继承人、地上权被剥夺、他人因时效取得标的物所有权等原因而消灭外,还可因为房屋毁坏而消灭。

此后各国的立法,为了满足非土地所有人的建筑需求,大多设有地上权制度,地上权在法律上和土地所有权几乎受到同等的对待,可以独立转让。[2]“这一权利在德国被认为是一种土地负担,是为了一定目的而支配物的权利,被视同为土地,有专门的登记簿,受到如土地所有权般的保护,在德国,建筑物与地上权而不是与土地所有权结合为一体——建筑物转让时,地上权随之转移;地上权转让时,建筑物随之转移。”[3]

(三)房屋与土地权利分离的意义

为了实现居住权利,在很多时候仅有土地是不够的,在无力或不必进行建筑的情形,对他人房屋的用益,是一种可行的模式。罗马法中的用益权、[4]使

---

〔1〕 张群:《家宅法的起源与发展——兼论宅基地制度的出路》,载《北方法学》2008 年第 1 期。

〔2〕 [德]M. 沃尔夫:《物权法》,吴越、李大雪译,法律出版社 2004 年版,第 61 页。

〔3〕 [德]鲍尔、施蒂尔纳:《德国物权法》(上册),张双根译,法律出版社 2004 年版,第 648 页。

〔4〕 罗马法上的用益权是从所有权中分解出来的,是一种使用和收益他人之物而不损坏物的本体的权利,这一权利可以在土地或房屋上分别设立。在用益权有效期内享受用益权的一方,称为用益权人;用益物的所有人在用益权有效期间称为虚所有权人,当用益权消灭,其权能回归所有权人。[古罗马]优士丁尼:《法学阶梯》,徐国栋译,中国政法大学出版社 1999 年版,第 141 ~ 143 页。周枏编著:《罗马法提要》,法律出版社 1988 年版,第 93 页。

用权、[1]居住权[2]或永租权[3]均可以在他人房屋上设置,而不必涉及土地的权利。在城市化进程中,各国实现居住保障的措施也是住房或住房补贴,而不是土地。在加拿大原住民保留区之外,满足居住的主要方式是依靠自己的收入在市场上购买或租赁住宅,在此之外,婚姻住宅是为无住宅的配偶和未成年子女提供的第一道保障措施,之后是社区、非营利组织或政府等提供的社会性住房,最后是租房补贴。在一些加拿大原住民保留区,在离婚财产分配时,为了能够保证将土地权利限制在部落成员之间同时保障非部落成员配偶一方的居住利益,会考虑让其获得房屋的居住权或分割保留区土地权利的价值。

本章小结

在城市化进程中,对于如何保证人人享有适当住房权利的同时确保人类住区的可持续发展,各国立法均有所回应。

在法国,为了发挥住宅及土地在人类定居方面的关键作用,法律采取的途径是对土地所有权的限制——包括法定限制与约定限制,基于此种限制,土地所有权人的各项权能在不同的人之间分配,这些被分解的要素是独立的物权,与所有权的性质相同;为了让没有土地的人能够进行建筑并拥有建筑物所有权,其设置了建筑租约和地上权制度;为保证特殊群体的住房权利,法国相关制度工具有对住房的法定用益权、法定使用权、法定居住权和基于"廉租房租约"而享有的地上权。为解决城市的住宅问题,德国创设了住宅所有权(土地共同所有)、地上权(土地用益权)、居住权(限制的人役权或用益权),为满足度

〔1〕 罗马法上的使用权是权利人在个人需要的范围内按物的性质使用他人之物的权利。在个人需要的范围内,可以收取孳息;也可将多余的房屋出租给他人。[古罗马]优士丁尼:《法学阶梯》,徐国栋译,中国政法大学出版社1999年版,第145页。

〔2〕 罗马法上的居住权为人役权的一种,为居住他人房屋的权利,也是使用权的一种。与使用权不同之处在于:权利不因使用者不行使或人格变更而消灭,权利人可以转让权利或将房屋出租于他人以收取租金。[古罗马]优士丁尼:《法学阶梯》,徐国栋译,中国政法大学出版社1999年版,第147页。

〔3〕 永租权是支付租金,长期对他人的不动产进行使用和收益的权利。永租人的权利包括:在不减损标的物价值的前提下进行改良或变更其用途,占有标的物并收取孳息的权利,任意处分永租权,在永租权的有效期限内设定他物权。除有特殊约定外,永租人的义务包括:以善良家长的注意耕种土地、使用房屋,负担管理和一般修缮费用及税赋,按期交付租金,出让永租权时通知所有权人(所有权人有优先购买权),如将永租权让与第三人就付给所有权人出让价金的2%的手续费。周枏编著:《罗马法提要》,法律出版社1988年版,第96页。

假需求,其创设了时间分配共有权。日本为了抑制城市发展过程中土地投机,采取了地价公示、规范区域许可、土地交易申报等制度;为了获得城市公共设施用地,其创设了换地方式(包括平面换地和立体换地);为了协调因建筑物抵押权实现而形成的建筑物新所有权人与原土地所有人之间关系,其创设了法定地上权制度。

在英国,基于抽象权益理念,土地上的权益与土地本身分离,形成抽象实体,这一抽象实体可以进行横向分割(按时间),也可以进行纵向分割(多主体共有),分割形成的不同类型“权利束”有其特定的权利和义务,均可以成为交易的对象,权利束理念以其极大的灵活性为土地及房屋的多样性利用提供了可能。按时间来分配,不动产上的当前权益有自主持有和非自主持共两类 7 种形式,未来权益有 5 种基本类型;对权益进行纵向分割,形成共有模式,主要包括普通共有、联合共有、建筑物区分所有、规划单元小区、分时度假;融合财产权益的时间分割和权能分割,形成了不动产信托模式。为了满足城乡发展需要,政府通过土地利用规划对私人土地利用进行管理,利用土地发展权(英国的土地发展权归国家、美国的土地发展权归土地所有人)制度来分配土地发展增益。在加拿大原住民保留区,保留区的土地作为集体财产由保留区委员会控制,个人财产形式主要有习惯法上的权利、《印第安人法》规定的占有证书、原住民土地管理法规定的土地权利和租约;《保留区家庭住宅和婚姻权益法》规范的家庭住宅权益范围有时被限制在建筑物上,并不包括其所在土地的价值,根据这一法律,如果夫妻有一方是非本部落成员,则意味着其在离婚时不能取得住宅权利,由另一方向他支付财产价值的一半作为补偿;要不要在保留区引入个人永久产权、在家庭住宅权益分割时如何平衡权利人、非部落成员配偶和保留区的利益、如何认识土地的功能是加拿大原住民保留区土地制度面临的难题。

在我国香港特别行政区,为满足新界原住居民的居住需求,其男性后代可以申领一定面积的土地进行建筑,并交纳相应的保有税费,此建筑称为“丁屋”,丁屋在验收合格之日起 5 年内不得转让,期满转让的,须向政府补交地价。

近代土地私人所有权的观念形成于资本主义社会,在缺乏土地所有权观念和土地私人所有权之间,存在土地所有权的中间形态,即土地的共同体所有权。土地私权制度曾经取向于个人自由或社会的平等正义,但在当代社会,这一制度也开始关注多元价值的动态平衡:受原子论世界观的影响,以个人自由为价值取向的土地制度倾向于保护个人对土地利用的选择权,认为任何对其自由选择的损害,都要给予赔偿;受整体论世界观的影响,以社会平等、正义为理念的财产制度强调土地承载的社会利益,认为个人对土地的某些使用潜在地严重影响了人类和社会,以保护公众健康、安全、伦理和福利等理由,对财产的使用、处置和受益权能加以限制的土地规划和土地用途管制已经成为各国规制土地利用的普遍方式,此外,税收、地价公示、交易申报等制度也被用来抑制城市发展过程中的土地投机;多元价值理论认为,创造社会财富和合理的个体与社会的关系是可期待的社会生活的两个方面,自由、平等和正义都是值得追求的价值目标,多元主义财产观念认为要从不同的角度关注人的需求,功利和效率、正义和平等、劳动和应得都是衡量财产权利制度的目标,只不过要区分不同的财产类型来确定目标的先后顺序。城市化进程中的土地增值大部分是社会发展而不是个人劳动或投资带来的,其利益应该在社会主体之间进行分配而不应完全归于权利人,由此,以平衡土地增值利益为目标的土地发展权制度得以产生。为提高土地的利用效率,交易在所难免,在以交易为背景的财产关系中,英美法系以客体为视角的财产权理论优于大陆法系以主体为中心的权利理论。为了满足非土地所有人的居住需求,土地与其上房屋权利的分离已经成为常态;为了满足无力或不必进行建筑情形时的居住需求,可行的模式是对他人房屋的用益。

第四章　宅基地使用权制度创新的理论反思

为充分发挥土地的功能,以物为视角进行研究和权利的构建,应该成为在新型城镇化视角下宅基地使用权制度研究的应有范式。随着对土地利用的多样性和立体性的加强,以多元财产理论为分析框架,关注人的利己本能和合作本能,关注个人利益与社会利益的平衡,关注土地的经济、生态、文化等功能,将宅基地使用权置于城乡一体化发展背景中,以客体为视角来分析宅基地上的权利层叠,或许能为我们的制度创新提供更好的理论支撑。

第一节　宅基地使用权制度的价值目标

就宅基地使用权而言,这一财产在一般情况下不是人类劳动的成果(为了居住而对土地进行改良的除外),因而劳动应得原则应该处于较为靠后的顺位;如果将宅基地使用权作为人类居住权利的保障途径的话,则其对人格的养成有意义,正义和平等原则应该是首选的目标;如果认为宅基地使用权对社会的经济功能有重要意义的话,那么功利和效率原则是首选的目标。

一、原有城镇化模式下宅基地使用权的制度目标

原有的城镇化模式是一种城乡二元的城镇化模式,这一时期宅基地使用权制度的任务是保障特定集体成员在本地的居住安全,其首要目标表现为集体内部的正义和平等。

服务于本集体利益的目标设定决定了宅基地使用权只能由本集体成员享有——只有本集体成员可以申请取得宅基地使用权,本集体成员可以依继承或转让而享有宅基地使用权,宅基地使用权主体丧失集体成员身份要交回宅

基地使用权。为了保障每一个集体成员都能实现住宅权利，保障方式是为其提供一定数量（以保障生存为限）的宅基地，让其可以在上面建设住宅及附属设施，体现了正义和平等的要求。但这一正义和平等的目标只限于集体成员内部，表现为我国集体土地的使用权人只能是"集体成员"，而"集体成员"的确定以城乡分离的二元户籍为标准，如果"集体成员"脱离农村进入城市，则要交回其土地使用权（如宅基地使用权和土地承包经营权）。

在城乡二元发展的初期，村庄缺乏流动性，集体成员退出机制受到限制，此时集体与农民的关系是整体的、长期的，集体成员间达成的默契是自然的、既定的，集体能够保障宅基地的有效供给，集体成员长远的生活预期使个体选择自觉遵守集体规则，此时，国家—集体—农户三者具有的高度"共容性利益"，使宅基地在集体内部的分配与使用体现效率与公平的统一。[1] 受当时计划经济的影响，小农家庭是消费单位而非生产单位，由于国家要求的农业税额是固定的，村社集体为了提高粮食产量、增加全体成员的生活福利，对宅基地的利用及管理很严格，如果村民不坚持一户一宅，并且对集体意见不理不睬，集体就会以停发口粮作为威胁手段。在分田到户初期，农民从家计再生产的角度理解宅基地，这种宅基地更接近于耕地而非建设用地——农民的宅基地包括房屋基地、禾场、菜园等组成的整块土地，房屋占地只涉及一小部分，其他部分主要用于农业生产，并且宅基地可以复垦为耕地种植作物，这一时期，宅基地的占有和退出涉及耕地的增减，宅基地与耕地的分配与利用是一个动态的、整体的过程。

在城乡二元发展的后期，耕地承包关系"长久不变"的政策出台后，集体无偿分配宅基地的权力受到限制，宅基地的财产权利意识被激活，随着计划经济向市场经济改革的推进，集体内部宅基地分配和使用的平等和正义难以维持。始于 1994 年的分税制改革，造成了中西部乡镇的"吃饭财政"困局，乡镇政府在中央向地方放权后成为独立的利益主体，乡镇官员利用权力追求自身目标，借宅基地审批名义乱收费现象时有发生，不仅损害了农户利益，也损害了国家

---

〔1〕 刘锐：《土地、财产与治理：农村宅基地制度变迁研究》，华中科技大学出版社 2017 年版，第 62 页。

形象。根据1998年颁布的《村民委员会组织法》规定，村组织是自治组织，村干部由任命制转向竞选且有任期，这使村组织的宅基地治理能力降低。为了能够获得连选连任，村干部于公于私都会选择不得罪村民，对于宅基地使用权申请，不经审查即签字，将问题留给审批单位，丧失了村组织的监管和上报职能，国土所管理宅基地的成本增大。村社组织丧失宅基地管理能力加重了国土部门的管理负担，垂直管理体制下后者又不可能深入农村实施直接管理，宅基地扩张行为难以得到有效控制，农民的违章建筑很难被及时发现，行政罚款和强制拆除也难以进行。[1]

二、新型城镇化视角下宅基地使用权的制度目标

新型城镇化是市场主导的城镇化，以人的城镇化为核心，要求土地等资源能够随着人口的流动而重新配置，促进人的全面发展和社会公平正义，促进城乡要素平等交换，节约、集约高效利用土地，维护生态文明和文化传承。新型城镇化视角下宅基地使用权制度的目标应该是功利、效率和公平正义，居住安全不应该再成为宅基地使用权制度的目标。

从城乡一体、区域协调发展的角度来看，宅基地使用权的首要目标是功利，要求宅基地使用权制度的设置能够最大化满足新型城镇化的目标。

首先，城乡一体化要求协调城乡空间布局，改善人居环境，集约高效、合理利用城乡土地，促进城乡经济社会全面科学、协调可持续发展，为进城农民提供激励，为城市居民返乡提供可能。随着城乡规划的实施，宅基地由于所处区位不同，其可开发程度也有区别：城市规划内的“城中村”和“城郊村”的宅基地，随着人口的增加和产业的聚集，开发的需求较为强烈；城市规划外的农产品主产区和重点生态功能区，随着人口的减少和主体功能的落实，宅基地的占地指标会逐步减少。减少后者的占地指标主要通过两种途径：一是农村居民点以及农村基础设施和公共服务设施的建设，适度集中、集约布局，手段是农村宅基地整治；二是农村人口向城市迁移，宅基地需求减少，农村宅基地使用

[1] 刘锐：《土地、财产与治理：农村宅基地制度变迁研究》，华中科技大学出版社2017年版，第91页。

权人放弃其权利。为了增加农民进城的积极性，不能任意剥夺他们的既得利益，宅基地使用权是法律赋予农民的权利，无论他们是否还需要以此来作为基本保障，也无论他们是留在农村还是进入城镇，任何人都无权剥夺；[1]为了能够满足城市居民返乡的需求，宅基地使用权制度设置也要为其提供可能。

其次，根据主体功能定位，控制住宅用地开发的强度、数量和结构。国土空间主体功能区规划，“就是根据不同区域的资源环境承载能力、现有开发强度和发展潜力，统筹谋划人口分布、经济布局、国土利用和城镇化格局，确定不同区域的主体功能，并据此明确开发利用方式，完善开发政策，控制开发强度，规范开发秩序，其目标是逐步形成生产空间集约高效，生活空间舒适宜居，生态空间山青水碧，人口、经济、资源环境相协调的国土空间开发格局”。[2]就住宅用地而言，表现为以下四个方面。第一，严格控制优化开发区域住宅用地增量。减少工矿建设空间和农村生活空间，适当扩大服务业、交通、城市居住、公共设施空间，扩大绿色生态空间。第二，相对适当扩大重点开发区域住宅用地规模。适度扩大先进制造业空间，扩大服务业、交通和城市居住等建设空间。城市规划和建设应预留吸纳外来人口的空间。第三，严格控制农产品主产区、重点生态功能区住宅用地规模。严禁改变重点生态功能区生态用地用途，严格控制开发强度，逐步减少农村居民点占用的空间，腾出更多的空间用于维系生态系统的良性循环。生态移民点应尽量集中布局到县城和中心镇，避免新建孤立的村落式移民社区。第四，严禁自然文化资源保护区土地的住宅开发建设。绝大多数自然保护区的核心区应逐步实现无人居住，缓冲区和实验区的居住人口也应较大幅度减少。

再次，从全面发展、可持续发展的角度来看，效率应该成为宅基地使用权制度设置的重要目标。新型城镇化发展不仅要处理好个人与社会的关系，更要关注人类、社会与自然的关系。一方面，基于土地资源的有限性和不可再生性，要在实现社会经济发展的同时，保护生态环境，实现可持续发展，就要限制

---

〔1〕 温家宝：《中国农业和农村的发展道路》，载《求是》2012 年第 1 期。

〔2〕《全国主体功能区规划——构建高效、协调、可持续的国土空间开发格局》（以下简称《全国主体功能区规划》），国发〔2010〕46 号，国务院 2010 年 12 月 21 日颁布。

住宅用地的开发结构、数量、和强度,[1]对宅基地使用权的设立、行使进行监管。另一方面,土地资源的差异性决定了我们只有因地制宜才能提高土地利用的效率,要实现经济利益的最大化,就要关注宅基地使用权的多样化实现方式。良好的财产法规范是解决稀缺资源利用的重要因素,在物上设定不同权利,使不同人对该物享有不同权限,形成权利的层叠,分别获取收益,是更理性和有效率的方式。

最后,新型城镇化进程中土地价值变动的外部性,决定了公平分配宅基地增值应该成为宅基地使用权制度设置的目标之一。"涨价归公"会引发土地财政,造成公权力对私权的侵害;"涨价归私(集体或农户)"无法平衡不同区域间集体和农户的利益;兼顾国家、地方政府、集体和农户的利益要求"涨价共享",按照国家、地方政府、集体和农户对宅基地增值贡献的大小确定分配比例。[2]一方面,国土空间主体功能区规划、城乡规划的落实会导致不同区域宅基地价值的变动,由此导致宅基地价值变动的"外部性",这种外部性可能是一种正效益——如城市规划导致的城中村土地经济价值的增长,也可能是一种负效应——如主体功能区规划导致的限制开发区和禁止开发区宅基地价值的降低。另一方面,城乡建设规划和国土空间主体功能区规划的实施会引发土地用途的变更,也会影响其价值。土地的价值与其用途密切相关,土地可以用于建设住宅、进行耕种、维护生态环境、保存自然或文化景观等,在新型城镇化发展过程中,农业和生态用地有可能被许可开发为宅基地或建设用地,住宅和建设用地也有可能被复垦为农业或生态用地,从而导致特定宅基地使用权价值的增减甚至灭失。在新型城镇化发展过程中,由于国土空间主体功能区规划和城乡规划实施带来的宅基地价值的增减,并不是宅基地使用权人个人努力

---

[1] 《全国主体功能区规划》要求:"到2020年基本形成主体功能区布局,主要目标是:将住宅用地开发从占用土地的外延扩张为主,转向调整优化空间结构为主,把提高住宅用地利用效率作为开发的重要任务,引导人口相对集中分布、经济相对集中布局,走空间集约利用的发展道路;城市空间控制在10.65万平方公里以内,农村居民点占地面积减少到16万平方公里以下,耕地保有量不低于120.33万平方公里(18.05亿亩),绿色生态空间扩大,林地保有量增加到312万平方公里;相对适当扩大重点开发区域住宅用地规模,严格控制农产品主产区、重点生态功能区住宅用地规模,严禁自然文化资源保护区土地的住宅开发建设,以保护自然生态为前提、以水土资源承载能力和环境容量为基础进行有度有序开发。"

[2] 陈明:《农村宅基地财产权实现的法律创新》,载《中州学刊》2018年第5期。

的结果，是由土地用途转变或社会发展带来的。[1] 为实现公平目标，宅基地使用权制度的设计就要关注宅基地用途变化带来的价值变迁，使其外部成本内化：一是让宅基地占用者支付相应的对价，以补偿土地生态服务、社会保障、历史文化承载等功能的丧失。二是建立宅基地增值的社会共享机制，以重新分配社会发展带来的经济利益。

从新型城镇化发展的角度来看，居住安全不应该再成为宅基地使用权制度的唯一目标。从境外各国住宅及用地制度考察来看，对居住安全进行保障的是住房或租房补贴，而不是土地使用权。我国现在的城市住房保障体系也是以住房和租房补贴为主要手段。从实践来看，对于无力建房的贫困家庭来说，仅仅是宅基地使用权并不能解决他们的居住问题。长远来看，新型城镇化发展要求为城乡居民提供均等的公共服务，农村住房保障制度也应该转变方式。从创新实践情况来看，各地已经开始在宅基地使用权之外探索农村居住保障实现的多种模式。

三、目标指引下“地票”“集地券”表彰权利的界定

要构建城乡统一型、区域协调型、集约型宅基地使用权制度，就要建立权利转移的激励机制，重建宅基地使用权的价值和价值共享机制，“地票”或“集地券”交易无疑是这种价值分享机制的代表。

宅基地使用权作为一种财产权利，其价值由两部分组成，一是经济产出价值，二是开发权价值。一方面，宅基地的资产特性，决定了其经济产出价值。就大约5%的城郊村宅基地、城中村宅基地、旅游区和沿海发达地区农村宅基地而言，由于其与城市连接紧密或者有独特的利用价值，在城市经济的辐射作用或旅游经济拉动下土地本身的产出价值不断增强；[2] 而在人口流出较多的95%的偏远、落后农村地区，由于区位、市场和商品化程度等劣势，宅基地的使用价值低于耕地价值，也基本不具有交换价值。甚至在很多土地条件恶劣的

〔1〕 廖鑫彬：《土地征收的公平市场价值补偿——一种基于土地增值税框架的征地补偿模式》，载《农村经济》2013年第7期。

〔2〕 印子：《宅基地使用权的法律属性辨析》，载《交大法学》2016年第3期。

西部干旱地区，宅基地不存在复垦为耕地的可行性，即便有些地区的宅基地可以复垦为耕地，其市场价值也不过1万~3万元。[1] 另一方面，宅基地的资源属性，决定了宅基地的开发价值。在我国建设指标总量控制、允许指标在城乡或区域间协调的背景下，将空闲宅基地复垦为耕地，就可以置换相应的建设用地指标，为城镇新增建设用地提供可能。宅基地复垦会导致宅基地使用权人的使用权灭失、宅基地所有权人的住宅建设权能受限，同时使新增建设用地的价值因为用途的变化而增加。为平衡不同土地权利人之间的利益，"地票""集地券"等交易应运而生。

"地票""集地券"表彰的权利就是土地的开发权，宅基地开发权转移是宅基地使用权价值的分享机制之一。在新型城镇化视角下，随着国土空间主体功能区规划和城乡规划的落实，宅基地的价值一般会发生如下变化：城市规划区——特别是城市规划的优化开发区和重点开发区的宅基地的经济价值会随着开发力度的加强而增值；乡村规划区——特别是农产品主产区和重点生态功能区的宅基地的经济价值会随着开发力度的减弱而减少。这一经济价值的增减是社会发展带来的，应由社会成员来分享或承担。也就是说，关注宅基地使用权人的利益，意味着将宅基地使用权人作为一个整体来考虑，而不是仅强调个别使用权人的利益。主体功能区的划分导致限制、禁止开发区的土地发展权利受到限制，由于管制的目的是要促进区域协调发展、保护农地及生态环境、实现社会可持续发展，因此，为了弥补限制、禁止开发区内土地权利人开发权价值的损失，就要运用政府和市场手段进行补偿：政府主导模式下的主要补偿方式有纵向财政转移支付、横向财政转移支付、开发权补偿基金分配等；[2] 土地开发权交易就是通过市场模式来调节土地开发利益的分配。[3]

土地开发权得以生成的社会基础是土地所有权由绝对走向相对，土地开

---

〔1〕 魏程琳：《非财产性权利：农村宅基地的属性与价值辨析》，载《山西农业大学学报（社会科学版）》2015年第4期。

〔2〕 任艳胜：《基于主体功能分区的农地发展权补偿研究》，中国社会科学出版社2015年版，第164页。

〔3〕 刘国臻：《论美国的土地发展权制度及其对我国的启示》，载《法学评论》2007年第3期。

发权是一种新型的物权。[1] 在绝对土地所有权理念下,变更土地性质或提高土地利用集约度产生的利益当然归属于土地所有人。在相对土地所有权理念之下,土地所有权的内容被分割,采矿权、空间权和土地开发权等与土地所有权相分离,成为独立的财产权。当人们利用土地的行为由静态转化为动态时,原来静态的土地价值以时间维度分割为当前土地价值和未来开发的土地价值,土地开发权从所有权中分离出来,成为一项独立的权利。[2] 土地开发权是土地这种特殊财产"权利束"中的一种基本权利,因此,对农民集体土地开发权的压抑实际上是对集体土地所有者或使用者利益的损害。农地开发权补偿是对农民集体自身权益的补偿,是对其自身生存、发展能力的补偿。各地政府之所以能够给予宅基地复垦权利人十几万元、甚至几十万元的奖励,不是因为宅基地使用权或复垦后的耕地承包经营权具有多高的使用或交换价值,而是因为宅基地复垦产生的建设用地指标具有相应的市场价值。

土地开发权理念对于"小产权房"问题的解决具有启发意义。在深圳,为了解决"小产权房"等历史遗留问题,政府通过追认宅基地使用权人开发权的形式丰富了土地使用权人的权利,协调了不同宅基地使用权人的利益。具体做法是:"对于规划范围内的宅基地使用权和房屋确认产权,签订宅基地使用权出让合同,不收取费用;对于超过规划标准的宅基地使用权,签订宅基地使用权出让合同,超标部分土地使用权补交地价款并减免75%,超过规划标准的房屋则在交纳'罚款'(符合一户一宅原则,总建筑面积在600平方米以下或4层以上7层以下的,每平方米处以20~50元罚款;符合一户一宅原则,总建筑面积超过600平方米或者超过7层的部分,每平方米处以50~100元罚款)后予以确权。"[3]

---

[1] 姚昭杰、刘国臻:《我国土地权利法律制度发展趋向研究——以土地发展权为例》,中山大学出版社2016年版,第85页。

[2] 姚昭杰、刘国臻:《我国土地权利法律制度发展趋向研究——以土地发展权为例》,中山大学出版社2016年版,第73页。

[3] 李凤章:《开发权视角下的小产权房及其处理——以深圳经验为例》,载《民商法学》2016年第9期。

第二节 宅基地使用权制度的功能

在我国,宅基地使用权制度曾经被赋予居住保障功能,但限于宅基地使用权的内容,这一功能并未很好地实现。在新型城镇化目标指引下,宅基地制度发展的方向是所有权、资格权和使用权"三权分置",在宅基地资格权分离之后,宅基地使用权制度的主导功能是其财产权功能。由于宅基地属于集体所有,而集体在一般情况下并未对宅基地进行占有和使用,实现对宅基地私人支配的制度工具是宅基地使用权。这一权利虽然以所有权为基础,但是由法律直接确认,其权能大于传统大陆法系的用益物权,确保了使用权人对宅基地的排他性支配。宅基地使用权制度通过保护使用权人对宅基地的投入来促进社会整体财富的增长,同时,区分宅基地使用权人与宅基地上其他权利人之间的权利义务,建构宅基地上的权利群,以促进宅基地的高效利用。

一、原有城镇化模式下宅基地使用权的制度功能

在原有的城乡二元分立城镇化模式下,宅基地使用权制度的主要功能在于保障集体成员住宅权的实现。[1] 住宅权的内容是获得保障权利主体基本居住需要的住宅和在住宅内安全、健康与有尊严地居住的权利。住宅权的义务主体是国家,国家有义务尊重住宅、保护住宅、通过立法等手段促进住宅权的实现和积极地提供住宅(不仅包括向弱势群体直接提供住宅,还包括监督和控制住宅成本、提供住宅基础设施、维护住宅金融市场等)的义务。[2] 在原有的城乡二元分立城镇化模式下,国家对农民的这一义务是通过集体土地制度的安排来实现的:在特定集体土地上安排特定人群的生活、生存利益——国家根据农业生产协作的需要将特定范围内的土地划归集体,集体通过再划分,将土地的使用权赋予家庭,家庭作为基本单位来从事农业生产和生活。基于这一

---

〔1〕 住宅权是一项人权,是社会全体成员获得住宅并安全、健康、尊严地居住的权利。《经济、社会和文化权利国际公约》中《第4号一般性意见:适足住房权》第6条规定,住宅权的主体是"他和他的家庭"。杨英文:《城镇化视域下公民住宅权研究》,知识产权出版社2014年版,第20页。

〔2〕 杨英文:《城镇化视域下公民住宅权研究》,知识产权出版社2014年版,第21~29页。

思路,现有宅基地使用权只能由集体农户申请取得,只能在集体成员之间进行交易,退出集体要交回。

在原有城乡二元分立城镇化模式下,宅基地使用权基本不具有财产权的支配、区分和建构功能。在旧有城镇化模式下,宅基地主要作为生产和生活资料存在:宅基地主要作为居住载体,其使用价值较低,加上城镇化水平不高,宅基地供需相对平衡,人们对宅基地并无财产预期。首先,宅基地使用权的排他性支配功能并不明显。在宅基地征收过程中,宅基地使用权人并不是被征收的主体,无权参与征收或征收补偿的程序,无权获得独立的补偿,只能要求集体重新分配宅基地。其次,宅基地使用权的区分功能也不明确。宅基地使用权由农户无偿申请取得、无偿使用、无期限限制,致使宅基地使用权与宅基地所有权的区分并不明确。最后,宅基地使用权基本无建构功能。现行宅基地使用权的制度安排并不是为了便利交易,也不是以市场为导向的,宅基地使用权人只能在宅基地上建设住宅及其附属设施,不能设立抵押权、用益权等权利。

从实践情况来看,用宅基地使用权制度来实现居住保障功能,情况并不理想。宅基地使用权是使用权人有权在宅基地上进行建筑的权利,这一权利对于无力进行建筑的农户而言,是不足以实现其基本居住需求的。在我国经济发展落后的西部农村地区,房屋的建筑成本一般较低,安全质量仍有待提高;对于经济条件较差而无法自行建造或改善住宅的困难群体而言,安居的需求仍无法满足,政府不得不对居住在危房中的农村分散供养五保户、低保户、贫困残疾人家庭和其他贫困户等提供危房改造资金,以解决他们的住房需求。[1]

二、新型城镇化视角下宅基地使用权的制度功能

在新型城镇化视角下,宅基地使用权的功能应该设定为排他性支配功能、区分和建构功能。在新型城镇化发展过程中,居民不受限制的迁居自由是城乡一体、区域协调发展目标的应有之义,任何人均可成为某特定地域的"当地居民",集体成员资格由封闭变为开放,特定人享有的身份利益变为任何人均

---

〔1〕 陈卓:《2015 年农村危房改造 2 千余万中央补助金帮修房》,载文明新乡官微的博客 2015 年 7 月 23 日,http://blog.sina.com.cn/s/blog_c38e33100102vy85.html。

可享有的利益,宅基地使用权的特殊身份——农民身份和特定地域性身份将不复存在,加之城乡一体的住房保障制度的建立,宅基地使用权的集体成员居住保障功能将会弱化。[1]

从人与物的视角来看,宅基地使用权应该具有排他性支配功能,确保权利主体对宅基地的排他性占有、使用、收益和处分,以防止国家公权力和其他私主体的侵害。宅基地资源具有稀缺性,主体之间可能会为了抢夺资源而发生利益冲突,为协调宅基地占有冲突、激励权利人对宅基地进行改良或促进宅基地的多层次利用,宅基地使用权的排他性支配功能必不可少。国家只能基于社会公共利益的需要,经过正当程序来征收宅基地,并应该给予宅基地使用权人补偿。宅基地使用权人的权利不受其他私主体的干预,包括集体和任何个人,否则权利人有权请求排除妨碍,造成损失的,权利人有权请求损害赔偿。

从人与人的视角来看,宅基地使用权具有区分功能和建构功能。宅基地使用权的区分功能将其与其他类型权利区别开来,我国《民法典》上的宅基地使用权不同于传统大陆法系的土地用益物权,它不是基于所有人的意愿而实现的权能的分离,而是在我国宅基地归属于集体的背景下,为了实现土地的私人利用直接由法律设置的一种权利类型。宅基地使用权作为一种抽象物,有其特定的含义和权能,有特定的权利取得、行使的条件和程序,这使其区别于其他权利。宅基地使用权的建构功能可以实现宅基地使用权权能的分割,在此基础上建构我国的宅基地物权体系,例如,在改革过程中出现的宅基地使用权的出租、抵押等,都是对宅基地使用权权能的切分,以促进宅基地使用权的多样化实现。随着宅基地资源利用方式的多层次化,宅基地使用权的权能将不断分割,由此建构其上的权利体系,以实现土地的最大化利用。

宅基地使用权不再承担居住保障功能,居住保障功能由宅基地资格权来承担。在山东,宅基地制度改革的方向之一是改变单一以宅基地使用权作为资格权的实现方式,允许资格权人申请公共租赁住房和换股权、换货币等多种实现形式,对于无后备土地资源提供宅基地的地区,可建立资格权与城镇住房

---

〔1〕 陶钟太朗:《论城乡一体化视域下集体土地所有权的走向》,载《中国土地科学》2015 年第 3 期。

保障体系衔接机制,将符合城镇住房保障条件且无法享受宅基地资格权的农户纳入城镇住房保障系统。[1]

三、功能指引下宅基地使用权与宅基地集体所有权的界分

宅基地使用权的排他性支配功能、区分功能和建构功能,使其不同于宅基地集体所有权,二者的权益切分应予明确。

从人与物的视角来看,宅基地集体所有权的私法功能在于确保集体对宅基地利益的支配,更确切地说,是对宅基地权利切分后剩余价值的支配。所有权是一项具有宪法价值的基本权利,在我国,宪法明确规定了宅基地属于集体所有,这一规定的目的在于配置土地所有权、规范国家与集体之间的公法法律关系,给予集体与国家相同的土地所有权人地位,国家也基于其公共事务管理职能获得对这一权利进行限制的权限。[2] 宅基地集体所有权的功能是使对特定财产的享有和支配权利服务于特定团体的共同利益。这一制度关注更多的不是所有权人对物的支配权利,甚至也不是财产的归属问题,而是共同体财产的目的以及共同保护——共同体财产主要用于共同劳动,服务于团体的共同利益,该共同利益不仅包括团体既有成员的利益,还包括未来的潜在成员的利益。《民法典》规定宅基地属于集体所有,其目标在于适应市民社会发展的需要、实现宅基地的私人利用,《民法典》规定集体所有权的功能在于以此为起点来进行权利体系的架构,以保证集体对宅基地价值利益——在设定各种他物权之后的一种剩余价值利益——的归属和支配。例如,对于集体内未分配的规划范围内的宅基地,集体有权占有、使用、收益和分配;宅基地使用权人放弃宅基地使用权的,集体有权收回宅基地。村集体经济组织收回宅基地使用权是基于其所有权的权能,因此,宅基地使用权收回案件应该属于民事案件。

从人与人的视角来看,宅基地集体所有权的功能在于协调不同宅基地使用权人的利益,并对宅基地使用权人的行为进行监督。首先,宅基地的自然特

---

〔1〕《山东省关于开展农村宅基地“三权分置”试点促进乡村振兴的实施意见》,载郑州外资企业服务中心网 2018 年 11 月 18 日,http://www.waizi.org.cn/policy/48479.html。

〔2〕李国强:《相对所有权的私法逻辑》,社会科学文献出版社 2013 年版,第 3 页。

性决定了其不可移动,不同区位的宅基地的价值不同,对于同一块宅基地,有不同人申请使用权的,集体有权通过竞争程序来确定使用权人。实践中存在的各种有偿选位制度可以看作这一功能的表现。其次,土地的承载力有一定的限度,为确保生产的循环而避免因过度使用产生土地的贫瘠化、为确保粮食及生态安全而对私人的居住性使用进行一定的限制是必不可少的,集体所有权在这一层面的功能应该有更好的发挥。通过历史的考察可以得知,集体所有权的存在是以村落共同体的存在为社会背景的。这种村落共同体既是一个生活共同体、经济共同体,又是一个行政共同体。该共同体是一个公私混合性质的组织。随着农林业的高度专业化、农村土地的休闲娱乐化,共同体组织生产、生活功能逐渐消退,以第一产业为基础的村落共同体将解体,这些传统的权利也将为团体的直接使用、个人的分割使用以及依据合同的使用而取代。[1] 集体作为宅基地所有权人,可以在宅基地使用权出让合同中通过合同条款对宅基地使用权人的权利进行约束,以保护宅基地资源。正如2010年颁布的《村民委员会组织法》第24条所规定的“宅基地的使用方案要经村民会议讨论决定方可办理”,这可以视为是村民集体组织对宅基地使用的一种限制。

在“三权分置”改革视域下,农村集体经济组织是“农民集体”的集体所有权主体,代表“农民集体”行使权利、表达意志、分享利益。《土地管理法》规定,农民集体所有的土地,由集体经济组织经营、管理。农村集体经济组织作为宅基地的所有者,在经村民会议决定后,有权设立宅基地使用权、对宅基地的利用进行监管、并且分享宅基地收益。农村集体经济组织将宅基地所有权主体落在实处,可以更好地发挥土地所有权的防御功能:一是防止村民委员会的利益攫取,避免集体土地资产演变为少数村干部群体所有;二是防止国家公权力在土地征收过程中的利益侵占,避免土地财政;三是防止工商资本过度侵占集体利益空间,在有效利用下乡资本的同时,维护集体利益。[2]

---

〔1〕 [日]加藤雅信:《“所有权”的诞生》,郑芙蓉译,法律出版社2012年版,第122页。

〔2〕 许中缘、崔雪炜:《“三权分置”视域下的农村集体经济组织法人》,载《当代法学》2018年第1期。

四、功能指引下宅基地使用权与其上房屋权利的分离

实践表明，宅基地使用权并不能很好地实现其被赋予的居住保障功能，就居住保障而言，对房屋的权利是更好的选择。“房地一体”处置原则，恰恰导致了房屋权利人的困境，使其居住权利难以实现。在我国，基于房屋一旦建成便与土地成为不可分割的整体的认识，立法上固守“房地一体”理念，确立了房随地走、地随房走的原则。“房地一体”处置原则落实在宅基地使用权制度中，加之宅基地所有权、使用权本身的身份性限制，引发了诸多困境。一是使宅基地上房屋的价值难以彰显：虽然现行法律允许宅基地上房屋抵押，允许房屋继承，但是由于宅基地使用权的身份性和“房地一体”原则的限制，当抵押权实现时，房屋的买受人只能是本集体经济组织成员，无法形成有效的市场，房屋价值难以充分体现。二是房屋共建人（非本集体组织成员）的权利难以实现：集体经济组织成员的身份有可能会随着户口迁移等因素而发生变化，若一味坚持传统的房随地走、地随房走的观念，则会面临很多无法解释的困境。譬如，甲原为农村户口，在农村拥有宅基地并建得房屋两间，后甲户籍迁为城镇户口，按照宅基地使用权的身份限制和房地一体原则，会推演两种逻辑结果：因甲拥有房屋所有权，地随房走，故甲应当继续拥有宅基地使用权；因甲不再拥有宅基地使用权，房随地走，故甲不应当继续拥有房屋所有权。三是难以维护离婚案件中非本集体组织成员配偶及子女的住房权益，继承案件中非本集体经济组织成员继承人的房屋继承的合法性也存在质疑。在离婚案件和继承案件中，囿于宅基地使用权只能由本集体成员享有和“房地一体”处置原则，非本集体经济组织成员的一方不能取得房屋所有权，只能分享宅基地使用权之外的房屋的价值，仅仅因为非成员身份就否定其财产利益，而不管其对宅基地使用权价值的贡献和住房需求，无疑是缺乏说服力的。浙江德清、山东等地的改革方案，已经开始探索宅基地使用权之外的农民公寓、公共租赁房屋、住房补贴等多种居住保障方式。

宅基地使用权与房屋所有权分别处置，更能契合我国宪法和相关民事法律对土地与房屋等建筑物权利分别对等的规定。《宪法》在规定土地属于国有

和集体所有的情况下，其第 13 条又规定："国家保护公民的合法的收入、储蓄、房屋和其他合法财产的所有权。"《民法典》第 266 条规定："私人对其合法的收入、房屋、生活用品、生产工具、原材料等不动产和动产享有所有权。"从上述法律规定看，我国法律承认建筑物所有权与其占用范围内的土地所有权相分离的原则，否则，在土地属于国家所有和集体所有的情况下，房屋将不能为公民私人所有。

宅基地与其上房屋事实上的不可分离，并不妨碍我们在法律上将其视为两个不同的客体。在不改变宅基地所有权和资格权的前提下，"房地分离"原则可以帮助我们协调抵押权实现时房屋和宅基地权利人之间的关系，赋予房屋所有权人对宅基地的法定租赁权。在共建房屋案件中，可以在不改变宅基地使用权人的前提下，确认非集体经济组织成员对房屋的所有权和对宅基地的法定租赁权。在拆迁补偿纠纷案件中，分别计算宅基地使用权及房屋所有权的价值，有利于维护各方当事人的利益。对宅基地的申领做过贡献的人（立基人）属于宅基地拆迁利益的享受者，对房屋的建造做过贡献的人（房屋权利人）属于房屋拆迁利益的享受者，二者并行不悖，互不干扰，避免产生逻辑解释的死角。特别是对于祖传翻建的房屋，宅基地很多要追溯到 20 世纪四五十年代，而那个年代的宅基地立基人大多已经去世，立基人的继承人后来重建、翻建、扩建房屋，兄弟姐妹较多的家庭的成员关系情况、宅基地使用权人的身份情况、房屋建造的出资情况、房屋建造人的户籍情况等都在不断发生变化。如果不就房屋补偿利益和宅基地补偿利益作分别考虑，当事人之间的利益分割很容易产生失衡；如果仅因当初宅基地使用权人户籍发生变化而不考虑其对房屋建造的出资因素就剥夺其对房屋补偿利益的分割权利，亦属不妥。[1] 在离婚案件和继承案件中，为了平衡宅基地使用权人、非本集体组织成员和集体经济组织的利益，宅基地使用权和房屋所有权的分离不仅可以让非本集体经济组织成员取得房屋的权利，以解决其居住问题，也使其有机会在不改变宅基地所有权和使用权归属的情况下分享宅基地使用权的价值，以维护其财

〔1〕 余冬爱：《涉农村宅基地房屋拆迁利益民事案件的审理原则与方法》，载《人民司法（应用）》2016 年第 22 期。

产利益。

第三节 宅基地使用权的本质

对于法律本质的解说往往隐含在对法律目的和功能所持的观念之中。在新型城镇化视角下，宅基地使用权的制度目标和功能都发生了变化，其本质也应该予以重新考量。

一、原有城镇化模式下宅基地使用权的本质

在原有的城乡二元分立城镇化模式下，宅基地使用权制度的价值取向是本集体内部的正义和平等，其功能是保障集体内部农户的居住需求，其本质主要表现为本集体农户的居住保障权，财产权属性很弱。

宅基地使用权的居住保障权本质可以很好地解释现行宅基地使用权制度。首先，其设立申请只能由本集体农户提出，由农户无偿获得、无偿使用，农户退出农村集体则不再保留该权利。其次，宅基地灭失，农村集体经济组织应该重新分配宅基地。再次，宅基地被征收的，宅基地使用权人也不能以财产权利人的身份参与征收或补偿，土地补偿款归集体所有，宅基地使用权人只能要求重新分配宅基地，并以集体成员身份参与补偿款的分配。最后，虽然现行制度也允许宅基地随同其上房屋在本集体内部流转，但流转后不允许再次申请，同时，这一内部流转也未体现宅基地使用权的财产价值。从实践来看，在95%的普通农村，有宅基地使用权需求的农户之所以选择购买，而不是申请获得宅基地，是因为购买的宅基地位置或品质要优于其申请能够获得的宅基地，买卖的价格基本上不包括宅基地使用权的价值。[1] 由于处分权能受限，宅基地使

---

〔1〕 在湖北省江夏莲花村，“1990～2004年间1组有房屋买卖8起，都是鄂西、四川山区农村迁移过来的农户购买，一般情况下3间房屋（前后共占宅基地面积约1亩）也就3000～5000元，而且还须要搭上几亩田地，甚至还送菜园地，买卖价格不过是房屋建材的价格，宅基地根本无任何交换价值。1组由于位于国道旁边交通便利才有人来买房屋，位置偏远、交通不便的小组的宅基地荒废很多，几乎分文不值。江汉平原由于地广人稀，在税费时期农民弃田抛荒现象严重，因而才发生一些山区移民买房现象，在全国其他农村地区由于人地关系紧张、村庄结构排斥力、市场化程度低等因素，外地人到村庄购买房屋的情况极少。”魏程琳：《非财产性权利：农村宅基地的属性与价值辨析》，载《山西农业大学学报（社会科学版）》2015年第4期。

用权徒有财产权的外观,而不具有财产权所应具有的交换价值,成为一种支配性欠缺、名不副实的用益物权。这种制度设计,源自立法者对宅基地使用权的福利性、保障性定位,反映的是小家经济的时代要求,体现的是城乡分治的理念。

二、新型城镇化视角下宅基地使用权的本质

在新型城镇化视角下,制度发展的方向是落实宅基地所有权、保障宅基地资格权、放活宅基地使用权。剥离宅基地资格权的宅基地使用权的本质是一种独立的用益物权,是一种脱离了身份限制的财产权,其权能大于传统大陆法系的用益物权。

有关宅基地资格权的论述直接影响宅基地使用权的性质,宅基地资格权是集体经济组织成员权在宅基地领域的表现,是一种身份特权,可以申请宅基地使用权,可以获得宅基地使用权费用的减免,相比于非集体经济组织成员享有宅基地使用权的优先受让权,在宅基地规划、分配、使用、处分等重大事项中可以享有知情权、参与权、监督权。有的理论认为,宅基地资格权是一种"类所有权":将宅基地资格权界定为"类所有权",则宅基地使用权可以相应采取"地上权"的制度构造,由宅基地资格权人决定是否设定,而宅基地所有权人主要回归管理者角色。[1] 这一论述显然与宅基地制度改革要求的落实宅基地所有权制度相违背,不能保障集体所有权人对集体土地依法享有占有、使用、收益和处分的权利,不具有说服力。有的理论认为,宅基地资格权是从宅基地使用权中分离出来的宅基地取得资格权。[2] 从各地实践来看,这一认识显然有失偏颇,不能涵盖资格权的内容:宅基地资格权人除可以申请宅基地使用权外,一般还具有无偿使用符合标准的宅基地的权利,而非集体经济组织成员使用宅基地一般需要交纳使用费;资格权人没有宅基地且不申请落实宅基地的,还可以申请享受政府住房保障政策;资格权人未申请宅基地且不愿退出宅基地

---

〔1〕 贾翱:《宅基地资格权的"类所有权"属性及其制度构造》,载《行政与法》2018 年第 12 期。

〔2〕 岳永兵:《宅基地"三权分置":一个引入配给权的分析框架》,载《中国国土资源经济》2018 年第 1 期。

资格权的,可以申请领取“农户宅基地资格权票”,可以凭“农户宅基地资格权票”申请居住补贴。[1] 有的理论认为,宅基地资格权应属成员权的实体内容,是集体成员实现在集体所有土地上享有的居住权益的方式,[2] 是村民作为集体成员,要求获得并且使用集体土地建设住宅,享有集体土地利益的资格或者特权。[3] 将宅基地资格权界定为集体经济组织成员具有的身份权是较为合适的选择:一方面,这一界定很好地契合了我国民法的权利体系,资格权人在宅基地规划、分配、使用、处分等重大事项中的知情权、参与权、监督权可以归入民法物权部分中集体经济组织成员权而不必单独规定;另一方面,这一界定也能很好地解释各地改革的实践,例如,集体经济组织成员较非集体经济组织成员在使用费的交纳和减免等方面享有特权,集体经济组织成员较非集体经济组织成员在宅基地使用权受让方面享有优先权等。

剥离宅基地资格权的宅基地使用权是一种脱离了集体经济组织成员身份限制的财产权。宅基地使用权不再受集体经济组织成员身份限制。如果将无偿取得的宅基地使用权看作一种国家赋予农民的福利,则从多元财产理论的角度来看,这种福利的目的与城市的住房福利政策一样,是给予每个人最低数量的财产,是法律赋予农民的财产权利,无论他们是否还需要以此作为基本保障,也无论他们是留在农村还是进入城镇,任何人都无权剥夺。[4] 集体成员身份限制,是为了彰显其背后的集体保障和福利功能,在新型城镇化视角下,城乡一体的社会保障制度的建立,使这一限制不再必要,在此视角下,“农户”也由特定身份转化一种职业。[5] 在新型城镇化视角下,宅基地使用权主体不再限于本集体成员,目的是给农民进城务工和城里人到农村从事农业生产开辟制度空间,更好地实现集体土地的目的,同时体现法律满足个人多样化需求的

---

〔1〕《德清县农村宅基地管理办法(试行)》(德政发〔2018〕31 号),载中国土地法制研究网 2018 年 12 月 5 日,https://illss.gdufs.edu.cn/info/1123/8530.htm。

〔2〕程秀建:《宅基地资格权的权属定位与法律制度供给》,载《政治与法律》2018 年第 8 期。

〔3〕李凤章:《宅基地资格权的判定和实现——以上海实践为基础的考察》,载《广东社会科学》2019 年第 1 期。

〔4〕温家宝:《中国农业和农村的发展道路》,载《求是》2012 年第 1 期。

〔5〕汪洋:《集体土地所有权的三重功能属性——基于罗马氏族与我国农村集体土地的比较分析》,载《比较法研究》2014 年第 2 期。

人文关怀,这一权利也不再具有“成员权”的性质。2014 年颁布的《国务院关于进一步推进户籍制度改革的意见》明确规定:“土地承包经营权和宅基地使用权是法律赋予农户的用益物权,……不得以退出土宅基地使用权作为农民进城落户的条件。”

剥离宅基地资格权的宅基地使用权是一种独立的用益物权,其权能大于传统大陆法系的用益物权。首先,从宅基地使用权的权利来源看,宅基地集体所有权是一种完全不同于个人所有权的制度,它的目的不是保护所有权人的利益,而是对使用权人利益的协调,其功能不是排除他人占有或保护投资,而是对使用权人权利的限制,承担对农村住宅用地占有、使用、收益、处分功能的权利是宅基地使用权。依据《民法典》第 362 条的规定,“宅基地使用权人依法对集体所有的土地享有占有和使用权能”。在宅基地创新实践中,不管是浙江省的“联众模式”还是四川省的“味江模式”,都存在宅基地使用权的出租获益情形,在 2013 年发布的《国务院批转发展改革委等部门关于深化收入分配制度改革若干意见的通知》中,明确提出,要“依法保障农民合法权益,提高农民在土地增值收益中的分配比例”,也认可了宅基地使用权的收益权能。其次,对宅基地使用权处分权能的限制将逐步减少,宅基地使用权因而也具有建构功能,可以在其上设立担保物权或地役权等。在旧有城镇化模式下,宅基地使用权的行使受到“房地一体”处置的限制,这一限制在新型城镇化越来越重视不动产利用效率的观念下驱动,将逐步破解。具有交换价值的是不动产上抽象的权利,虽然在实体上房屋与土地不可分离,在但在观念层面,为了实现不动产利用效率的最大化,房屋与土地上的权利却是可以单独转让的。基于此种认识,我国在 2015 年发布的《全国人民代表大会常务委员会关于授权国务院在北京市大兴区等 232 个试点县(市、区)、天津市蓟县等 59 个试点县(市、区)行政区域分别暂时调整实施有关法律规定的决定》中,已经将宅基地使用权抵押作为改革的试点。

虽然财产权与身份权的二元划分是民法典权利体系的逻辑基础之一,但财产法与身份法不应是完全割裂的,二者之间必然存在沟通。正是因为民事主体具有农村集体成员的身份,法律才赋予其无偿性、永久性等福利性质的使用权。宅基地使用权只有摆脱其身份束缚后才能作为纯粹的财产权实现自由流转，从而彰显农村土地的财产价值。通过“三权分置”，将身份权从宅基地使用权中剥离，由成员权承担保障农户身份性福利的使命，宅基地使用权才能成为真正的财产性权利。成员权与宅基地使用权相互区分、相互衔接，成员权是集体农民的身份权利，而宅基地使用权是农户所享有的财产权利。

三、本质界定与宅基地使用权人在征收补偿中的独立地位

在旧有城镇化模式下的宅基地征收补偿制度并未认识到宅基地使用权的独立财产权本质，也未能正确区分宅基地使用权的价值构成，导致补偿权利主体异位和补偿标准的差别待遇。

征收权是国家为公共事业或公共利益，行使公权力，以公平补偿为条件，强制取得他人财产的权力。我国的公共利益可限制在国防军事、公共设施、国家基础建设、教育和慈善事业、贫民窟改造等五个方面。为了保持立法的弹性，可设立一个概括性的兜底条款。同时，设立一个排除性条款，明确排除那些不属于“公共利益”的范围。农地征收程序应该规范化、法治化。首先，应将协商谈判程序作为正式启动征收程序的前置程序，并完善公告制度，明确规定公告的方式、持续的时间和内容，以保证财产所有人的知情权。其次，要完善征收的听证制度。统一听证的时间，告知农地所有者征收的目的、农地所有者的权利以及征收权行使方式等，并给予农地所有者提出意见和异议的权利和机会。再次，建立农地所有者的参与机制，在实地调查阶段、财产评估阶段、补偿和安置阶段都应保障他们的参与权。最后，建立征收补偿的司法救助制度，由法院对征收是否具有公益目的，以及补偿是否公正，进行司法审查。[1]

在新型城镇化视角下，宅基地使用权是一种不再具有身份限制的独立于其他宅基地上权利的财产权，这也决定了其在宅基地征收补偿中的独立地位。在集体土地征收法律关系中，宅基地所有权人与使用权人的关系应予明确。

---

〔1〕 文贯中：《吾民无地：城市化、土地制度与户籍制度的内在逻辑》，东方出版社 2014 年版，第 123 ~ 124 页。

宅基地的所有权主体是农村集体经济组织,《民法典》将其界定为特别法人,虽然有独立的主体资格,可以自己的财产对外独立承担责任,但是其主要财产——土地所有权不能转让,只能通过被国家征收获得补偿金。法律对集体经济组织的设立、变更、终止未作明确规定,其权利、义务、责任和议事规则等也无明确规定,宅基地所有者权利的行使缺乏可操作性的规范。《民法典》同时规定,在未成立农村集体经济组织时,由村委会代行所有者权利。《村民委员会组织法》也规定,土地补偿款的使用、分配方案须经村民会议讨论决定方可办理。这极易导致所有权主体易位:土地由集体经济组织所有,实际上变为乡、村干部小团体或个别乡、村干部所有,乡、村干部成为集体土地所有权的现实主体。[1]

在宅基地征收案件中,宅基地使用权人既是宅基地使用权的主体,同时又是集体组织——宅基地所有权主体——的成员,二者不应混同。宅基地使用权人与宅基地上住宅所有权人虽为同一人,但由于宅基地使用权与住宅所有权分别构成独立的征收客体,因而,在法律上宅基地使用权人与住宅所有权人也就分别成为两个独立的被征收人,并分别享有宅基地使用权的补偿和住宅所有权的补偿等相应的各项权利。此外,当他们作为本集体成员时,还有权以集体成员的身份直接或间接参与对土地所有权的征收,包括作为被征收人的代表参与征收过程,或者以集体成员的身份共同决定土地征收中涉及所有权人利益的各项事务。[2]

在新型城镇化视角下,宅基地使用权的价值由经济产出价值和开发权价值两部分组成,宅基地的征收补偿标准应该在考虑宅基地价值增值的社会属性的基础上合理确定,以确保补偿的公平。旧有城镇化模式下的集体土地征收制度没有能够从集体土地使用权人的整体出发,没有认识到土地增值的社会属性,导致对土地使用权人实行差别待遇,形成了新的社会不平等:首先,对

[1] 陈小君、高飞、耿卓:《我国农村集体经济有效实现法律制度的实证考察——来自12个省的调研报告》,载《法商研究》2012年第6期。

[2] 田韶华:《论集体土地上他项权利在征收补偿中的地位及其实现》,载《法学》2017年第1期。

城市郊区和“城中村”集体土地征收补偿标准过高;[1]其次,对偏远地区集体土地征收补偿标准过低;最后,中国绝大多数的土地都会一直用于农业生产,承担保证粮食安全的社会责任,没有机会被征收用于建设,使用权人因此无法获得土地征收补偿。在新型城镇化视角下,因征收或社会发展带来的宅基地增值利益应该由全社会共同分享。以粮食安全为例,由于粮食安全属于重大社会利益,相对于村民个人和村集体的利益,拥有符合法理的优越地位。粮食安全责任本来应该由社会分担,但现实中却由农业生产区的农民来承担,这种牺牲应该得到补偿。[2] 要消灭土地食利阶层,实现地利初次分配和再次分配的公平,就要由国家垄断土地开发权,先获得大部分土地的增值收益,然后通过再次分配的形式惠及全民。农民和集体不能占有大部分土地收益,因此农民的宅基地使用权不具有物权性质。[3]

本章小结

为充分发挥土地的功能,以物为视角进行研究和权利的构建应该成为新型城镇化进程中宅基地使用权制度研究的应有范式。随着对土地利用的多样性和立体性的加强,以多元财产理论为分析框架,关注人的利己本能和合作本能,关注个人利益与社会利益的平衡,将宅基地使用权置于新型城镇化发展背景中,以客体为视角来分析宅基地上的权利层叠,或许能为我们的制度创新提供更好的理论支撑。就宅基地使用权而言,这一财产在一般情况下不是人类劳动的成果(为了居住而对土地进行改良的除外),因而劳动应得原则应该处于较为靠后的顺位;如果将宅基地使用权作为人类居住权利的保障途径的话,则其对人格的养成有意义,正义和平等原则应该是首选的目标;如果认为宅基地使用权对社会的经济功能有重要意义的话,那么功利和效率原则是首选的目标。

---

〔1〕 在人口流入的农村,旅游区或发达地区的近郊农村,宅基地使用权的使用价值和市场价值较高,这5%的农村的宅基地表现出来的巨量财富和小产权房的逻辑一致,不过是分享了国家经济发展带来的增值收益而已。魏程琳:《非财产性权利:农村宅基地的属性与价值辨析》,载《山西农业大学学报(社会科学版)》2015年第4期。

〔2〕 童列春:《中国农地集体所有权的虚与实》,载《农村经济》2011年第10期。

〔3〕 刘锐:《土地、财产与治理:农村宅基地制度变迁研究》,华中科技大学出版社2017年版,第127页。

旧有的城镇化模式是一种城乡二元的城镇化模式，这一时期宅基地使用权制度的任务是保障特定集体成员在本地的居住安全，其首要目标表现为集体内部的正义和平等。新型城镇化视角下宅基地使用权制度的目标应该是功利、效率和公平正义，居住安全不应该再成为宅基地使用权制度的目标。宅基地使用权的价值由经济产出价值和开发权价值两部分组成。宅基地的区位、天然禀赋等资产属性决定了其经济产出价值，宅基地资源的可开发性、可开发强度等特征决定了其开发权价值。这两种价值的增值都不是权利人努力的结果，是由社会发展带来的，应该由全社会共享。“地票”“集地券”等交易是一种土地价值增值的市场分配机制，其表彰的是宅基地的开发权价值。

在原有的城乡二元分立城镇化模式下，宅基地使用权制度的主要功能在于保障集体成员住宅权的实现。保障居住安全功能的设置使宅基地使用权基本不具有财产权的支配、区分和建构功能。从实践情况来看，用宅基地使用权制度来实现居住保障功能，情况并不理想。宅基地使用权是使用权人有权在宅基地上进行建筑的权利，这一权利对于无力进行建筑的农户而言，是不足以实现其基本居住需求的。

在新型城镇化视角下，宅基地使用权的功能应该设定为排他性支配、区分和建构功能。宅基地使用权的排他性支配功能意味着宅基地使用权人有权对宅基地进行占有、使用、收益和分配，并排除国家、集体或个人的干预和妨碍，宅基地使用权人的权利被依法征收或受到损害时，有权请求补偿或损害赔偿；宅基地使用权的区分功能可将其与宅基地上的其他权利区分开来，使其成为独立交易的对象；宅基地使用权的建构功能使权利人能够将其权能进行切分，以宅基地使用权为基础，构建其上的权利体系，促进宅基地使用权的多样化实现，提高宅基地的利用效率。在新型城镇化视角下，宅基地的集体所有权和宅基地使用权权益切分更为明确——宅基地所有权的功能在于确保集体对宅基地设定使用权之后的剩余价值的支配，协调宅基地使用权的配置，对宅基地使用权人的行为进行监督。实践表明，宅基地使用权并不能很好地实现其被赋予的居住保障功能，就居住保障而言，对房屋的权利是更好的选择。固守“房地一体”处置的理念，反而限制了宅基地上房屋权利人的权益：一是使宅基地上房屋的价值难以彰显，二是房屋共建人（非本集体组织成员）的权利难以实现，三是难以维护离婚案件中非本集体组织成员配偶及子女的住房权益，继承案件中非本集体经济组织成员继承人的房屋继承的合法性也存在质疑。“房地一体”处置原则与我国宪法和相关民事法律对土地与房屋等建筑物权利分别对等的规定不同。宅基地与其上房屋事实上的不可分离，并不妨碍我们在法律上将宅基地使用权和房屋所有权视为两个不同的客体，分别处置。

在原有的城乡二元分立城镇化模式下，宅基地使用权制度的价值取向是本集体内部的正义和平等，其功能是保障集体内部农户的居住需求，其本质主要表现为本集体农户的居住保障权，财产权属性很弱。宅基地使用权的居住保障权本质可以很好地解释现行宅基地使用权制度。由于收益和处分权能受限，宅基地使用权徒有财产权的外观，而不具有财产权应具有的交换价值，成为一种支配性欠缺、名不副实的用益物权。

剥离宅基地资格权的宅基地使用权本质上是一种独立的用益物权，是一种脱离了身份限制的财产权，其权能大于传统大陆法系的用益物权。新型城镇化进程中制度发展的方向是落实宅基地所有权、保障宅基地资格权、放活宅基地使用权。宅基地资格权是农民作为集体成员，要求获得并且使用集体土地建设住宅，享有集体土地利益的资格或者特权，这一认定与《民法典》物权编关于集体经济组织成员权的规定相契合，也能很好地解释各地关于宅基地资格权的实践。剥离宅基地资格权的宅基地使用权是一种脱离集体经济组织成员身份限制的财产权，宅基地使用权主体不再受集体经济组织成员身份限制。宅基地使用权作为一种独立的财产权，决定了其可以作为宅基地征收补偿的对象，宅基地使用权人在宅基地征收补偿程序中应该具有独立的地位，宅基地使用权的征收补偿标准应该在考虑宅基地价值增值的社会属性基础上合理确定，以维护社会公平。

第五章　新型城镇化视角下宅基地使用权的法律规范

以人为本、城乡一体、区域协调、全面和可持续发展的新型城镇化，为宅基地使用权的解释和发展提供了新的视角。虽然制度经济学认为，私有产权是最有效率的，但是，对于土地来讲，完全的、绝对自由的个人财产权是不存在的。原因在于：一方面，土地不仅是生产资料，更是人类乃至自然生物赖以生存的空间，而人类的行为有时会对土地产生持久、甚至不可逆转的后果；另一方面，对于某个群体而言，某一特定的土地制度是有效率的（如"小产权房"的开发），但这并不意味着从一个更大的群体范围来看这种制度也是可取的。不管是从历史的角度来看，还是从横向比较的角度来看，对土地权利的管制是普遍存在的，对个人土地权利进行限制的技术也多种多样，包括公法技术（如规划、用途管制、征收、征用、税收等）和私法技术（如相邻权、地役权等）的限制。

第一节　宅基地使用权规则构成

探讨何种规则在当时当下公正合理是法学研究者不可推卸的责任。在新型城镇化视角下，剥离宅基地资格权之后的宅基地使用权已经不再承担居住保障功能，成为一种独立的财产权，具有控制、区分和建构功能。新型城镇化为宅基地使用权规则的构建提供了新的制度目标，宅基地使用权的制度功能和权利本质都有所改变，宅基地使用权规则的内容也应该随之予以调整。

一、条件预设

新型城镇化是以人为本、城乡一体、区域协调、全面和可持续发展的城镇化发展阶段。新型城镇化,是打破了之前城乡二元结构的城乡一体的城镇化,要求宅基地使用权能够随城乡人口的流动而重新配置,以促进人的全面发展、提高宅基地使用权的效率、促进社会公平正义、维护生态安全、实现文化传承。在新型城镇化发展过程中,宅基地资格权从宅基地使用权中分离出来,作为集体经济组织成员权在宅基地领域的实现,承担了居住保障功能。剥离了宅基地资格权的宅基地使用权成为一种独立的财产权,其功能是实现对宅基地的排他性支配、与宅基地上其他权利进行区分、以宅基地使用权为基础建构其他权利以及实现宅基地上权利的层叠和协调。剥离了宅基地资格权的宅基地使用权的本质是一种独立的财产权利,其权能大于传统大陆法系的用益物权。从个人的角度来看,新型城镇化是城乡人口自由流动的城镇化,要求宅基地使用权能够随个人的流动而重新配置,宅基地使用权主体必然从本集体经济组织成员扩展到非本集体经济组织成员。从客体角度来看,新型城镇化是人与社会、自然和谐发展的城镇化,要求集约、节约利用土地,宅基地使用权的设立、行使和消灭要受到公法和私法的多重约束。从空间范围来看,新型城镇化,是区域协调发展的城镇化,要求不同区域的土地权利人能够公平共享城市发展带来的土地增值。

二、行为导向

在新型城镇化视角下,宅基地使用权是权利人享有的在集体土地上建造住宅及其附属设施的权利。作为一种独立于宅基地所有权的用益物权,宅基地使用权应该具有期限性,其期限可参照建设用地使用权的规定来规范。与宅基地使用权相关的行为主要包括宅基地使用权的取得、流转和消灭。宅基地使用权的取得方式包括设立取得和传来取得:宅基地使用权的设立取得应该类似于建设用地使用权的出让,由具有申请宅基地使用权资格的人与宅基地所有人签订宅基地使用权出让合同,确定宅基地使用权的出让金及其支付方式等内容;宅基地使用权的传来取得可以是基于宅基地使用权人转让、出租、互换、出资、赠与或抵押等处分行为的取得,也可以是基于继承等原因的取得。宅基地使用权会因为存续期间届满、国家因公共利益征收、土地灭失、宅基地使用权被收回、权利人抛弃、无人继承或宅基地复垦等原因消灭。为便利交易,宅基地使用权的设立及其变动应该进行登记。

三、处置措施

新型城镇化,是以人为本的城镇化,目的是促进人的全面发展,为人格发展提供助益,要求宅基地使用权的配置要考虑到个人发展的自由:进城的农民有权选择保留宅基地使用权同时保留宅基地资格权、保留宅基地资格权而交回或转让宅基地使用权、退出宅基地资格权而保留宅基地使用权、退出宅基地资格权同时退出宅基地使用权;有意在乡村居住的城市居民或其他农村经济组织成员可以取得宅基地使用权。新型城镇化是土地集约、节约利用的城镇化,在实现土地经济功能的同时应保护生态环境和实现文化传承,要求宅基地使用权的设立要符合土地利用规划、宅基地使用权的行使要受到土地管理法的约束:设定宅基地使用权的土地必须是规划范围内的土地,涉及新增建设用地的,必须报市人民政府办理审批和规划变更手续,否则不予登记。新型城镇化,是城乡一体化发展的城镇化,要求宅基地使用权与建设用地使用权相协调,以促进城乡平等:宅基地使用权的设立要交纳土地使用权出让金;住宅建设要符合建筑规划,对于超占宅基地、超建建筑的面积不予登记,不确认宅基地使用权和房屋所有权;对超标准占用的宅基地和超建的建筑,所有权人有权加收超占使用费;超占、超建部分在今后拆建、翻建时应予以拆除;不符合规划要求的宅基地使用权和房屋所有权转让行为无效。新型城镇化,是区域协调发展的城镇化,要求建立兼顾国家、地方政府、集体和个人的宅基地增值收益分配机制,确保全社会公平分享土地增值收益。

第二节　宅基地使用权的公法约束

在新型城镇化视角下,要实现城市建设土地供给的多元化和土地产权的多元化,就要改革现行土地制度,允许土地权利在不同区域、不同用途之间自由流动。宅基地作为一种土地资源,具有有限性和不可再生性的特点,对其开发和利用都要受到限制。土地权利的公法约束强调土地的利用应当以维系生态系统更新能力和可持续发展为前提，协调土地的资源属性和资产属性，实现土地保护与有效利用的平衡。我国已经初步建立了宅基地使用权的公法约束体系，《土地管理法》明确了土地规划、用途管制、开发许可、征收征用等制度，但这一制度体系主要从土地的资源属性出发，偏重耕地保护、促进社会经济发展等公益目标的实现，忽视了土地的资产属性，未能有效平衡土地管理者、土地权利人及其他利害关系人的权益。从土地的资源和资产双重属性出发，综合运用行政和市场手段，确立行政权力对民事权利的约束和民事权利对行政权力的制约机制，以平衡多方主体的利益，是在新型城镇化视角下宅基地使用权功利、效率、公平正义目标的要求。

一、规划约束

能够设立宅基地使用权的土地必须是规划用于村民住宅建设的土地，[1]土地规划决定了一定区域内宅基地的数量和开发强度，土地规划的变更有可能会导致宅基地权利人和利害关系人权益的变动，确立宅基地权利人、利害关系人对土地规划权的实体和程序约束确有必要。土地的城乡流转与用途转化，需要在规划框架下有序进行，而规划的制定应该在遵循经济社会发展规律的基础上按照一定的程序在充分听取公众意见的基础上完成。

根据《城乡规划法》的规定："乡、镇人民政府组织编制乡规划、村庄规划，报上一级人民政府审批；村庄规划在报送审批前，应当经村民会议或者村民代表会议讨论同意；城乡规划报送审批前，应当依法将城乡规划草案予以公告，并采取论证会、听证会或者其他方式征求专家和公众的意见，公告的时间不得少于三十日，组织编制机关应当充分考虑专家和公众的意见，并在报送审批的材料中附具意见采纳情况及理由。因社会经济发展要求，经村民会议同意，乡级人民政府可以对村庄建设规划进行局部调整，并报上一级人民政府备案，但涉及村庄的性质、规模、发展方向和总体布局等重大变更和修改的，应重新组织编制。"

---

〔1〕 根据《村庄规划用地分类指南》的规定：宅基地（用于建设村民住宅及其附属用地）又可分为两类——只用于居住的村民住宅用地和兼具小卖部、小超市、农家乐等功能的村民住宅用地。

首先,应该明确宅基地权利人(包括所有权人、使用权人)和利害关系人的规划参与权利。从纵向来看,宅基地规划要与国家和地方各层级的土地利用规划保持一致;从横向来看,宅基地规划要与包括土地利用总体规划和城乡规划、环境保护规划、文物保护规划等专项规划相协调。基于政府决策的局限性和回应各方利益的需求,[1]宅基地的所有权人、使用权人和利害关系人对村庄规划有参与权、同意权和规划无效确认请求权,以防止不当规划对权利人权利的侵害。

其次,应该明确宅基地权利人(包括所有权人、使用权人)和利害关系人的规划特别损害补偿请求权。宅基地权利确定后,土地用途规划的变更会导致特定土地用途的变化,在建筑用地总量控制的前提下,引发土地开发权的转移;宅基地建筑规划的变化,会导致土地开发权内容的变化,引起宅基地使用权价值的增减;规划变更除对土地权利的权益发生影响外,对相邻土地权利的权益也会产生有利或不利的影响。[2] 土地权利人或利害关系人有权就其权益减损请求补偿,并就其权益增值交纳相应的价款。

最后,要赋予公民、法人或非法人组织规划监督权,赋予利害关系人规划监督权和损害赔偿请求权。在规划实施过程中,对于违反规划的行为,自然人、法人或非法人组织有权请求规划执行机关予以制止,规划执行机关不予制止的,自然人、法人或非法人组织有权以自己的名义提起诉讼,请求法院确认该行为违法。因违反规划行为导致损害的利害关系人有权请求法院确认该行为违法并请求损害赔偿。

二、用途管制约束

土地用途管制是在土地用途分类规划的指导下,实行村庄住宅用地总量控制,严格限制将农用地转化为建设用地,目的是保护农林用地、生态等用地,

---

〔1〕 陈小君:《我国〈土地管理法〉修订:历史、原则与制度——以该法第四次修订中的土地权利制度为重点》,载《政治与法律》2012 年第 5 期。

〔2〕 张先贵:《土地开发权与我国土地管理权制度改革》,载《西北农林科技大学学报(社会科学版)》2016 年第 2 期。

特别是耕地。根据《村庄规划用地分类指南》的规定，村庄规划用地划分为三大类，包括村庄建设用地（村民住宅用地、村庄公共服务用地、村庄产业用地、村庄基础设施用地、村庄其他建设用地）、非村庄建设用地（对外交通设施用地、国有建设用地）和非建设用地（水域、农林用地、其他非建设用地）。根据土地规划法的规定，在村庄规划区内进行住宅建设，不得占用农用地，确需占用农用地的，应当先依照《土地管理法》有关规定办理农用地转用审批手续。[1]我国《土地管理法》现有的土地用途管制采取建设用地指标的“总量控制、统一分配、层层分解和指令性配额管理”[2]行政管理模式，通过命令方式无偿分配和调剂用地指标，这一模式难以回应和协调在新型城镇化视角下多方土地权利主体的利益诉求，管制失灵在所难免。在宅基地审批制度中，实践创新的方向是下放宅基地审批权限，农村村民申请使用存量宅基地的，由乡（镇）人民政府批准，涉及占用家用地的，要办理转用手续。

在新型城镇化视角下，用途管制应当确保保障性住宅用地的数量，[3]严格控制宅基地的审批条件和面积，实行宅基地有偿使用制度。倡导通过货币补贴、住房分配或宅基地使用权流转等方式满足居住需求；确实需要通过申请审批方式获得宅基地使用权的，宅基地使用权审批部门应该严格审查，符合条件的，由宅基地所有权人采取合同方式设立宅基地使用权，收取宅基地使用权出让金，确无能力支付出让金的，经村民委员会决议，可以缓交或减免交纳；宅基地使用权取得时存在缓交或减免交纳出让金的，在宅基地使用权流转前，应该补交出让金。鼓励超标准宅基地的占有人通过转让、交回等方式退出超占宅基地。对于违反土地用途管制进行住宅建设的行为，任何自然人、法人、非法

---

〔1〕 2015年修正的《城乡规划法》第41条第2款规定：“在乡、村庄规划区内使用原有宅基地进行农村村民住宅建设的规划管理办法，由省、自治区、直辖市制定。”2015年《全国人民代表大会常务委员会关于授权国务院在北京市大兴区等三十三个试点县（市、区）行政区域暂时调整实施有关法律规定的决定》要求：“使用存量建设用地作为宅基地的，要由乡（镇）人民政府审批；使用新增建设用地作为宅基地的，由县级人民政府审批。”

〔2〕 张先贵：《土地开发权与我国土地管理权制度改革》，载《西北农林科技大学学报（社会科学版）》2016年第2期。

〔3〕 操小娟：《新型城镇化发展中土地利用管理制度的立法构架——兼论〈土地管理法〉及其修改》，载《社会科学辑刊》2015年第1期。

人组织有权要求主管部门进行制止，相关部门不予制止的，可向法院提起诉讼，权益因其违法行为受到影响的宅基地权利人或利害关系人可请求损害赔偿。

新型城镇化视角下，在对建设用地指标总量控制的前提下，允许建设用地指标的跨区流转，通过市场机制调整土地用途，已经成为一种在不同主体间分配土地开发利益的新模式。新型城镇化视角下的土地利益已经分裂为生态利益、生产利益、发展利益等，利益主体也区分为国家、地方政府、土地所有权人、土地使用权人、受土地用途管制影响的利益相关者等多元主体，建设用地指标流转已经成为在不同主体间分配土地发展利益的新机制。宅基地的所有权人（集体经济组织）经村民委员会决议或宅基地使用权人经所有权人同意，并经乡级人民政府审查，县级人民政府批准，可将符合条件的闲置宅基地进行复垦。宅基地复垦验收合格的，形成建设用地指标，可进行跨区交易。建设用地指标交易所得扣除土地整治成本后，归权利人所有：宅基地所有权人组织进行复垦的，归村级集体经济组织所有；宅基地使用权人请求复垦的，在扣除所有权人计提比例（在义乌市，比例为10%；在重庆市，比例为15%）后，归宅基地使用权人所有。

三、建筑许可约束

住宅建筑规划是对宅基地使用权建筑权能的限制。在任何情况下，一幢建筑物都是建设区或住宅区的一部分，所以住宅建设除了要符合安全、实用要求外，还要与该区域相融合，与已有的或计划中的建筑物相协调，建筑面积、建筑间隔、建筑高度等要求决定了宅基地使用权的建筑权能的内容。根据《中华人民共和国城乡规划法》和国家住房城乡建设部《乡村建设规划许可实施意见》的规定，“在乡、村庄规划区内的宅基地上进行住宅建设，应依法申请办理乡村建设规划许可证；建筑规划许可包括对地块位置、用地范围、用地性质、建筑面积、建筑高度、建筑风格、外观形象、色彩、建筑安全等的要求；住宅建设规划许可由个人或建设单位申请，由乡、镇人民政府负责接收申请材料，市县人民政府城乡规划主管部门负责受理、审查、核发乡村建设规划许可证；个人或建设单位应按照乡村建设规划许可证的规定进行建设,确需变更的,被许可人应依法办理变更手续。”因乡村建设规划许可所依据的法律、法规、规章修改或废止,或准予乡村建设规划许可所依据的客观情况发生重大变化,或为了公共利益的需要,可依法变更或撤回已经生效的乡村建设规划许可证,由此给被许可人造成财产损失的,应依法给予补偿;经依法审定的修建性详细规划、建设工程设计方案的总平面图不得随意修改,确需修改的,城乡规划主管部门应当采取听证会等形式,听取利害关系人的意见,因修改给利害关系人合法权益造成损失的,应当依法给予补偿;未依法取得乡村建设规划许可证或者未按照乡村建设规划许可证的规定进行建设的,不得办理房屋产权证,由乡、镇人民政府责令停止建设、限期改正,逾期不改正的,可以拆除、并处临时建设工程造价一倍以下的罚款;城乡规划主管部门作出责令停止建设或者限期拆除的决定后,当事人不停止建设或者逾期不拆除的,建设工程所在地县级以上地方人民政府可以责成有关部门采取查封施工现场、强制拆除等措施。

在建筑许可之外,对宅基地使用权人的建筑权能进行约束的另一种机制是宅基地使用权出让合同。借鉴激励性管制理论,立法应该允许合同双方当事人在法律允许的范围内,就宅基地使用权人的建筑权利内容进行协商,通过合同权利、义务和责任条款使建筑规划约束内化为宅基地使用权人的合同对价,以降低变更规划、监督违规建筑的管制成本。[1]

自然保护规划是另一种有可能对宅基地使用权的建筑权能构成约束的管理机制。从自然保护规划的角度来看,在住宅建设过程中,除了要保护生物资源和其他可更新资源外,还必须处理好继承优秀传统文化与现代化建设的关系,要求保护有纪念意义、教育意义、科学艺术价值的文物古迹、有特殊价值的水源地或地貌景观、有民族特色的建筑等。如果自然保护规划的实施限制了特定住宅的修理、重建,对宅基地使用权能构成了特别限制的,宅基地使用权人有权要求进行补偿。

---

〔1〕 郭洁:《土地用途管制模式的立法转变》,载《法学研究》2013 年第 2 期。

四、征收征用约束

宅基地使用权是权利人的合法财产权利,具有抵御公权力的功能,为保护宅基地使用权人的权益,应该缩小土地征收范围、规范土地征收程序。参照《国有土地上房屋征收与补偿条例》和宅基地使用权发展试点地区实践制定土地征收目录,成片开发建设等情形需要用地的,可以征收集体土地,征收土地的范围限定在土地利用总体规划确定的城镇建设用地范围内。从依法公平维护和保障被征地农民合法权益出发,在征前、征中、征后等环节建立风险评估、民主协商、补偿安置、纠纷调处、后续监管等程序。探索形成多层次多种形式的土地征收民主协商机制,要求市、县人民政府在征地前先与农民签订土地补偿安置协议,落实补偿安置资金,充分体现被征地农民的知情权、参与权、监督权。个别确实难以达成协议的,应当在申请征地时如实说明,供审批机关决策参考。

宅基地的征收征用会导致宅基地使用权的消灭,宅基地使用权虽然不是宅基地征收的客体,但并不影响其作为征收补偿对象的独立地位。虽然依照《土地管理法实施条例》规定,土地补偿费由省级政府确定,但是在新型城镇化视角下,宅基地使用权已经成为一种具有经济价值的独立的财产权,如其因征收而消灭,就其为公共利益所作的特别牺牲,理应得到补偿。因此,应该将宅基地征收补偿费明确为对宅基地所有权与使用权所作的统一补偿,不再归集体经济组织所有,而是由宅基地所有权人与使用权人共同所有。为了保护宅基地使用权人的权益,应该赋予其征收补偿金确定及分配的知情权与参与权,[1]宅基地使用权人在征地公告规定期限内办理征地补偿登记后,有权参与征地补偿标准和土地补偿金分配方案的制定,对方案有异议的,可向人民法院提起诉讼。宅基地补偿费在分配方案确定前,可由市、县级土地主管部门代管,待分配方案确定后,直接支付给集体经济组织和宅基地使用权人。

宅基地使用权的征收补偿项目与标准应该与建设用地使用权相统一。依

---

〔1〕 田韶华:《论集体土地上他项权利在征收补偿中的地位及其实现》,载《法学》2017 年第 1 期。

照《土地管理法》规定：征收土地要按照被征收土地的原用途给予补偿。住房和城乡建设部《房地产估价规范》（GB/T 50291 - 2015）也规定：房地产征收估价，应该区分国有土地房屋征收评估和集体土地上房屋征收评估。这些规则确定了我国现有的住宅用地征收补偿的区分原则。在新型城镇化视角下，宅基地使用权已经成为一种与城市建设用地使用权平等的财产权利。两者均基于土地使用权的出让行为取得，并支付了土地出让金，具有固定的使用期限；两者都可以出租、转让或抵押；两者都是具有经济价值的独立财产权，不能再仅仅因为权利人的身份不同、设立权利的土地所有权不同而采用不同的补偿标准。[1] 宅基地使用权的价值也应该按照被征收的土地使用权在正常交易情况下，由熟悉情况的交易双方以公平交易方式在评估时点确定自愿进行交易的金额，不考虑被征收宅基地使用权租赁、抵押等因素的影响。宅基地使用权租赁人、抵押权人的损失由宅基地使用权人给予补偿。[2]

五、税法约束

税收是对宅基地使用权配置的约束。优化资源配置是财税制度的内在功能，完善土地使用税，扩大土地使用税的征税范围到宅基地，有利于提高宅基地使用权的保有成本，提高宅基地的利用效率。由于土地的稀缺性和不可再生性，缺乏限制（无期限、无偿使用、无税收、无经营要求）的宅基地使用权会导致土地保持[3]——权利人会倾向于将宅基地控制在家族之中——阻碍宅基地市场的形成，导致宅基地利用效率低下。对符合面积要求的宅基地征收使用税、对宅基地超占面积征收超占使用税等措施，有利于节约宅基地资源。财产性税收的目的在于增加社会正义，公平分摊城市基础设施的建设和保养负担，不能将其作为打压城市房价的手段，也不能使其成为新增城市居民的负担。[4]

税收是对宅基地使用权收益权能的限制。土地作为一种财产的同时，也

---

〔1〕 叶必丰：《城镇化中土地征收补偿的平等原则》，载《中国法学》2014 年第 3 期。

〔2〕 田韶华：《论集体土地上他项权利在征收补偿中的地位及其实现》，载《法学》2017 年第 1 期。

〔3〕 于霄：《英国土地登记法律制度研究》，上海人民出版社 2012 年版，第 304 页。

〔4〕 文贯中：《吾民无地：城市化、土地制度与户籍制度的内在逻辑》，东方出版社 2014 年版，第 207 页。

是一种不可再生的、人类生活所必需的有限资源，由于土地不可移动的自然属性，其价值的增长主要取决于权利人的改良和社会发展。宅基地使用权增值收益初次分配要按照市场价格划归宅基地使用权人，是为了尊重和保护私有财产权，鼓励改良土地的行为，但这并不意味着因社会发展而带来的土地增值也应该为宅基地使用权人独享。在新型城镇化发展过程中，宅基地使用权价值的增益主要是由社会发展所带来的，包括人口聚集、城镇化发展或宅基地开发强度的增加等，这一价值增益的公平分配，主要应该通过政府征税和提供社会保障等公共服务来完成。[1] 要实现宅基地使用权增值的国家、地方政府、集体、个人共享目标，就要在同权同价、流转顺畅的前提下，在农村集体经济组织通过出让、租赁、作价出资(入股)等方式取得宅基地使用权收益，宅基地使用权人以出售、交换、赠与、出租、作价出资(入股)或其他视同转让等方式取得再转让收益以及宅基地复垦指标转让收益时，对出让宅基地使用权、转让新增建设用地指标或就宅基地使用权获得再转让收益的单位和个人，征收流转税。为保证税收制度的顺利实施，对宅基地使用权的流转要进行价格约束。建立宅基地使用权价格标准和价格评估制度，保证土地市场价格的公正，确保土地税的征收。[2]

第三节　宅基地使用权的民法表达

遵循规划要求设立的宅基地使用权，已经成为一种独立的财产权利，可以在城乡居民之间流通。财产权的根本属性是其固有的私的属性、个人属性，这决定了私法上所有权的观念不能脱离私权立场、个体立场，制度设计应该以权利功能的分析为进路，不能转向由国家或社会来监护的财产体系。宅基地使用权私法规则要从调整私人之间的关系入手，为私人利益确定条件和界限，并为私人之间利益的重新配置提供制度支撑。

---

〔1〕 刘剑文、陈立诚：《税制改革应更加注重分配正义》，载《中国税务报》2013 年 11 月 6 日，B01 版。

〔2〕 侯银萍：《新型城镇化背景下的土地用益物权研究》，法律出版社 2015 年版，第 193 页。

一、宅基地使用权的物权规则

主体清晰、内容明确是权利流转的前提,《民法典》中物权规则的任务是将宅基地使用权塑造成为一种适于流通的权利,并为权利的多样化实现提供制度支撑。

(一)宅基地使用权的界定

宅基地使用权应该界定为:宅基地使用权人依法对集体所有的土地享有占有、使用、收益和处分的权利,有权依法利用该土地建造住宅及其附属设施。基于居住保障功能的设定,现行宅基地使用权只有占有和使用权能,没有收益和处分权能。在新型城镇化视角下,剥离宅基地资格权的宅基地使用权已经取消了身份限制,成为一种可自由流通的独立的财产权,理应具有收益和处分权能。在改革实践中,大多数地区也规定宅基地使用权人可以将其权利出租、入股等以获得收益,也能以转让、在权利上设定抵押权等方式对其进行处分。

(二)宅基地使用权的设立

宅基地使用权需经个人申请、村民委员会同意并由宅基地主管部门审批,由村集体经济组织以出让的方式设立。宅基地以“户”的形式落实,面积根据“户内成员”人数确定。以出让方式设立宅基地使用权,当事人应当采用书面形式订立宅基地使用权出让合同。

宅基地使用权的本质为财产权,为便利其流通,应当将其权利主体设定为个人,“户”只是作为落实宅基地使用权的单位,计算宅基地面积应考虑“户”内成员人数,“户”内成员的个人权益应该有所体现。在旧有城镇化模式下,宅基地使用权的功能是保障本集体农户的居住需求,所以其申请主体为农户,这使其与我国婚姻家庭、继承等以个体为中心的财产权利体系难以协调,造成法律适用上的困难。无论是从私法原理(权利主体形态)还是从我国现行立法(农户的实际法律地位)来看,“户”都不是独立于自然人的一类权利主体,宅基地使用权以“户”为单位取得,是在现行户籍制度下作为农村社会保障之替代品的宅基地使用权和土地承包经营权的一种特殊分配方式,担任的是社会治理角色,不是私法逻辑,不是宅基地使用权的主体。[1] 在新型城镇化视角下,承担居住保障功能的是宅基地资格权,各地也已经开始探索宅基地使用权之外的房屋、货币补贴等多种保障方式,“户”是宅基地使用权落实的单位,“户内成员”人数是计算宅基地面积的依据,各地开始通过“户”而关注户内成员个人的权利。“户”内成员个人的宅基地权益有所体现:进城农民可以退出宅基地资格权,但保留其宅基地使用权,以便于征收或退出补偿时实现其个人权益。

“户”主要是指家庭自然户,户内成员按照风俗习惯、历史传统,结合家庭成员关系等因素确定。按照《民法典》的规定,家庭成员是指配偶、父母、子女和其他共同生活的近亲属,近亲属包括配偶、父母、子女、兄弟姐妹、祖父母、外祖父母、孙子女、外孙子女。在浙江省德清县,作为家庭成员的配偶,即使是城镇居民,只要其在城镇未享受过房改购房(含集资建房、住房补贴)、经济适用住房(含货币补贴)等住房政策,并且长期与农村配偶一起在农村居住,经村(居)民委员会确认,可随其配偶计入宅基地建房人口。对于其他成员可结合风俗习惯、历史传统等来认定。重庆市大足区判断标准包括集体经济组织户口登记、成员资格等因素确定。浙江省德清县则是以村股份经济合作社社员清册为依据,按照风俗习惯、历史传统来确定。

(三)宅基地使用权的期限

基于宅基地使用权的居住用地特征,宅基地使用权应以 70 年为期限,期满可以自动续期。在旧有城镇化模式下,宅基地使用权与宅基地资格权融为一体,基于其集体成员身份的无期限性,宅基地使用权也没有期限限制,这使宅基地使用权与有期限限制的国有建设用地使用权相区别,形成住宅性土地使用权二元区分的格局。在新型城镇化模式下,剥离宅基地资格权的宅基地使用权已经成为一项独立的用益物权,为了与所有权相区分,理应有期限限制。考虑新型城镇化城乡一体化发展的要求,可以与住宅建设用地使用权相协调,将宅基地使用权的期限限定为 70 年。已经取得的宅基地使用权的期限自确权发证之日起计算,新申请宅基地使用权的期限起算点为申请批准日期。期间

[1] 温世扬、潘重阳:《宅基地使用权抵押的基本范畴与运行机制》,载《南京社会科学》2017 年第 3 期。

届满后，可以参照住宅建设用地使用权期间届满的规定，自动续期。

（四）宅基地使用权人的权利与义务

1. 合理利用宅基地的义务。宅基地使用权人应当依照法律规定及合同约定合理利用土地，不得擅自改变土地用途和建筑许可，确实需要改变的，应当依法经有关行政主管部门批准并变更合同内容，进行变更登记，否则宅基地所有权人有权收回其使用权。

2. 交纳宅基地使用权出让金或宅基地有偿使用费、有偿选位费、土地收益金等义务。宅基地使用权人应当依照法律规定以及合同约定支付出让金等费用。宅基地使用权的有偿出让，既符合国家自然资源有偿使用的原则，也有利于提高宅基地资源的利用效率。对于因历史原因形成超标准占用宅基地和一户多宅的，以及非本集体经济组织成员通过继承房屋等占有的宅基地，由农村集体经济组织主导，探索有偿使用，不仅能够体现公平，更能够促使权利人退出闲置宅基地使用权，提高宅基地资源利用效率。当然，为了实现集体经济组织成员的宅基地资格权，对于标准范围内的宅基地可以免收宅基地使用权出让金或宅基地有偿使用费。有偿选位费是指用公开竞争方式进行宅基地空间择位，以实现宅基地使用权的市场化配置。在农村，宅基地分为只用于居住的村民住宅用地和兼具小卖部、小超市、农家乐等功能的村民住宅用地两种，使用权出让金应该体现两者的价值区别，以示公平。为实现宅基地所有人的权利，体现公平，改革中的方式还有对利用宅基地上住房从事客栈餐饮等经营活动的，由集体按使用面积收取土地收益金，或者向宅基地使用权出租者、转让者收取土地增值收益调节金。

3. 建造并取得建筑物及其附属设施所有权的权利。宅基地使用权人建造的住宅及其附属设施的所有权属于宅基地使用权人，但有相反证据证明的除外。这一规定为非宅基地使用权人在宅基地上建造房屋的权利归属预留了自治空间：当权利人将其宅基地使用权出租给他人用于住宅建设时，宅基地上房屋权利的归属可以由当事人约定，可以约定为归建筑人所有、归宅基地使用权人所有或归双方共有，也可以约定为住宅归宅基地使用权人所有，建筑人取得一定期限内的居住权。

这一制度设置对于解决我国农村中大量存在的、占用农村宅基地建设的"小产权房"的权利问题,具有启发意义。[1] 在"小产权房"权利关系中,宅基地所有权归农村集体经济组织,房屋权利的归属、房屋所有权人与宅基地使用权人之间的关系由宅基地使用权人与房屋买受人协商确定,协商不成的,可以参照建筑物区分所有的规定处理。

4. 出租、转让、互换、出资、赠与、抵押等权利。宅基地使用权人有权将宅基地使用权出租、转让、互换、出资、赠与或抵押,当事人应当采取书面形式订立相应的合同。宅基地使用权出租,出租期限最长20年,并且不超过宅基地使用权的剩余期限,出租年限到期后,使用权人应当收回宅基地使用权,使用权人不收回宅基地使用权的,集体经济组织有权收回。宅基地使用权的转让、互换和赠与都会导致宅基地使用权人的变更,应当办理宅基地使用权变更登记。以宅基地使用权出资与他人共建住宅的归属和利用应当由当事人约定。宅基地使用权抵押,并不影响其上房屋权利的归属。为了避免宅基地使用权抵押可能导致的农户宅基地需求数量急剧增加,对于宅基地使用权的抵押权需要进行限制。方式之一,是通过设置一定的"冷却期"来对新申请的宅基地使用权进行限制,在"冷却期"内不得抵押。方式之二,是对超标宅基地使用权抵押的限制:在超标原因为多处宅基地,抵押部分的房屋和宅基地并未超标时,其抵押有效;在一处宅基地面积超标的情形下,由于房屋及其宅基地不能分割,在采取退换非法占用土地或交纳宅基地使用费之前,不得抵押。

5. 征收补偿权。宅基地使用权期间届满前,因公共利益需要提前收回该土地的,应当依照法律规定对该土地上的房屋及其他损失给予补偿,并退还相应的宅基地使用权出让金。

6. 自动续期的权利。宅基地使用权期间届满的,自动续期。续期的期限、条件、程序等可以参照建设用地使用权的规定。

(五)宅基地使用权消灭

宅基地使用权可因为权利存续期间届满、国家基于公共利益征收土地、土

---

[1] 龙翼飞、徐霖:《对我国农村宅基地使用权法律调整的立法建议——兼论"小产权房"问题的解决》,载《法学杂志》2009年第9期。

地灭失、权利被收回、权利人抛弃和权利人退出等原因而消灭。权利人抛弃宅基地使用权的,宅基地使用权由集体经济组织收回,不影响宅基地上房屋权利人对占用范围内宅基地的权利。进城落户农民可自愿有偿退出或转让宅基地使用权,鼓励权利人退出超占宅基地使用权,对退出宅基地或放弃建房进城购房的农户实行购房补贴、置换养老服务等多种补偿方式。

(六)宅基地使用权流转中的"房地分离"原则

在新型城镇化视角下,宅基地使用权已经成为一种独立的、无身份限制的财产权利,与房屋所有权具有平等的地位,都可以自由流转,法律应该赋予宅基地使用权人和房屋权利人更多的自由,以实现其权利的价值。"房地一体"原则的目标是追求法律技术上的简单化操作,牺牲了权利人的财产权利和交易自由,通过"房地分离"的技术构造,可以满足权利人意思自治的需要,也能达到物尽其用、社会效益最大化的要求。

物上负担理念有助于"房地分离"原则的实现。宅基地使用权出租或抵押,是在宅基地使用权上设定了特定的负担,这些负担不会导致宅基地使用权的转移,但会对宅基地使用权的使用和交换价值产生影响,同样,房屋出租、抵押、居住权的设立等,是在房屋所有权上设定的负担,会影响房屋的交换价值。在权利交易过程中,宅基地使用权人将其权利转让、互换、出资、抵押或者赠与的,附着于该土地上的住宅及其附属设施的权利不受影响,宅基地使用权人应当将其权利上的负担如实告知交易对象,违反此告知义务给他人造成损失的,宅基地使用权人应当予以赔偿;宅基地上住宅及其附属设施转让、互换、出资或者赠与的,住宅及其附属设施占用范围内的建设用地使用权不受影响,住宅及附属设施权利人应当将房屋上的负担和占用范围内宅基地所享有的权益如实告知交易对象,违反告知义务给他人造成损失的,住宅及附属设施的所有权人应当给予赔偿。

(七)宅基地使用权登记

对于宅基地使用权登记的效力,理论上有三种主张,一是登记生效,二是登记对抗,三是分类管理。有学者认为,为了加强登记制度在宅基地管理中的作用,保护宅基地使用权人的合法权益,应当参照建设用地使用权制度,确立宅基地使用权登记生效原则。[1] 有的学者认为,应当借鉴土地承包经营权的立法经验,确立登记对抗原则。有的学者认为,应当对宅基地进行分类管理:对存量宅基地,采取登记对抗原则;对新取得的宅基地,采取登记生效原则。[2]

设立宅基地使用权的,应当向登记机构申请宅基地使用权登记,宅基地使用权自登记时设立,登记机构应当向宅基地使用权人发放宅基地使用权证书。宅基地使用权转让、互换、出资或者赠与的,应当向登记机构申请变更登记。宅基地使用权消灭的,出让人应当及时办理注销登记,由登记机构收回宅基地使用权证书。

宅基地使用权出租的,租赁双方可以向不动产登记机构申请登记证明,未经登记不得对抗善意第三人。宅基地使用权登记的功能是权利信息公示和征税依据。公示功能意味着真实可靠的权利信息登记,可以为宅基地使用权人提供安全保障、避免土地权益遭受非法侵害,同时也能够提供准确的权利信息,简化权利交易的法律程序和手续、提升宅基地使用权作为抵押物的可行性。公示功能要求宅基地使用权登记应当与建设用地使用权相协调,采取登记生效模式。为保障交易相对人的权益,宅基地使用权登记的内容应当包括所有对权利价值可能产生影响的情况,包括法定登记内容和可登记的自治内容,凡是影响宅基地使用权权益的文件、契约、抵押合同、租赁合同、法定规划图等,都可以进行登记。登记的税收依据功能要求申请登记的文件契约必须附有完税证明,以解决房产投机税收问题。

国家对登记错误的责任承担[3]等措施可以维护宅基地使用权人和交易相对人的合法利益。宅基地使用权信息登记不全面有可能会给权利人或交易相对人带来损失,在宅基地使用权交易过程中不能仅凭政府的登记来确定其权利状态,可以通过其他保障制度——在交易过程中要求宅基地使用权人提供权

〔1〕 刘震宇、王崇敏:《我国农村宅基地管理的法治化构造》,载《当代法学》2016年第5期。

〔2〕 陈明:《农村宅基地财产实现的法律创新》,载《中州学刊》2018年第5期。

〔3〕 英国土地登记局设有专门的赔偿基金,用于因为登记错误给业主造成的损失的赔偿,赔偿基金的保有额度每年是1000多万英镑,在2008~2009年,登记局赔偿产权人的损失申请1364项,共支出1005.9万英镑。侯银萍:《新型城镇化背景下的土地用益物权研究》,法律出版社2015年版,第192~194页。

利保证、向产权保险公司购买产权保险等——来维护交易相对人的合法权益。

二、宅基地使用权的婚姻家庭规则

与《民法典》婚姻家庭编中关于个人财产的规定相协调，作为个人财产的宅基地使用权并不会因为结婚而自动成为夫妻共同财产，也不会因为离婚而作为共同财产被分割，除非当事人另有约定。鉴于宅基地是按“户”计算面积，如果配偶一方将其宅基地资格权落实在另一方“户”内，则配偶一方成为宅基地使用权共有人。同样，出生的子女也未必将成为宅基地使用权共有人，除非其宅基地资格权落实在“户”内。虽然宅基地使用权为个人财产，但这并不妨碍宅基地使用权人为了配偶或子女等家庭成员的利益，将其设定为婚姻或家庭财产。

一般来讲，个人居住权利的实现方式主要有三种：一是个人通过市场购买或租赁住房，二是由国家提供的福利性住房或住房补贴，三是由非营利性或慈善性组织等进行援助。在此之外，由个人为其家庭成员（父母、配偶和未成年子女）提供住房保障，也是较为常见的模式。在新型城镇化视角下，宅基地使用权不再是国家向农户、家庭成员提供的住宅保障，但这并不妨碍权利人将宅基地使用权及其上房屋设定为婚姻财产或家庭财产，作为实现婚姻家庭功能的特殊财产而受到婚姻家庭法的特殊保护。

在我国，虽然法律认为个人有义务为配偶或家庭成员的居住需求提供帮助，但这一义务的履行不以宅基地使用权的处分为必要，可以通过在房屋上设定居住权的方式来实现。随着《民法典》居住权制度的确立，权利人可以通过合同或遗嘱在自己的住宅上设立居住权，但作为非住宅权利人的家庭成员并不享有法定的居住权。在离婚诉讼中，一方当事人以生活困难为由，主张对于对方所有的房屋享有居住的权利多能获得法院的支持。[1] 在亲属间居住权纠纷案件中，法院也会综合考虑双方之间的亲疏程度、是否负有法定扶养义务、是否形成事实上的扶养关系、主张权利一方的生活条件以及双方是否形成共

〔1〕 陈苇、姜大伟：《论婚姻家庭住房权的优先保护——与“否定说”商榷》，载《现代法学》2013年第6期。

同居住关系等因素，酌情确定居住权是否成立。[1]

个人为家庭成员提供住房保障的另一种方式是将住房及宅基地使用权设定为婚姻或家庭财产。婚姻财产或家庭财产具有不同于个人财产的目标、功能和本质。个人财产权利的目的在于追求个人自由和利益，功能表现为排他性支配功能、区分功能和建构功能，其本质是一种可依法自由处分的财产权利。婚姻财产或家庭财产的目的是维护婚姻的稳定或家庭的安全，[2]其功能是与个人财产进行区分并排除他人对家庭财产的干预或侵害，婚姻或家庭财产可以看作是个人为婚姻或家庭提供的保障，这一行为具有强烈的利他性，是为实现个人的伦理诉求而对个人财产欲望的一种约束。[3] 在克制个人物质欲望的基础上，出于对配偶或家庭成员居住需求的考虑，可以在个人房屋上为其设定居住权，或直接将其房屋及其所占用宅基地使用权设定为婚姻财产或家庭财产。经配偶双方或家庭成员约定，可以将一定价值以内的宅基地使用权及其地上房屋设定为婚姻或家庭财产，此种财产一经登记，即受到《民法典》婚姻家庭编的特别约束和保护。在现代财产法理论中，婚姻或家庭财产区别于个人财产，是维持配偶双方或家庭成员生存所必需的人格性财产，享有免予强制执行的特权。我国将来的婚姻家庭立法，可以考虑允许将一定价值的房屋及其宅基地使用权设定为具有保障婚姻或家庭基本物质需要和生活安宁的具有人格意义的财产。此种财产经过法定的登记和公示程序，即成为婚姻或家庭财产。婚姻或家庭财产可以对抗配偶或家庭成员的债权人，免于强制执行。[4] 共同共有人可以通过协议变更共有的性质为按份共有，但在子女成年前不允许改变此种财产的性质。

在离婚或分家析产过程中，对作为婚姻或家庭财产的宅基地使用权的分配，应该根据宅基地的不同用途，采取不同的分配原则。对于只具有居住用途

---

〔1〕 欧阳波：《郭国荣等与刘爱真宅基地使用权纠纷上诉案——因身份关系产生居住权纠纷应由婚姻家庭法调整》，载《人民司法·案例》2014 年第 24 期。

〔2〕 艾佳慧：《婚姻财产制度的博弈分析——基于婚姻稳定和家庭安全的视角》，载《南京大学法律评论》2016 年第 3 期。

〔3〕 夏吟兰、薛宁兰主编：《民法典之婚姻家庭编立法研究》，北京大学出版社 2016 年版，第 50 页。

〔4〕 张群：《西方家宅法的变迁及其启示》，载《北方法学》2008 年第 1 期。

的宅基地使用权的分配，主要考虑配偶双方或家庭成员的居住需求来进行分配，这是因为宅基地及其上住房是配偶或家庭成员居住的主要场所，虽然离婚判决或分家析产会终止他们之间的身份关系，但也要在财产分配过程中考虑他们自己和他们的孩子的居住需求。[1] 对于兼具或主要是经营性用途的宅基地使用权的分配，应该以平均分配为原则，可以考虑配偶或家庭成员行为对宅基地使用权价值的贡献大小予以增减。[2]

三、宅基地使用权的继承规则

在宅基地使用权的继承过程中，要区分宅基地使用权的类型，适用不同的继承规则。宅基地使用权归个人所有的，适用一般遗产的继承规则；宅基地使用权为两个或两个以上共有人按份共有的，其中一位共有人死亡的，其他共有人可以对其所占份额进行继承；[3]宅基地使用权为婚姻财产，归配偶双方共同共有的，配偶一方死亡，归健在的配偶所有；宅基地使用权为家庭财产的，归家庭成员（父母、配偶、子女）共同共有的，当有家庭成员死亡时，其他人可以依据"生存者取得权"取得宅基地使用权。

为保障生存配偶的居住需求，《民法典》继承编部分应该规定法定居住权制度，在法定居住权利存续期间，有权占用房屋所在面积的宅基地。在配偶死亡时，没有其他住房的生存配偶实际占有属于夫妻双方或者属于被继承人的房屋，对该住房享有法定居住权，直至本人死亡。有下列情形之一的，法定居住权丧失：(1)被继承人遗嘱明确表示反对的；(2)继承开始后，生存配偶通过书面形式明确表示放弃法定居住权的；(3)继承开始前，法院已经受理被继承人提起离婚诉讼，并且生存配偶具有过错的；(4)生存配偶再婚的。[4]

法定居住权的主体不应限于生存配偶，还应该包括与被继承人生前共同居住的父母、祖父母、外祖父母和未成年子女等家庭成员。在农村，父母与已

---

〔1〕［美］凯特·斯丹德利：《家庭法》，屈广清译，中国政法大学出版社2004年版，第7页。
〔2〕［美］凯特·斯丹德利：《家庭法》，屈广清译，中国政法大学出版社2004年版，第194页。
〔3〕俞江：《保护既有权益是民法典编纂的底线》，载《民商法学》2015年第11期。
〔4〕申建平：《继承法上配偶法定居住权立法研究》，载《求是学刊》2012年第4期。

婚子女共同居住较为常见，在我国现阶段，居家养老、家庭赡养仍然为我国老年人赡养的主要方式。原居住在该遗产房屋的父母、祖父母、外祖父母、未成年子女均可以成为该权利的主体，有利于保障该部分群体生活环境的安定与生存条件的一贯性。[1]

本章小结

土地兼具资产和资源属性，在对土地私权进行保护的同时，对土地私权的限制不可或缺。

在新型城镇化视角下，宅基地使用权制度设计的条件预设、行为导向和处置措施已经发生了变化。以人为本、城乡一体、区域协调、集约高效利用土地、促进人的全面发展和社会公平、维护生态安全和文化传承的新型城镇化目标，要求宅基地使用权作为一项独立的财产权，具有支配、区分和建构功能。从个人的角度来看，新型城镇化是城乡人口自由流动的城镇化，宅基地使用权主体必然从本集体经济组织成员扩展到非本集体经济组织成员。从客体角度来看，新型城镇化是人与社会、自然和谐发展的城镇化，要求集约、节约利用土地，宅基地使用权的设立、行使和消灭要受到公法和私法的多重约束。从空间范围来看，新型城镇化是区域协调发展的城镇化，要求不同区域的土地权利人能够公平共享城市发展所带来的土地增值。在新型城镇化视角下，宅基地使用权作为一种独立于宅基地所有权的用益物权，应该具有期限性，可参照建设用地使用权的规定来规范。与宅基地使用权相关的行为主要包括宅基地使用权的取得、流转和消灭。为便利交易，宅基地使用权的设立及其变动应该进行登记。以人为本的新型城镇化目标，要求宅基地使用权的配置要考虑到个人发展的自由，进城农民有权选择保留或退出宅基地使用权，有意在乡村居住的城市居民可以取得宅基地使用权。集约高效利用土地、在实现土地的经济功能的同时保护生态环境和实现文化传承的目标，要求宅基地使用权的设立要符合土地利用规划、宅基地使用权的行使要受到土地管理等法律的约束。城

---

〔1〕 陈苇、白玉：《民法典继承编之遗产家庭住房的先取权和终生使用权立法研究》，载《河北法学》2019年第11期。

乡一体化发展的目标,要求宅基地使用权与建设用地使用权相协调,以促进城乡平等。区域协调发展的目标,要求建立兼顾国家、地方政府、集体和个人的宅基地增值收益分配机制,确保全社会公平分享土地增值收益。

宅基地使用权的公法约束主要包括规划约束、用途管制约束、建筑许可约束、征收征用约束和税法约束。宅基地使用权公法约束的目的是从宅基地的资源属性出发,对宅基地使用权的设立和运行进行约束,以实现土地的公益目标。但在宅基地使用权的公法约束制度设计中,也要考虑到宅基地使用权的资产属性,确立宅基地使用权对公权力的制约机制,协调宅基地管理者、宅基地权利人和利害关系人的利益。

宅基地使用权的设立要符合土地规划要求,宅基地权利人(包括所有权人、使用权人)和利害关系人享有规划制定参与权、规划特别损害赔偿请求权、规划落实监督权和违规行为损害赔偿请求权等权利。仅通过无偿分配和调剂用地指标的住宅用地用途管制模式,难以回应多方土地权利主体的利益诉求,会导致管制失灵。为了控制宅基地的数量,应该实行宅基地资源的有偿使用制度,允许建设用地指标的有偿流转,赋予公众对土地用途的监督权和损害赔偿请求权。对宅基地使用权建筑权能的限制手段包括住宅建筑规划、宅基地使用权出让合同和自然保护规划等,依据建筑许可的内容进行住宅建设是宅基地使用权人的权利,规划变更导致宅基地使用权人建筑许可内容变更或导致特别限制的,应该听取宅基地使用权人意见,并给予适当的补偿。宅基地使用权会因为宅基地被征收而消灭,为维护宅基地使用权人的财产权益,应该赋予其征收补偿金确定及分配的知情权与参与权。宅基地使用权税收有助于宅基地资源的优化配置,宅基地使用权流转税是对宅基地使用权收益权能的约束,有助于宅基地使用权外部增值的社会共享。

在新型城镇化视角下,依法设立的宅基地使用权已经成为一种独立的财产权利,可以在集体经济组织成员与非成员之间流通,宅基地使用权的私法规则主要调整私人之间的财产关系。《民法典》中物权规则的任务是将宅基地使用权塑造成为一种适于流通的权利,并为权利的多样化实现提供制度支撑:宅基地使用权的界定、设立、期限、内容、消灭等规则可参照住宅建设用地规则来确定;为保障宅基地使用权人的权利和交易自由,应当在物上负担理念的指导下确立宅基地使用权流转的“房地分离”原则,确保宅基地使用权的多样化实现;宅基地使用权登记应当采用登记生效模式,通过信息公示来维护宅基地权利人和交易相对人的权益,为国家税收提供依据。为了便于宅基地使用权的流通,其权利主体应该设定为个人,但这并不妨碍权利人将其住房及宅基地使用权设定为婚姻或家庭财产,为婚姻双方或家庭成员共同共有,一经登记,此种财产即受到婚姻家庭法的特殊调整:可以对抗配偶一方或家庭成员的债权人,免于强制执行,在子女成年前不允许变更共有形式,在离婚或分家析产过程中要区分宅基地的不同类型,分别采取按需分配(纯住宅用地)或平均分配(兼具或主要用于生产经营的宅基地)原则。在宅基地使用权的继承过程中,要区分宅基地使用权的类型,适用不同的继承规则:宅基地使用权归个人所有的,适用一般遗产的继承规则;宅基地使用权为两个或两个以上共有人按份共有的,其中一位共有人死亡的,其他共有人可以对其所占份额进行继承;宅基地使用权为婚姻财产,归配偶双方共同共有的,配偶一方死亡,归健在的配偶所有;宅基地使用权为家庭财产的,归家庭成员(父母、配偶、子女)共同共有的,当某一共有人死亡时,其他人可以依据“生存者取得权”取得宅基地使用权。为保障生存配偶和与被继承人共同生活的其他家庭成员的居住需求,《民法典》继承编部分中应该规定法定居住权制度,在法定居住权利存续期间,有权占用房屋及其所占宅基地。

结　论

就新型城镇化视角下的宅基地使用权而言,以客体为视角的相对权利理论更具解释力。以德国法为代表的近代物权法以主体为视角、以绝对所有权为中心、以“权能分离”理论为基础来构建所有权和他物权体系,关注主体对客体的自由支配,确立了绝对财产理论。在新型城镇化视角下,宅基地使用权可以进入流通领域,随着宅基地利用方式的立体化和动态化的发展,用绝对所有权和“权能分离”理论来解释宅基地上存在的多种复杂的权利层叠已经难以胜任。在权利交易背景下,财产权除了要关注人对物的私人属性,更要关注其所内涵的人与人之间的社会属性,由此产生了对财产权的内涵进行重新解释的相对财产权理论——财产的所有权和他物权具有平等的地位,都是对物权客体的某一方面利益的支配。用相对财产权观念来建立解释论体系,正视宅基地使用权的价值分裂、功能分裂、效力分裂,保持宅基地上权利体系的开放性和适应性,才能够适应层出不穷的制度需要,实现对资源的高效和可持续利用。

在新型城镇化视角下,宅基地使用权制度的目标是要促进人的全面发展,推动城乡一体化和区域协调发展,公平分配社会发展所带来的宅基地使用权的增值,提高宅基地的利用效率以维护生态平衡和文化传承;剥离了宅基地资格权的宅基地使用权的功能应该设定为排他性支配、区分和建构功能;剥离了宅基地资格权的宅基地使用权本质上是一种独立的财产权,其权能大于传统大陆法上的用益物权。宅基地使用权并不能实现居住保障功能,对于居住保障而言,住宅的居住权是一种更好的选择。“房地一体”处置原则与我国宪法和相关民事法律对土地与房屋等建筑物权利分别对待的规定不同,宅基地与其上房屋事实上的不可分离,并不妨碍我们在法律上将宅基地使用权和房屋所有权视为两个不同的客体,分别处置。“地票”“集地券”等交易是一种土地价值增值的市场分配机制,其所表彰的是宅基地的开发权价值。宅基地所有权的功能在于确保集体对宅基地设定使用权之后的剩余价值的支配,协调宅基地使用权的配置,对宅基地使用权人的行为进行监督。宅基地使用权的财产权本质决定了其可以作为宅基地征收补偿的对象,宅基地使用权人在宅基地征收补偿程序中应该具有独立的地位,宅基地使用权的征收补偿标准应该在考虑宅基地价值增值的社会属性的基础上合理确定,以维护社会公平。

土地兼具资源和资产属性,在对土地私权进行保护的同时,对土地私权的限制不可或缺。宅基地使用权的公法约束主要包括规划约束、用途管制约束、建筑许可约束、征收征用约束和税法约束,目的是从宅基地的资源属性出发,对宅基地使用权的设立和运行进行约束,以实现土地的公益目标。但在宅基地使用权的公法约束制度设计中,也要考虑到宅基地使用权的资产属性,确立宅基地使用权对公权力的制约机制,协调宅基地管理者、宅基地权利人和利害关系人的利益。宅基地使用权的私法规则主要调整私人之间的财产关系:物权规则的任务是将宅基地使用权塑造成为一种适于流通的权利,并为权利的多样化实现提供制度支撑;婚姻家庭规则主要调整婚姻或家庭财产,以维护婚姻或家庭的稳定为目标,分析身份关系的变化对于个人宅基地使用权的影响;继承规则主要是在区分宅基地使用权类型的基础上提供不同的继承规则。

将宅基地使用权主体落实到个人,宅基地使用权有偿取得、有偿持有,可以避免分户冲动,土地征收案件中宅基地使用权人的认定也不再有争议。在婚姻家庭领域,配偶一方或子女并不会因为结婚或出生而自动成为宅基地使用权共有人,除非当事人另有约定或者配偶一方、子女将其宅基地资格权落实在“户”内。宅基地使用权归个人所有,并不妨碍宅基地使用权人为了配偶或家庭成员利益将其变更为婚姻或家庭财产。宅基地使用权归个人所有的,适用一般遗产的继承规则;宅基地使用权为两个或两个以上共有人按份共有的,其中一位共有人死亡的,其他共有人可以对其所占份额进行继承;宅基地使用权为婚姻或家庭财产,归配偶双方或家庭成员共同共有的,当某一共有人死亡时,其他人可以依据“生存者取得权”取得宅基地使用权。基于房屋与土地权利分离的原则:宅基地上共建房屋的权利归属由当事人约定,没有约定或约定不明的,房屋由共建人共有;宅基地使用权出租、转让、抵押的,不影响其上房屋的权利状态,宅基地使用权人应当将其权利上的负担如实告知交易对象,违反此告知义务给他人造成损失的,宅基地使用权人应当予以赔偿;宅基地使用权被征收的,宅基地使用权人有权获得单独补偿;因宅基地使用权期限届满、宅基地使用权人放弃等原因,宅基地使用权可以由村集体经济组织作为所有权人代表收回。

附录A:宅基地使用权法律法规摘录表

序号	发布年份	发布机构	规范名称及文号	效力层级	相关条文及主要内容
1	2021	国务院	《中华人民共和国土地管理法实施条例》(2021年修订)国务院令第743号	行政法规	第三十二条　省、自治区、直辖市应当制定公布区片综合地价,确定征收农用地的土地补偿费、安置补助费标准,并制定土地补偿费、安置补助费分配办法。 地上附着物和青苗等的补偿费用,归其所有权人所有。 社会保障费用主要用于符合条件的被征地农民的养老保险等社会保险缴费补贴,按照省、自治区、直辖市的规定单独列支。 申请征收土地的县级以上地方人民政府应当及时落实土地补偿费、安置补助费、农村村民住宅以及其他地上附着物和青苗等的补偿费用、社会保障费用等,并保证足额到位,专款专用。有关费用未足额到位的,不得批准征收土地
2	2018	全国人民代表大会	《中华人民共和国宪法》(2018年修正)全国人民代表大会公告第1号	宪法	第十条第二款　农村和城市郊区的土地,除由法律规定属于国家所有的以外,属于集体所有;宅基地和自留地、自留山,也属于集体所有

续表

序号	发布年份	发布机构	规范名称及文号	效力层级	相关条文及主要内容
3	2018	全国人大常委会	《中华人民共和国妇女权益保障法》(2018 年修正)主席令第 16 号	法律	第三十二条　妇女在农村土地承包经营、集体经济组织收益分配、土地征收或者征用补偿费使用以及宅基地使用等方面，享有与男子平等的权利
4	2018	全国人大常委会	《中华人民共和国村民委员会组织法》(2018 年修订)主席令第 21 号	法律	第二十四条　涉及村民利益的下列事项，经村民会议讨论决定方可办理： (一)本村享受误工补贴的人员及补贴标准； (二)从村集体经济所得收益的使用； (三)本村公益事业的兴办和筹资筹劳方案及建设承包方案； (四)土地承包经营方案； (五)村集体经济项目的立项、承包方案； (六)宅基地的使用方案； (七)征地补偿费的使用、分配方案； (八)以借贷、租赁或者其他方式处分村集体财产； (九)村民会议认为应当由村民会议讨论决定的涉及村民利益的其他事项。 村民会议可以授权村民代表会议讨论决定前款规定的事项。 法律对讨论决定村集体经济组织财产和成员权益的事项另有规定的，依照其规定

续表

序号	发布年份	发布机构	规范名称及文号	效力层级	相关条文及主要内容
5	2019	全国人大常委会	《中华人民共和国土地管理法》(2019年修正)主席令第32号	法律	第九条　城市市区的土地属于国家所有。 农村和城市郊区的土地,除由法律规定属于国家所有的以外,属于农民集体所有;宅基地和自留地、自留山,属于农民集体所有。 第四十八条　征收土地应当给予公平、合理的补偿,保障被征地农民原有生活水平不降低、长远生计有保障。 征收土地应当依法及时足额支付土地补偿费、安置补助费以及农村村民住宅、其他地上附着物和青苗等的补偿费用,并安排被征地农民的社会保障费用。 征收农用地的土地补偿费、安置补助费标准由省、自治区、直辖市通过制定公布区片综合地价确定。制定区片综合地价应当综合考虑土地原用途、土地资源条件、土地产值、土地区位、土地供求关系、人口以及经济社会发展水平等因素,并至少每三年调整或者重新公布一次。 征收农用地以外的其他土地、地上附着物和青苗等的补偿标准,由省、自治区、直辖市制定。对其中的农村村民住宅,应当按照先补偿后搬迁、居住条件有改善的原则,尊重农村村民意愿,采取重新安排宅基地建房、提供安置房或者货币补偿等方式给予公平、合理的补偿,并对因征收造成的搬迁、临时安置等费用予以补偿,保障农村村民居住的权利和合法的住房财产权益。 县级以上地方人民政府应当将被征地农民纳入相应的养老等社会保障体系。被征地农民的社会保障费用

续表

序号	发布年份	发布机构	规范名称及文号	效力层级	相关条文及主要内容
					主要用于符合条件的被征地农民的养老保险等社会保险缴费补贴。被征地农民社会保障费用的筹集、管理和使用办法，由省、自治区、直辖市制定。 第六十二条　农村村民一户只能拥有一处宅基地，其宅基地的面积不得超过省、自治区、直辖市规定的标准。 人均土地少、不能保障一户拥有一处宅基地的地区，县级人民政府在充分尊重农村村民意愿的基础上，可以采取措施，按照省、自治区、直辖市规定的标准保障农村村民实现户有所居。 农村村民建住宅，应当符合乡（镇）土地利用总体规划、村庄规划，不得占用永久基本农田，并尽量使用原有的宅基地和村内空闲地。编制乡（镇）土地利用总体规划、村庄规划应当统筹并合理安排宅基地用地，改善农村村民居住环境和条件。 农村村民住宅用地，由乡（镇）人民政府审核批准；其中，涉及占用农用地的，依照本法第四十四条的规定办理审批手续。 农村村民出卖、出租、赠与住宅后，再申请宅基地的，不予批准。 国家允许进城落户的农村村民依法自愿有偿退出宅基地，鼓励农村集体经济组织及其成员盘活利用闲置宅基地和闲置住宅。 国务院农业农村主管部门负责全国农村宅基地改革和管理有关工作。 第六十六条　有下列情形之一的，农村集体经济组织报经原批准用地的人民政府批准，可以收回土地使用权：

续表

序号	发布年份	发布机构	规范名称及文号	效力层级	相关条文及主要内容
					(一)为乡(镇)村公共设施和公益事业建设,需要使用土地的; (二)不按照批准的用途使用土地的; (三)因撤销、迁移等原因而停止使用土地的。 依照前款第(一)项规定收回农民集体所有的土地的,对土地使用权人应当给予适当补偿。 收回集体经营性建设用地使用权,依照双方签订的书面合同办理,法律、行政法规另有规定的除外。 第六十七条　县级以上人民政府自然资源主管部门对违反土地管理法律、法规的行为进行监督检查。 县级以上人民政府农业农村主管部门对违反农村宅基地管理法律、法规的行为进行监督检查的,适用本法关于自然资源主管部门监督检查的规定。 土地管理监督检查人员应当熟悉土地管理法律、法规,忠于职守、秉公执法。 第七十八条　农村村民未经批准或者采取欺骗手段骗取批准,非法占用土地建住宅的,由县级以上人民政府农业农村主管部门责令退还非法占用的土地,限期拆除在非法占用的土地上新建的房屋。 超过省、自治区、直辖市规定的标准,多占的土地以非法占用土地论处

续表

序号	发布年份	发布机构	规范名称及文号	效力层级	相关条文及主要内容
6	2019	国务院	《不动产登记暂行条例》(2019年修订)中华人民共和国国务院令第710号	行政法规	第五条　下列不动产权利,依照本条例的规定办理登记: (一)集体土地所有权; (二)房屋等建筑物、构筑物所有权; (三)森林、林木所有权; (四)耕地、林地、草地等土地承包经营权; (五)建设用地使用权; (六)宅基地使用权; (七)海域使用权; (八)地役权; (九)抵押权; (十)法律规定需要登记的其他不动产权利
7	2019	自然资源部	《不动产登记暂行条例实施细则》(2019年修订)自然资源部令第5号	部门规章	第二十九条　集体土地所有权登记,依照下列规定提出申请: (一)土地属于村农民集体所有的,由村集体经济组织代为申请,没有集体经济组织的,由村民委员会代为申请; (二)土地分别属于村内两个以上农民集体所有的,由村内各集体经济组织代为申请,没有集体经济组织的,由村民小组代为申请; (三)土地属于乡(镇)农民集体所有的,由乡(镇)集体经济组织代为申请。 第四十条　依法取得宅基地使用权,可以单独申请宅基地使用权登记。 依法利用宅基地建造住房及其附属设施的,可以申请宅基地使用权及房屋所有权登记。 第四十一条　申请宅基地使用权及房屋所有权首次登记的,应当根据不同情况,提交下列材料:

续表

序号	发布年份	发布机构	规范名称及文号	效力层级	相关条文及主要内容
					(一)申请人身份证和户口簿; (二)不动产权属证书或者有批准权的人民政府批准用地的文件等权属来源材料; (三)房屋符合规划或者建设的相关材料; (四)权籍调查表、宗地图、房屋平面图以及宗地界址点坐标等有关不动产界址、面积等材料; (五)其他必要材料。 第四十二条　因依法继承、分家析产、集体经济组织内部互换房屋等导致宅基地使用权及房屋所有权发生转移申请登记的,申请人应当根据不同情况,提交下列材料: (一)不动产权属证书或者其他权属来源材料; (二)依法继承的材料; (三)分家析产的协议或者材料; (四)集体经济组织内部互换房屋的协议; (五)其他必要材料。 第四十三条　申请宅基地等集体土地上的建筑物区分所有权登记的,参照国有建设用地使用权及建筑物区分所有权的规定办理登记
8	2019	全国人大常委会	《中华人民共和国城乡规划法》(2019年修正)主席令第29号	法律	第四十一条第二款　在乡、村庄规划区内使用原有宅基地进行农村村民住宅建设的规划管理办法,由省、自治区、直辖市制定

续表

序号	发布年份	发布机构	规范名称及文号	效力层级	相关条文及主要内容
9	2020	全国人民代表大会	《中华人民共和国民法典》主席令第 45 号	法律	第九十九条　农村集体经济组织依法取得法人资格。 法律、行政法规对农村集体经济组织有规定的,依照其规定。 第一百零一条　居民委员会、村民委员会具有基层群众性自治组织法人资格,可以从事为履行职能所需要的民事活动。 未设立村集体经济组织的,村民委员会可以依法代行村集体经济组织的职能。 第一百一十七条　为了公共利益的需要,依照法律规定的权限和程序征收、征用不动产或者动产的,应当给予公平、合理的补偿。 第二百四十三条　为了公共利益的需要,依照法律规定的权限和程序可以征收集体所有的土地和组织、个人的房屋以及其他不动产。 征收集体所有的土地,应当依法及时足额支付土地补偿费、安置补助费以及农村村民住宅、其他地上附着物和青苗等的补偿费用,并安排被征地农民的社会保障费用,保障被征地农民的生活,维护被征地农民的合法权益。 征收组织、个人的房屋以及其他不动产,应当依法给予征收补偿,维护被征收人的合法权益;征收个人住宅的,还应当保障被征收人的居住条件。 任何组织或者个人不得贪污、挪用、私分、截留、拖欠征收补偿费等费用。 第二百四十五条　因抢险救灾、疫情防控等紧急需要,依照法律规定的权限和程序可以征用组织、个人的

续表

序号	发布年份	发布机构	规范名称及文号	效力层级	相关条文及主要内容
					不动产或者动产。被征用的不动产或者动产使用后，应当返还被征用人。组织、个人的不动产或者动产被征用或者征用后毁损、灭失的，应当给予补偿。 第二百六十条　集体所有的不动产和动产包括： （一）法律规定属于集体所有的土地和森林、山岭、草原、荒地、滩涂…… 第二百六十二条　对于集体所有的土地和森林、山岭、草原、荒地、滩涂等，依照下列规定行使所有权： （一）属于村农民集体所有的，由村集体经济组织或者村民委员会依法代表集体行使所有权； （二）分别属于村内两个以上农民集体所有的，由村内各该集体经济组织或者村民小组依法代表集体行使所有权； （三）属于乡镇农民集体所有的，由乡镇集体经济组织代表集体行使所有权。 第三百二十七条　因不动产或者动产被征收、征用致使用益物权消灭或者影响用益物权行使的，用益物权人有权依据本法第二百四十三条、第二百四十五条的规定获得相应补偿。 第三百六十二条　宅基地使用权人依法对集体所有的土地享有占有和使用的权利，有权依法利用该土地建造住宅及其附属设施。 第三百六十三条　宅基地使用权的取得、行使和转让，适用土地管理的法律和国家有关规定。

续表

序号	发布年份	发布机构	规范名称及文号	效力层级	相关条文及主要内容
					第三百六十四条　宅基地因自然灾害等原因灭失的，宅基地使用权消灭。对失去宅基地的村民，应当依法重新分配宅基地。 第三百六十五条　已经登记的宅基地使用权转让或者消灭的，应当及时办理变更登记或者注销登记。 第三百七十八条　土地所有权人享有地役权或者负担地役权的，设立土地承包经营权、宅基地使用权等用益物权时，该用益物权人继续享有或者负担已经设立的地役权。 第三百七十九条　土地上已经设立土地承包经营权、建设用地使用权、宅基地使用权等用益物权的，未经用益物权人同意，土地所有权人不得设立地役权。 第三百九十九条　下列财产不得抵押： （一）土地所有权； （二）宅基地、自留地、自留山等集体所有土地的使用权，但是法律规定可以抵押的除外； （三）学校、幼儿园、医疗机构等为公益目的成立的非营利法人的教育设施、医疗卫生设施和其他公益设施； （四）所有权、使用权不明或者有争议的财产； （五）依法被查封、扣押、监管的财产； （六）法律、行政法规规定不得抵押的其他财产

注：对现行有效主要规则进行摘录，统计数据截至 2021 年 9 月 1 日。

附录 B:宅基地使用权政策文件摘录表

序号	发布年份	发布机构	文件名称	主要内容
1	2004	国务院	《国务院关于深化改革严格土地管理的决定》 国发(2004)28 号	(十)加强村镇建设用地的管理。……改革和完善宅基地审批制度,加强农村宅基地管理,禁止城镇居民在农村购置宅基地。……
2	2004	国土资源部	《国土资源部关于印发〈关于完善征地补偿安置制度的指导意见〉的通知》 国土资发〔2004〕238 号	(四)土地补偿费的分配。按照土地补偿费主要用于被征地农户的原则,土地补偿费应在农村集体经济组织内部合理分配。具体分配办法由省级人民政府制定。土地被全部征收,同时农村集体经济组织撤销建制的,土地补偿费应全部用于被征地农民生产生活安置
3	2007	国务院办公厅	《国务院办公厅关于严格执行有关农村集体建设用地法律和政策的通知》 国办发(2007)71 号	农村住宅用地只能分配给本村村民,城镇居民不得到农村购买宅基地、农民住宅或“小产权房”。单位和个人不得非法租用、占用农民集体所有土地搞房地产开发。农村村民一户只能拥有一处宅基地,其面积不得超过省、自治区、直辖市规定的标准。农村村民出卖、出租住房后,再申请宅基地的,不予批准

续表

序号	发布年份	发布机构	文件名称	主要内容
4	2008	国务院	《国务院关于促进节约集约用地的通知》 国发(2008)3 号	(十七)鼓励提高农村建设用地的利用效率。要在坚持尊重农民意愿、保障农民权益……住宅建设用地要先行安排利用村内空闲地、闲置宅基地。对村民自愿腾退宅基地或符合宅基地申请条件购买空闲住宅的,当地政府可给予奖励或补助。 (十八)严格执行农村一户一宅政策。各地要结合本地实际完善人均住宅面积等相关标准,控制农民超用地标准建房,逐步清理历史遗留的一户多宅问题,坚决防止产生超面积占用宅基地和新的一户多宅现象
5	2008	国务院	《国务院关于印发全国土地利用总体规划纲要(2006—2020 年)的通知》 国发(2008)33 号	合理安排农村宅基地,禁止超标准占地建房,逐步解决现有住宅用地超标准问题。农民新建住宅应优先安排利用村内空闲地、闲置宅基地和未利用地,村内有空闲地、原有宅基地已达标的,不再安排新增宅基地。引导和规范农村闲置宅基地合理流转,提高农村宅基地的利用效率

续表

序号	发布年份	发布机构	文件名称	主要内容
6	2010	国土资源部	《国土资源部关于进一步做好征地管理工作的通知》 国土资发〔2010〕96号	(八)住房拆迁要进行合理补偿安置。征地中拆迁农民住房应给予合理补偿,并因地制宜采取多元化安置方式,妥善解决好被拆迁农户居住问题。在城市远郊和农村地区,主要采取迁建安置方式,重新安排宅基地建房。拆迁补偿既要考虑被拆迁的房屋,还要考虑被征收的宅基地。房屋拆迁按建筑重置成本补偿,宅基地征收按当地规定的征地标准补偿。 在城乡结合部和城中村,原则上不再单独安排宅基地建房,主要采取货币或实物补偿的方式,由被拆迁农户自行选购房屋或政府提供的安置房。被拆迁农户所得的拆迁补偿以及政府补贴等补偿总和,应能保障其选购合理居住水平的房屋
7	2011	第十一届全国人民代表大会第四次会议	《中华人民共和国国民经济和社会发展第十二个五年规划纲要》	第二节　建立健全城乡发展一体化制度 加快消除制约城乡协调发展的体制性障碍,促进公共资源在城乡之间均衡配置、生产要素在城乡之间自由流动。……严格规范城乡建设用地增减挂钩,调整优化城乡用地结构和布局,逐步建立城乡统一的建设用地市场。……
8	2011	国务院办公厅	《国务院办公厅关于积极稳妥推进户籍管理制度改革的通知》 国办发〔2011〕9号	(六)农民的宅基地使用权和土地承包经营权受法律保护。现阶段,农民工落户城镇,是否放弃宅基地和承包的耕地、林地、草地,必须完全尊重农民本人的意愿,不得强制或变相强制收回。…… (八)……严格执行禁止城镇居民在农村购置宅基地的政策

续表

序号	发布年份	发布机构	文件名称	主要内容
9	2011	国土资源部、财政部、农业部	《关于农村集体土地确权登记发证的若干意见》 国土资发〔2011〕178 号	六、严格规范确认宅基地使用权主体 宅基地使用权应该按照当地省级人民政府规定的面积标准,依法确认给本农民集体成员。非本农民集体的农民,因地质灾害防治、新农村建设、移民安置等集中迁建,在符合当地规划的前提下,经本农民集体大多数成员同意并经有权机关批准异地建房的,可按规定确权登记发证。已拥有一处宅基地的本农民集体成员、非本农民集体成员的农村或城镇居民,因继承房屋占用农村宅基地的,可按规定登记发证,在《集体土地使用证》记事栏应注记"该权利人为本农民集体原成员住宅的合法继承人"。非农业户口居民(含华侨)原在农村合法取得的宅基地及房屋,房屋产权没有变化的,经该农民集体出具证明并公告无异议的,可依法办理土地登记,在《集体土地使用证》记事栏应注记"该权利人为非本农民集体成员"。…… 七、按照不同的历史阶段对超面积的宅基地进行确权登记发证 1982 年《村镇建房用地管理条例》实施前,农村村民建房占用的宅基地,在《村镇建房用地管理条例》实施后至今未扩大用地面积的,可以按现有实际使用面积进行确权登记;1982 年《村镇建房用地管理条例》实施起至 1987 年《土地管理法》实施时止,农村村民建房占用的宅基地,超过当地规定的面积标准的,超过部分按当时国家和地方有关规定处理后,可以按实际使用面积进行确权登记;1987 年《土地管理法》实施后,农村村民建房占用的宅基地,超

续表

序号	发布年份	发布机构	文件名称	主要内容
				过当地规定的面积标准的,按照实际批准面积进行确权登记。其面积超过各地规定标准的,可在土地登记簿和土地权利证书记事栏内注明超过标准的面积,待以后分户建房或现有房屋拆迁、改建、翻建、政府依法实施规划重新建设时,按有关规定作出处理,并按照各地规定的面积标准重新进行确权登记
10	2013	国务院	《国务院批转发展改革委等部门关于深化收入分配制度改革若干意见的通知》 国发〔2013〕6号	23. 合理分享土地增值收益。……按照依法自愿有偿原则,允许农民以多种形式流转土地承包经营权,确保农民分享流转收益。完善农村宅基地制度,保障农户宅基地用益物权。改革征地制度,依法保障农民合法权益,提高农民在土地增值收益中的分配比例
11	2014	国务院	《国务院关于进一步推进户籍制度改革的意见》 国发〔2014〕25号	(十二)完善农村产权制度。土地承包经营权和宅基地使用权是法律赋予农户的用益物权,集体收益分配权是农民作为集体经济组织成员应当享有的合法财产权利。加快推进农村土地确权、登记、颁证,依法保障农民的土地承包经营权、宅基地使用权。……进城落户农民是否有偿退出“三权”,应根据党的十八届三中全会精神,在尊重农民意愿前提下开展试点。现阶段,不得以退出土地承包经营权、宅基地使用权、集体收益分配权作为农民进城落户的条件

续表

序号	发布年份	发布机构	文件名称	主要内容
12	2014	国务院办公厅	《国务院办公厅关于引导农村产权流转交易市场健康发展的意见》 国办发(2014)71 号	(九)交易主体。凡是法律、法规和政策没有限制的法人和自然人均可以进入市场参与……备案。……除农户宅基地使用权、农民住房财产权、农户持有的集体资产股权之外，流转交易的受让方原则上没有资格限制(外资企业和境外投资者按照有关法律、法规执行)。……
13	2015	中共中央办公厅和国务院办公厅	《关于农村土地征收、集体经营性建设用地入市、宅基地制度改革试点工作的意见》	三是改革完善农村宅基地制度。针对农户宅基地取得困难、利用粗放、退出不畅等问题，要完善宅基地权益保障和取得方式，探索农民住房保障在不同区域户有所居的多种实现形式；对因历史原因形成超标准占用宅基地和一户多宅等情况，探索实行有偿使用；探索进城落户农民在本集体经济组织内部自愿有偿退出或转让宅基地；改革宅基地审批制度，发挥村民自治组织的民主管理作用。 四是建立兼顾国家、集体、个人的土地增值收益分配机制，合理提高个人收益。针对土地增值收益分配机制不健全，兼顾国家、集体、个人之间利益不够等问题，要建立健全土地增值收益在国家与集体之间、集体经济组织内部的分配办法和相关制度安排

续表

序号	发布年份	发布机构	文件名称	主要内容
14	2015	第十二届全国人民代表大会常务委员会第十三次会议	《全国人民代表大会常务委员会关于授权国务院在北京市大兴区等三十三个试点县(市、区)行政区域暂时调整实施有关法律规定的决定》	为了改革完善农村土地制度,为推进中国特色农业现代化和新型城镇化提供实践经验……暂时调整实施有关法律规定,必须坚守土地公有制性质不改变、耕地红线不突破、农民利益不受损的底线,坚持从实际出发,因地制宜。 ……暂时调整实施宅基地审批权限的规定。使用存量建设用地的,下放至乡(镇)人民政府审批;使用新增建设用地的,下放至县级人民政府审批
15	2015	国务院	《国务院关于开展农村承包土地的经营权和农民住房财产权抵押贷款试点的指导意见》 国发(2015)45 号	(三)建立抵押物处置机制,做好风险保障。……农民住房财产权(含宅基地使用权)抵押贷款的抵押物处置应与商品住房制定差别化规定。探索农民住房财产权抵押担保中宅基地权益的实现方式和途径,保障抵押权人合法权益。对农民住房财产权抵押贷款的抵押物处置,受让人原则上应限制在相关法律法规和国务院规定的范围内。 (四)完善配套措施,提供基础支撑。……农民住房财产权设立抵押的,需将宅基地使用权与住房所有权一并抵押。按照党中央、国务院确定的宅基地制度改革试点工作部署,探索建立宅基地使用权有偿转让机制。……

续表

序号	发布年份	发布机构	文件名称	主要内容
16	2015	第十二届全国人民代表大会常务委员会第十八次会议	《全国人民代表大会常务委员会关于授权国务院在北京市大兴区等 232 个试点县(市、区)、天津市蓟县等 59 个试点县(市、区)行政区域分别暂时调整实施有关法律规定的决定》	为了落实农村土地的用益物权,赋予农民更多财产权利,深化农村金融改革创新,有效盘活农村资源、资金、资产,为稳步推进农村土地制度改革提供经验和模式……;在天津市蓟县等 59 个试点县(市、区)行政区域暂时调整实施《中华人民共和国物权法》、《中华人民共和国担保法》关于集体所有的宅基地使用权不得抵押的规定。上述调整在 2017 年 12 月 31 日前试行
17	2016	国务院	《国务院关于深入推进新型城镇化建设的若干意见》 国发〔2016〕8 号	(二十三)完善土地经营权和宅基地使用权流转机制。加快推进农村土地确权登记颁证工作,鼓励地方建立健全农村产权流转市场体系,探索农户对土地承包权、宅基地使用权、集体收益分配权的自愿有偿退出机制,支持引导其依法自愿有偿转让上述权益,提高资源利用效率,防止闲置和浪费。深入推进农村土地征收、集体经营性建设用地入市、宅基地制度改革试点,稳步开展农村承包土地的经营权和农民住房财产权抵押贷款试点。 (三十一)深化试点内容。在建立农业转移人口市民化成本分担机制、建立多元化可持续城镇化投融资机制、改革完善农村宅基地制度、建立创新行政管理和降低行政成本的设市设区模式等方面加大探索力度,实现重点突破。鼓励试点地区有序建立进城落户农民农村土地承包权、宅基地使用权、集体收益分配权依法自愿有偿退出机制。有可能突破现行法规和政策的改革探索,在履行必要程序后,赋予试点地区相应权限

续表

序号	发布年份	发布机构	文件名称	主要内容
18	2016	国务院	《国务院关于印发国家人口发展规划(2016—2030年)的通知》 国发〔2016〕87号	深化农村集体产权制度改革,探索建立进城落户农民土地承包权、宅基地使用权、集体收益分配权维护和自愿有偿退出机制
19	2016	国务院办公厅	《国务院办公厅关于印发推动1亿非户籍人口在城市落户方案的通知》 国办发〔2016〕72号	(十一)建立进城落户农民“三权”维护和自愿有偿退出机制。加快推进农村集体产权制度改革,确保如期完成土地承包权、宅基地使用权等确权登记颁证,积极推进农村集体资产确权到户和股份合作制改革,不得强行要求进城落户农民转让其在农村的土地承包权、宅基地使用权、集体收益分配权,或将其作为进城落户条件。建立健全农村产权流转市场体系,探索形成农户对“三权”的自愿有偿退出机制,支持和引导进城落户农民依法自愿有偿转让上述权益,但现阶段要严格限定在本集体经济组织内部
20	2016	国务院办公厅	《国务院办公厅关于支持返乡下乡人员创业创新促进农村一二三产业融合发展的意见》 国办发〔2016〕84号	在符合农村宅基地管理规定和相关规划的前提下,允许返乡下乡人员和当地农民合作改建自住房。……城乡建设用地增减挂钩政策腾退出的建设用地指标,以及通过农村闲置宅基地整理新增的耕地和建设用地,重点支持返乡下乡人员创业创新

续表

序号	发布年份	发布机构	文件名称	主要内容
21	2016	国务院办公厅	《国务院办公厅关于完善支持政策促进农民持续增收的若干意见》 国办发〔2016〕87 号	四、构建城乡一体化发展长效机制,释放农民增收新动能 (十七)深化农村集体产权制度改革。完善农村集体产权权能,加快农村承包地、林地、草原、“四荒地”、宅基地、农房、集体建设用地等确权登记颁证。实行农村土地所有权、承包权、经营权分置并行。继续推进农村土地征收、集体经营性建设用地入市、宅基地制度改革试点……有效维护进城落户农民土地承包权、宅基地使用权、集体收益分配权,支持引导其依法自愿有偿转让上述权益……
22	2018	国务院	《中共中央国务院关于实施乡村振兴战略的意见》	扎实推进房地一体的农村集体建设用地和宅基地使用权确权登记颁证。完善农民闲置宅基地和闲置农房政策,探索宅基地所有权、资格权、使用权“三权分置”,落实宅基地集体所有权,保障宅基地农户资格权和农民房屋财产权,适度放活宅基地和农民房屋使用权,不得违规违法买卖宅基地,严格实行土地用途管制,严格禁止下乡利用农村宅基地建设别墅大院和私人会馆

续表

序号	发布年份	发布机构	文件名称	主要内容
23	2019	农业农村部	《农业农村部关于积极稳妥开展农村闲置宅基地和闲置住宅盘活利用工作的通知》农经发〔2019〕4 号	二、重点工作 (一)因地制宜选择盘活利用模式。……支持采取整理、复垦、复绿等方式,开展农村闲置宅基地整治,依法依规利用城乡建设用地增减挂钩、集体经营性建设用地入市等政策,为农民建房、乡村建设和产业发展等提供土地等要素保障。 (二)支持培育盘活利用主体。在充分保障农民宅基地合法权益的前提下,支持农村集体经济组织及其成员采取自营、出租、入股、合作等多种方式盘活利用农村闲置宅基地和闲置住宅。…… (五)依法规范盘活利用行为。各地要进一步加强宅基地管理,对利用方式、经营产业、租赁期限、流转对象等进行规范,防止侵占耕地、大拆大建、违规开发,确保盘活利用的农村闲置宅基地和闲置住宅依法取得、权属清晰。要坚决守住法律和政策底线,不得违法违规买卖或变相买卖宅基地……要切实维护农民权益,不得以各种名义违背农民意愿强制流转宅基地和强迫农民“上楼”,不得违法收回农户合法取得的宅基地,不得以退出宅基地作为农民进城落户的条件。……
24	2019	中央农村工作领导小组办公室 农业农村部	《中央农村工作领导小组办公室 农业农村部关于进一步加强农村宅基地管理的通知》 中农发〔2019〕11 号	二、依法落实基层政府属地责任 …… 按照新修订的土地管理法规定,农村村民住宅用地由乡镇政府审核批准。……建立宅基地和农房乡镇联审联办制度,为农民群众提供便捷高效的服务。要加强对宅基地申请、审批、使用的全程监管,落实宅基

续表

序号	发布年份	发布机构	文件名称	主要内容
				地申请审查到场、批准后丈量批放到场、住宅建成后核查到场等“三到场”要求。要开展农村宅基地动态巡查,及时发现和处置涉及宅基地的各类违法行为,防止产生新的违法违规占地现象。要指导村级组织完善宅基地民主管理程序,探索设立村级宅基地协管员。 三、严格落实“一户一宅”规定 宅基地是农村村民用于建造住宅及其附属设施的集体建设用地,包括住房、附属用房和庭院等用地。农村村民一户只能拥有一处宅基地,面积不得超过本省、自治区、直辖市规定的标准。农村村民应严格按照批准面积和建房标准建设住宅,禁止未批先建、超面积占用宅基地。经批准易地建造住宅的,应严格按照“建新拆旧”要求,将原宅基地交还村集体。农村村民出卖、出租、赠与住宅后,再申请宅基地的,不予批准。对历史形成的宅基地面积超标和“一户多宅”等问题,要按照有关政策规定分类进行认定和处置。人均土地少、不能保障一户拥有一处宅基地的地区,县级人民政府在充分尊重农民意愿的基础上,可以采取措施,按照省、自治区、直辖市规定的标准保障农村村民实现户有所居。 五、鼓励盘活利用闲置宅基地和闲置住宅 鼓励村集体和农民盘活利用闲置宅基地和闲置住宅,通过自主经营、合作经营、委托经营等方式,依法依规发展农家乐、民宿、乡村旅游等。城镇居民、工商资本等租赁农房居住或

续表

序号	发布年份	发布机构	文件名称	主要内容
				开展经营的,要严格遵守合同法的规定,租赁合同的期限不得超过二十年。合同到期后,双方可以另行约定。在尊重农民意愿并符合规划的前提下,鼓励村集体积极稳妥开展闲置宅基地整治,整治出的土地优先用于满足农民新增宅基地需求、村庄建设和乡村产业发展。闲置宅基地盘活利用产生的土地增值收益要全部用于农业农村。在征得宅基地所有权人同意的前提下,鼓励农村村民在本集体经济组织内部向符合宅基地申请条件的农户转让宅基地。各地可探索通过制定宅基地转让示范合同等方式,引导规范转让行为。转让合同生效后,应及时办理宅基地使用权变更手续。对进城落户的农村村民,各地可以多渠道筹集资金,探索通过多种方式鼓励其自愿有偿退出宅基地。 六、依法保护农民合法权益 要充分保障宅基地农户资格权和农民房屋财产权。不得以各种名义违背农民意愿强制流转宅基地和强迫农民"上楼",不得违法收回农户合法取得的宅基地,不得以退出宅基地作为农民进城落户的条件。严格控制整村撤并,规范实施程序,加强监督管理。宅基地是农村村民的基本居住保障,严禁城镇居民到农村购买宅基地,严禁下乡利用农村宅基地建设别墅大院和私人会馆。严禁借流转之名违法违规圈占、买卖宅基地

续表

序号	发布年份	发布机构	文件名称	主要内容
25	2021	国家发展和改革委员会	《2021 年新型城镇化和城乡融合发展重点任务》 发改规划〔2021〕493 号	(四)健全配套政策体系。继续安排中央财政市民化奖励资金。健全城镇建设用地增加规模与吸纳农业转移人口落户数量挂钩机制。依法维护进城落户农民承包地、宅基地、集体资产等权益,支持探索农村“三权”依法自愿有偿退出机制。根据第七次全国人口普查结果,发布县及县以上城镇常住人口数据,研究建立各城市城区常住人口数据统计发布机制,结合大数据技术推进常态化统计发布。 (二十一)深化改革农村土地制度。积极探索实施农村集体经营性建设用地入市制度,出台稳妥有序推进农村集体经营性建设用地入市的指导意见。推动深化农村宅基地制度改革试点地区率先健全宅基地分配、流转、抵押、退出、使用、收益、审批、监管等制度。鼓励农村集体经济组织及其成员采取自营、出租、入股、合作等方式,盘活农村闲置宅基地和地上房屋

注:以文件发布年份为顺序,对相关政策文件进行摘录,统计数据截至 2021 年 5 月 1 日。

参考文献

一、中文参考文献

(一)中文著作

[1]陈华彬:《外国物权法》,法律出版社2004年版。

[2]陈军:《个体要素和社会要素的再平衡》,法律出版社2015年版。

[3]陈小君:《农村土地法律制度研究(上)——田野调查解读》,中国政法大学出版社2004年版。

[4]高飞:《集体土地所有权主体制度研究》,法律出版社2012年版。

[5]何勤华主编:《英国法律发达史》,法律出版社1998年版。

[6]侯银萍:《新型城镇化背景下的土地用益物权研究》,法律出版社2015年版。

[7]蒋晓玲、李慧英、张建:《农村土地使用权流转法律问题研究》,法律出版社2011年版。

[8]李国强:《相对所有权的私法逻辑》,社会科学文献出版社2013年版。

[9]刘俊:《中国土地法理论研究》,法律出版社2006年版。

[10]刘俊、杨惠、白庆兰等:《地票的制度基础与法律性质》,法律出版社2012年版。

[11]孟普庆:《中国土地法论》,南京市救济院1933年版。

[12]任艳胜:《基于主体功能分区的农地发展权补偿研究》,中国社会科学出版社2015年版。

[13]任中秀:《农村宅基地使用权制度研究》,山东大学出版社2012年版。

[14]孙宪忠:《德国当代物权法》,法律出版社1997年版。

[15]汪晖、陶然:《中国土地制度改革:难点、突破与政策组合》,商务印书馆 2013 年版。

[16]王利明:《物权法研究》(上卷),中国人民大学出版社 2007 年版。

[17]王铁雄:《财产权利平衡论——美国财产法理念之变迁路径》,中国法制出版社 2007 年版。

[18]王旭东:《中国农村宅基地制度》,中国建筑工业出版社 2011 年版。

[19]文贯中:《吾民无地:城市化、土地制度与户籍制度的内在逻辑》,东方出版社 2014 年版。

[20]吴远来:《农村宅基地产权制度研究》,湖南人民出版社 2010 年版。

[21]夏吟兰、薛宁兰主编:《民法典之婚姻家庭编立法研究》,北京大学出版社 2016 年版。

[22]咸鸿昌:《英国土地法律史——以保有权为视角的考察》,北京大学出版社 2009 年版。

[23]向勇:《中国宅基地权利发展研究》,中国社会科学出版社 2016 年版。

[24]杨英文:《城镇化视域下公民住宅权研究》,知识产权出版社 2014 年版。

[25]姚昭杰、刘国臻:《我国土地权利法律制度发展趋向研究——以土地发展权为例》,中山大学出版社 2016 年版。

[26]尹飞:《物权法·用益物权》,中国法制出版社 2005 年版。

[27]于霄:《英国土地登记法律制度研究》,上海人民出版社 2012 年版。

[28]喻文莉:《转型期宅基地使用权制度研究》,法律出版社 2011 年版。

[29]张淞纶:《论物上负担制度——财产法的对抗力革命》,法律出版社 2012 年版。

[30]赵萃萃:《英美财产法之 Estate 研究——以财产和财产权的分割为视角》,法律出版社 2015 年版。

[31]赵树枫、李廷佑、张强、黄序等编:《农村宅基地制度与城乡一体化》,中国经济出版社 2015 年版。

[32]周枏编:《罗马法提要》,法律出版社 1988 年版。

[33]朱冬亮:《社会变迁中的村级土地制度——闽西北将乐县安仁乡个案研究》,厦门大学出版社2003年版。

(二)外文译著

[1][德]M.沃尔夫:《物权法》,吴越、李大雪译,法律出版社2004年版。

[2]《德国民法典》,陈卫佐译,法律出版社2006年版。

[3]《魁北克民法典》,孙建江、郭站红、朱亚芬译,中国人民大学出版社2005年版。

[4]《瑞士民法典》,殷生根、王燕译,中国政法大学出版社1999年版。

[5][英]巴里·卡林沃思、文森特·纳丁:《英国城乡规划》(第14版),陈闽齐等译,东南大学出版社2011年版。

[6][德]鲍尔、施蒂尔纳:《德国物权法》(上册),张双根译,法律出版社2004年版。

[7][法]弗朗索瓦·泰雷、菲利普·森勒尔:《法国财产法》(上),罗结珍译,中国法制出版社2008年版。

[8][日]加藤雅信:《"所有权"的诞生》,郑芙蓉译,法律出版社2012年版。

[9][美]杰拉尔德·科恩戈尔德、安德鲁·P.莫里斯编:《权利的边界:美国财产法经典案例故事》,吴香香译,中国人民大学出版社2015年版。

[10][美]凯特·斯丹德利:《家庭法》,屈广清译,中国政法大学出版社2004年版。

[11][美]理查德·A.波斯纳:《法律的经济分析》(上册),蒋兆康译,中国大百科全书出版社1997年版。

[12][英]洛克:《政府论》(上篇),叶启芳、瞿菊农译,商务印书馆1982年版。

[13][英]洛克:《政府论》(下篇),叶启芳、瞿菊农译,商务印书馆1982年版。

[14][英]梅因:《古代法》,沈景一译,商务印书馆1959年版。

[15][美]庞德:《普通法的精神》,唐前宏等译,法律出版社2001年版。

[16]世界著名法典汉译丛书编委会编译:《十二铜表法》,法律出版社2000年版。

[17][美]斯蒂芬·芒泽:《财产理论》,彭诚信译,北京大学出版社2006年版。

[18][日]田山辉明:《物权法》,陆庆胜译,齐乃宽、李康民审校,法律出版社1999年版。

[19][古罗马]优士丁尼:《法学阶梯》,徐国栋译,中国政法大学出版社1999年版。

[20][美]约翰·G.斯普兰克林:《美国财产法精解》(第2版),钟书峰译,北京大学出版社2009年版。

(三)中文期刊

[1]《山东将探索"房票"制助力农业转移人口市民化》,载《乡镇论坛》2017年第10期。

[2]《杨丰春等诉淅川县荆紫关镇人民政府土地行政登记行政纠纷案——农村房屋及其宅基地使用权应一体继承》,载《人民司法·案例》2016年第32期。

[3]艾佳慧:《婚姻财产制度的博弈分析——基于婚姻稳定和家庭安全的视角》,载《南京大学法律评论》2016年第3期。

[4]蔡守秋、吴贤静:《从"主、客二分"到"主、客一体"》,载《现代法学》2010年第6期。

[5]操小娟:《新型城镇化发展中土地利用管理制度的立法构架——兼论〈土地管理法〉及其修改》,载《社会科学辑刊》2015年第1期。

[6]曹泮天:《现行宅基地使用权制度的困境与出路》,载《河北法学》2010年第3期。

[7]陈柏峰:《土地发展权的理论基础与制度前景》,载《法学研究》2012年第4期。

[8]陈躬林、林章兵:《重建农地自耕农所有制》,载《求是学刊》2003年第1期。

[9]陈苇、白玉:《民法典继承编之遗产家庭住房的先取权和终生使用权立法研究》,载《河北法学》2019年第11期。

[10]陈苇、姜大伟:《论婚姻家庭住房权的优先保护——与"否定说"商榷》,载《现代法学》2013年第6期。

[11]陈小君:《我国〈土地管理法〉修订:历史、原则与制度——以该法第四次修订中的土地权利制度为重点》,载《政治与法律》2012年第5期。

[12]陈小君:《宅基地使用权的制度困局与破解之维》,载《法学研究》2019年第3期。

[13]陈小君、高飞、耿卓:《我国农村集体经济有效实现法律制度的实证考察——来自12个省的调研报告》,载《法商研究》2012年第6期。

[14]陈晓敏:《论大陆法上的集体所有权——以欧洲近代私法学说为中心的考察》,载《法商研究》2014年第1期。

[15]崔丽娟:《天津"宅基地换房"与重庆"双交换"模式比较与借鉴》,载《天津经济》2010年第3期。

[16]崔之元:《重庆实验的三个理论视角:乔治、米德与葛兰西》,载《开放时代》2011年第9期。

[17]房绍坤:《试论用益物权的功能》,载《山东公安专科学校学报》2003第4期。

[18]高福君:《宅基地使用权法律构造》,载《法学与实践》2010年第2期。

[19]顾明哲:《增减挂钩交易指标价格评估方法研究——以义乌市"集地券"为例》,载《农村经济与科技》2016年第21期。

[20]关涛:《大陆法系民法中的人役权——兼论民法典中用益物权的体系》,载王利明等主编:《中国民法典基本理论问题研究》,人民法院出版社2004年版。

[21]郭洁:《土地用途管制模式的立法转变》,载《法学研究》2013年第2期。

[22]黄忠:《地票交易的地役权属性论》,载《法学》2013年第6期。

[23]蒋省三、刘守英:《防止村庄建设中分割农民宅基地权利的倾向》,载

马洪、王梦奎主编:《中国发展报告:国务院发展研究中心研究报告选·2007》,中国发展出版社2007年版。

[24]孔祥智、刘同山:《论我国农村基本经营制度:历史、挑战与选择》,载《政治经济学评论》2013年第4期。

[25]李凤章:《从公私合一到公私分离——论集体土地所有权的使用权化》,载《环球法律评论》2015年第3期。

[26]李凤章:《法律移植,移植什么?——以土地所有权的中国命运为中心》,载《法律科学》2009年第6期。

[27]李凤章:《开发权视角下的小产权房及其处理——以深圳经验为例》,载《民商法学》2016年第9期。

[28]李凤章:《宅基地资格权的判定和实现——以上海实践为基础的考察》,载《广东社会科学》2019年第1期。

[29]李凤章、张秀全:《土地所有权立法之反思:透过历史的映照》,载《北方法学》2009年第2期。

[30]廖鑫彬:《土地征收的公平市场价值补偿——一种基于土地增值税框架的征地补偿模式》,载《农村经济》2013年第7期。

[31]刘国臻:《论美国的土地发展权制度及其对我国的启示》,载《法学评论》2007年第3期。

[32]刘国臻:《论我国土地发展权的法律性质》,载《法学杂志》2011年第3期。

[33]刘国臻、陈年冰:《论土地权利发展的三大轨迹及其启示》,载《学术研究》2013年第2期。

[34]刘凯湘:《法定租赁权对农村宅基地制度改革的意义与构想》,载《法学论坛》2010年第1期。

[35]刘连泰、刘玉姿:《作为基本权利的集体土地所有权》,载《江苏行政学院学报》2015年第1期。

[36]刘守英:《中国的二元土地权利制度与土地市场残缺(一)》,载《经济研究参考》2008年第2期。

[37]龙翼飞、徐霖:《对我国农村宅基地使用权法律调整的立法建议——兼论“小产权房”问题的解决》,载《法学杂志》2009 年第 9 期。

[38]陆铭:《建设用地指标可交易:城乡和区域统筹发展的突破口》,载《国际经济评论》2010 年第 2 期。

[39]罗伯特 · C. 埃里克森:《土地财产权》,赵英爽译,易继明校,载《私法》2011 年第 2 期。

[40]麻昌华、黎栋:《所有权及其内部结构论》,载《法商研究》1996 年第 1 期。

[41]马新彦:《罗马法所有权理论的当代发展》,载《法学研究》2006 年第 1 期。

[42]欧阳波:《郭国荣等与刘爱真宅基地使用权纠纷上诉案——因身份关系产生居住权纠纷应由婚姻家庭法调整》,载《人民司法 · 案例》2014 年第 24 期。

[43]彭诚信、陈吉栋:《农村房屋抵押权实现的法律障碍之克服——“房地一致”原则的排除适用》,载《吉林大学社会科学学报》2014 年第 4 期。

[44]申建平:《继承法上配偶法定居住权立法研究》,载《求是学刊》2012 年第 4 期。

[45]税兵:《自然资源国家所有权双阶构造说》,载《法学研究》2013 年第 4 期。

[46]孙芬、郑财贵、牛德利等:《关于开放地票交易二级市场的思考》,载《江西农业学报》2013 年第 3 期。

[47]陶钟太朗:《论城乡一体化视域下集体土地所有权的走向》,载《中国土地科学》2015 年第 3 期。

[48]田韶华:《论集体土地上他项权利在征收补偿中的地位及其实现》,载《法学》2017 年第 1 期。

[49]童列春:《中国农地集体所有权的虚与实》,载《农村经济》2011 年第 10 期。

[50]汪晖、陶然:《论土地发展权转移与交易的浙江模式制度起源、操作模

式及其重要含义》,载《管理世界》2009 年第 8 期。

[51]汪洋:《集体土地所有权的三重功能属性——基于罗马氏族与我国农村集体土地的比较分析》,载《比较法研究》2014 年第 2 期。

[52]王俊凤:《政府权力和失地农民权利的博弈现状及其重构》,载《行政论坛》2012 年第 6 期。

[53]王利明:《〈物权法〉的实施与征收征用制度的完善》,载《法学杂志》2008 年第 4 期。

[54]王明成:《论成都市宅基地使用权任意第三人受让的普适性与完善》,载《中国土地科学》2010 年第 2 期。

[55]王明文:《论居住权的物权法保护》,载《东北师大学报(哲学社会科学版)》2015 年第 5 期。

[56]王卫国、朱庆育:《宅基地如何进入市场? ——以画家村房屋买卖案为切入点》,载《政法论坛》2014 年第 3 期。

[57]王钰:《农村宅基地使用权多元功能的冲突与协调——以社会保障功能与资产增值功能为视角》,载《社科纵横》2009 年第 10 期。

[58]魏程琳:《非财产性权利:农村宅基地的属性与价值辨析》,载《山西农业大学学报(社会科学版)》2015 年第 4 期。

[59]魏西云:《"法定地上权"和农村宅基地有偿使用》,载《中国不动产》2015 年第 4 期。

[60]温家宝:《中国农业和农村的发展道路》,载《求是》2012 年第 1 期。

[61]闫海、孟娜:《我国地票交易法律制度探析》,载《武陵学刊》2012 年第 4 期。

[62]杨立新:《论我国土地承包经营权的缺陷及其对策——兼论建立地上权和永佃权的必要性和紧迫性》,载《河北法学》2000 年第 1 期。

[63]杨庆媛、鲁春阳:《重庆地票制度的功能及问题探析》,载《中国行政管理》2011 年第 12 期。

[64]叶必丰:《城镇化中土地征收补偿的平等原则》,载《中国法学》2014 年第 3 期。

[65]易军:《物权制度设计的正义维度与效率维度——伦理学与经济学的视角》,载《理论参考》2007年第6期。

[66]印子:《宅基地使用权的法律属性辨析》,载《交大法学》2016年第3期。

[67]余冬爱:《涉农村宅基地房屋拆迁利益民事案件的审理原则与方法》,载《人民司法(应用)》2016年第22期。

[68]俞江:《保护既有权益是民法典编纂的底线》,载《民商法学》2015年第11期。

[69]张鹏、刘春鑫:《基于土地发展权与制度变迁视角的城乡土地地票交易探索——重庆模式分析》,载《经济体制改革》2010年第5期。

[70]张群:《家宅法的起源与发展——兼论宅基地制度的出路》,载《北方法学》2008年第1期。

[71]张先贵:《地票交易的法律性质及其规制》,载《南京农业大学学报(社会科学版)》2015年第4期。

[72]张先贵:《土地开发权与我国土地管理权制度改革》,载《西北农林科技大学学报(社会科学版)》2016年第2期。

[73]章合运等:《宅基地使用权流转模式创新研究——以都江堰市"味江模式"为视野》,载《城市发展研究》2010年第1期。

[74]赵树枫:《试论农村宅基地制度改革》,载《农村工作通讯》2006年第10期。

[75]周洪亮:《户的视角下的农村宅基地使用权的取得研究》,载《中国农业大学学报》2007年第1期。

[76]周其仁:《家庭经营的再发现——论联产承包制引起的农业经营组织形式的变革》,载《中国社会科学》1985年第2期。

[77]周其仁:《中国农村改革:国家与土地所有权关系的变化——一个经济制度变迁史的回顾》,载《产权与制度变迁:中国改革的经验研究》,北京大学出版社2004年版。

[78]周舜隆:《陈忠进与杨立志农村宅基地房屋产权归属纠纷上诉案——

农村宅基地上共建房屋的产权归属》,载《人民司法·案例》2010 年第 22 期。

[79]朱晓喆:《房地分离抵押的法律效果》,载《华东政法大学学报》2010 年第 1 期。

(四)报刊及网络资源

[1]《大有桂谷农家公寓 5.5 万元天目山下安个家》,载杭州网 2006 年 12 月 8 日, http://hzdaily.hangzhou.com.cn/hzrb/html/2006-12/08/content_75892.htm。

[2]《佛山市南海区农村宅基地历史遗留问题分类处置实施细则》,载中国土地法制研究网 2018 年 8 月 7 日, https://illss.gdufs.edu.cn/info/1123/8348.htm。

[3]《巨额拆迁款,农民该怎么花?》,载新华网 2010 年 5 月 18 日, http://news.xinhuanet.com/politics/2010-05/18/c_12111716.htm。

[4]《农村宅基地有偿使用》,载找法网 2009 年 12 月 17 日, http://china.findlaw.cn/fangdichan/zhaijidi/zjdycsy/22989.html。

[5]《农村宅基地征地补偿费是支付给个人还是集体》,载土流网 2015 年 10 月 17 日, http://www.tuliu.com/read-16959.html。

[6]《全国各地宅基地有偿退出政策知多少?》,载广州日报大洋网 2015 年 1 月 6 日, http://news.dayoo.com/guangzhou/201501/06/139995_39549517.htm。

[7]《山东省关于开展农村宅基地"三权分置"试点促进乡村振兴的实施意见》,载郑州外资企业服务中心网 2018 年 11 月 18 日, http://www.waizi.org.cn/policy/48479.html。

[8]《政府工作报告——2012 年 1 月 5 日在鄂州市第七届人民代表大会第一次会议上》,载鄂州市人民政府网 2012 年 5 月 17 日, http://www.ezhou.gov.cn/gk/zfgb/2012/2012n2q/bktg_1962/201205/t20120517_195487.html。

[9]《只为多占建房地　和谐夫妻闹"离婚"》,载东方新闻网, http://news.eastday.com/epublish/gb/paper10/20001027/class001000013/hwz227928.htm。

[10]蔡岩红:《2010 年广东省行政复议案件增长 117% 征地拆迁等土地纠纷占近五成》,载搜狐新闻网 2011 年 2 月 15 日, http://news.sohu.com/

20110215/n279340144. shtml。

[11]蔡运龙:《将土地利用方式从外延式扩展转变为内涵式集约》,载住在杭州网 2010 年 6 月 23 日,http://zzhz. zjol. com. cn/05zzhz/system/2010/06/23/016705080_06. shtml。

[12]陈正霞、牛玉洲:《离婚协议中对农村宅基地上房屋分割的条款应当有效》,载成都法院网 2013 年 1 月 30 日,http://cdfy. chinacourt. org/article/detail/2013/01/id/888917. shtml。

[13]陈卓:《2015 年农村危房改造 2 千余万中央补助金帮修房》,载《新乡日报》2015 年 7 月 24 日版。

[14]季苏平:《十二五我国城镇化率将超 50% 小产权房口子不能开》,载中国广播网 2010 年 3 月 30 日,http://news. jcrb. com/jxsw/201003/t20100330_337867. html。

[15]刘剑文、陈立诚:《税制改革应更加注重分配正义》,载《中国税务报》2013 年 11 月 6 日,B01 版。

[16]刘守英:《中国的二元土地权利制度与土地市场残缺——"民商法前沿"系列讲座现场实录第 325 期》,载中国民商法律网 2008 年 9 月 21 日,http://old. civillaw. com. cn/wqf/weizhang. asp? id = 40835。

[17]王长平、姜祖伟:《同村农户间签订的房屋共建合同有效吗?》,载江西法院网 2017 年 3 月 7 日,http://jxfy. chinacourt. org/article/detail/2017/03/id/2572971. shtml。

[18]中共中央国务院:《国家新型城镇化规划(2014—2020 年)》,载国务院公报,http://www. gov. cn/gongbao/content/2014/content_2644805. htm。

(五)学位论文

[1]陈小敏:《大陆法系所有权模式的历史变迁》,吉林大学 2011 年博士学位论文。

[2]王崇敏:《宅基地使用权制度现代化构造》,武汉大学 2013 年博士学位论文。

二、外文参考文献

（一）著作

[1] Alison Clark & Paul Kohler, *Property Law: Commentary and Materials*, Cambridge University Press, 2005.

[2] Diane Chappelle, *Land Law*, 5th ed., Person Education Limited, 2001.

[3] Ellickson, Rose & Ackerman, *Perspectives on Property Law*, Aspen Law & Business Press, 1995.

[4] Eremy Waldron, *The Right to Private Property*, Oxford University Press, 1998.

[5] Gordon Christie, *Canadian Law and Indigenous Self-determination: A Naturalist Analysis*, University of Toronto Press, 2019.

[6] J. Waldron, *The Right to Private Property*, Oxford: Calaredon Press, 1988.

[7] Kate Green & Joe Cursley, *Land Law* (10th), Palgrave Publishers Ltd., 2001.

[8] Kurtz & Hovenkamp, *Cases and Materials on American Property Law*, 3rd ed., West Group, 1999.

[9] Sparkes, *A New Land Law*, Hart Publishing, 1999.

[10] Sukhninder Panesar, *General Principles of Property Law*, Pearson Education Limited, 2001.

[11] Terry Lee Anderson, Bruce L. Benson & Thomas Flanagan, *Self-determination: The Other Path for Native Americans*, Stanford University Press, 2006.

[12] Tom Flanagan, Christopher Alcantara & André Le Dressay, *Beyond the Indian Act: Restoring Aboriginal Property Rights*, McGill-Queen's University Press, 2010.

[13] Ugo Matti, *Basic Principles of Property Law*, Greenwood Press, 2000.

[14] W. A. West, *The Law of Housing*, the Estates Gazette Limited, 1979.

[15] W. M. L. Burdick, *Handbook of the Law of Real Property*, West Publishing Co., 1914.

[16] W. T. Murphy & Simon Roberts, *Understanding Property Law*, 3nd ed., Sweet & Maxwell, 1998.

（二）论文和网络资源

[1] *About-Accomplishments and Benefits of Nisga'a Treaty*, Nisga'a Lisims Government (December 11, 2019), https://www.nisgaanation.ca/about-accomplishments-and-benefits-nisgaa-treaty.

[2] Adam Mossof, *What is Property? Putting the Pieces Back Together*, 45 Arizona Law Review 371 (2003).

[3] Alison D. Morantz, *There no Place Like Home: Homestead Exemption and Judicial Constructions of Family in Nineteenth-Century America*, Cambridge University Press (August 18, 2010), https://www.cambridge.org/core/journals/law-and-history-review/article/div-classtitlethereandaposs-no-place-like-home-homestead-exemption-and-judicial-constructions-of-family-in-nineteenth-century-americadiv/AF3C4A1065B623FA16AEF279F695ADCD.

[4] *B. C.'s Nisga'a Becomes only First Nation to Privatize Land*, CBC News (November 4, 2013), https://www.cbc.ca/news/canada/british-columbia/b-c-s-nisga-a-becomes-only-first-nation-to-privatize-land-1.2355794.

[5] Brian Egan & Jessica Place, *Minding the gaps: Property, geography, and Indigenous peoples in Canada*, 44 Geoforum 129 (2013).

[6] *Canada First Nations Families*, https://family.jrank.org/pages/199/Canada-First-Nations-Families.html, December 24, 2019.

[7] Catherine Fagan & Kathryn Deo, *Caselaw Review of the Family Homes on Reserve and Matrimonial Rights and Interests Act*, https://www.coemrp.ca/wp-content/uploads/2019/12/2019-11-05-COEMRP-Case-Law-Report.pdf, November 5, 2019.

[8] Catherine Leviten-Reid, Rebecca Matthew & Orion Mowbray, *Distinctions Between Non-profit, For-profit, and Public Providers: The Case of Multi-sector Rental Housing*, https://link. springer. com/article/10. 1007/s11266 - 019 - 00120 - 9, April 22, 2019.

[9] Centre of Excellence for Matrimonial Real Property, *Report on Existing First Nation Matrimonial Real Property Laws*, https://www. coemrp. ca/wp-content/uploads/2015/12/report-on-existing-first-nation-matrimonial-real-property-laws. pdf, February 3, 2015.

[10] Charles A. Reich, *The New Property*, 73 Yale L. J. 733(1964).

[11] *Family Composition*, statistics Canada (December 24, 2015), https://www150. statcan. gc. ca/n1/pub/89 - 645 - x/2015001/family-famille-eng. htm.

[12] *Family Law Act* (2011), Legitlative Assembly of British Columbia (November 23, 2011), https://www. leg. bc. ca/pages/bclass-legacy. aspx #/content/legacy/web/39th4th/3rd_read/gov16 - 3. htm.

[13] Flanagan, Tom & Christopher Alcantara, *Individual Property Rights on Canadian Indian Reserves*, 29 Queen's Law Journal 489 (2004).

[14] Hanoch Dagan, *The Craft of Property*, 91 Cal. L. Rev. 1517(2003).

[15] *How Property is Divided in Family Law*, Family Law Education for Women (2019), https://onefamilylaw. ca/family-law-resources/property-divided-family-law/.

[16] Hudson, Alastair (ed.), *New Perspectives on Property Law*, London: Routledge-Cavendish, https://doi. org/10. 4324/9781843145714 (2004).

[17] Joan C. Williams, *The Rhetoric of Property*, 83 Iowa Law Review 277 (1998).

[18] Maroine Bendaoud, *The Privatization of Housing Assistance: Are Housing Allowances Eroding Government Accountability?*, Wiley Online Library (May 25, 2019), https://onlinelibrary. wiley. com/doi/abs/10. 1111/capa. 12318.

[19] *Nisga'a Landholding Transition Act*, Newswire (October 30, 2009),

https://www.nisgaanation.ca/nisgaa-landholding-transition-act.

[20] Philbrick, *Changing Conceptions of Property in Law*, 86 University of Pennsylvania Law Review 691 (1938).

[21] *Tk'emlúps te Secwépemc Matrimonial Real Property Law*, https://tkemlups.ca/files/2015/06/Proposed-TteS-Matrimonial-Real-Property-Law-June-1-2015.pdf, June 1, 2015.

[22] Tom Flanagan, *The Wealth of First Nations*, Fraser Institute, http://www.fraserinstitute.org, 2019.